空间转向：
产业集聚促进农业绿色发展的机制与对策

许标文◎著

中国农业科学技术出版社

图书在版编目(CIP)数据

空间转向：产业集聚促进农业绿色发展的机制与对策 / 许标文著. --北京：中国农业科学技术出版社，2025.1. --ISBN 978-7-5116-7293-3

Ⅰ.F323

中国国家版本馆 CIP 数据核字第 2025H7A441 号

责任编辑	倪小勋
责任校对	马广洋
责任印制	姜义伟　王思文

出 版 者　中国农业科学技术出版社
　　　　　北京市中关村南大街 12 号　　邮编：100081
电　　话　(010) 62111246（编辑室）　　(010) 82106624（发行部）
　　　　　(010) 82109709（读者服务部）
网　　址　https://castp.caas.cn
经 销 者　各地新华书店
印 刷 者　北京建宏印刷有限公司
开　　本　185 mm×260 mm　1/16
印　　张　15.25
字　　数　320 千字
版　　次　2025 年 1 月第 1 版　2025 年 1 月第 1 次印刷
定　　价　60.00 元

◆版权所有·翻印必究◆

前　言

在人类文明的进程中，农业始终是大地最深沉的诗行。当机械的轰鸣打破田间的宁静，当化肥的痕迹渗入土壤的肌理，我们不得不直面一个时代的叩问：如何在丰饶与永续之间找到平衡？联合国粮食及农业组织（FAO）的警示犹在耳畔——若延续现有模式，全球农业将在三十年后成为气候危机的最大推手。此刻，中国正站在历史的十字路口：她以不到世界9%的耕地养育了世界五分之一的人口，却也让40%的耕地背负退化的伤痕。这不仅是发展的困境，更是文明的考题。

农业产业集聚，如同一粒破土的种子，在乡村产业振兴的土壤中悄然萌发。从山东寿光的"蔬菜硅谷"到黑龙江五常的"稻浪金波"，从福建安溪的"茶山叠翠"到江苏阳澄湖的"蟹岛星罗"，这些镶嵌在中国版图上的绿色明珠，正在重写农业生产的叙事逻辑。它们以空间重组打破传统生产的藩篱，以集群的力量重塑生态与经济的共生关系。本书试图解开这些实践背后的密码：当农田不再是孤立的单元，当村庄演变为创新的网络，农业如何借集聚之势，在效率与生态的天平上找到新的支点？

我们的探索始于对历史脉络的梳理。中国农业产业集聚的演变，是一部人与土地关系的进化史——从计划经济时代整齐划一的"生产队"，到市场经济下自由生长的"专业镇"，再到乡村振兴中品牌引领的"地理标志"，每一次空间形态的蜕变都折射着制度与技术的共舞。通过动态区位熵模型，我们绘制出省级产业集聚的星图：东部沿海如繁星密布，西部内陆若银河稀疏，这疏密之间的密码，藏着自然资源、政策东风与市场之手的博弈痕迹。

解开产业集聚与碳排放的纠葛，犹如在迷雾中寻找灯塔。当传统的环境库兹涅茨曲线理论遭遇中国实践，我们发现了更复杂的图景——产业集聚与碳排放的倒"U"形关系并非自然法则，而是制度设计的产物。在东北黑土区，规模效应让每粒玉米的碳足迹更轻；在江南水乡，集群创新使农药的云图渐淡；而在西部生态屏障区，自然约束倒逼出全新的绿色算法。这些发现，为政策的精妙缝合提供了经纬线。

度量农业绿色发展，历来是学术研究的难点。EBM-GML模型如同精密的天平，将能源消耗、面源污染等要素转化为可衡量的价值符号。过去二十年中国农业绿色指数稳步发展，区域差距经历"裂变—弥合"的轮回。更令人振奋的是，中西部地区的"绿色追赶"现象，印证了后发优势的可能，这为统筹发展提供了新的注脚。

当研究跨越行政的边界，空间计量模型揭开了另一层帷幕。产业集聚的绿色能量如同水面的涟漪，通过技术扩散的波纹、要素流动的暗涌、政策模仿的潮汐，在区域间传递共振。长江经济带的产业网络、粮食主产区的协同创新，都在演绎着"独善其身"到"美美与共"的进化。而空间双重差分模型更揭示：当"阳澄湖大闸蟹""安溪铁观音"这些地标品牌成为生态文明的符号，每一枚地理标志都在进行着价值转换的魔法——将绿水青山的灵气，淬炼成金山银山的璀璨。

本书最具创新性的理论贡献，在于用列斐伏尔的空间生产理论解读田野。农业产业集聚不仅是物理空间的重组，更是社会关系的编织与精神价值的重塑。普洱茶园的"林茶共生"是自然与人文的复调，阳澄湖的"湖田交响"是生态与经济的和弦。当农产品成为文化基因的载体，农业生产便升华为文明传承的仪式。

本书是福建省公益类科研院所基本科研专项（2022R1033002）和农业高质量发展超越"5511"协同创新工程——福建省乡村振兴高端智库子项目（2024ZK-6）等的成果。王海平对本书中粮食功能区的影响进行了研究分析，在此表示感谢。掩卷沉思，我们深知学术的边界。真正的答案不在模型与数据间，而在阡陌纵横的田野里，在农人掌心的老茧中，在四季轮回的物候里。书中不足之处敬请指正！本书愿作一叶轻舟，载着思考的星光，汇入农业绿色发展的时代洪流。

目 录

第1章 引 言 ··· 1
  1.1 研究背景与意义 ··· 1
  1.2 研究目标与内容 ··· 4
  1.3 可能的创新与不足 ·· 5

第2章 概念界定与理论基础 ·· 7
  2.1 概念界定 ··· 7
  2.2 理论基础 ·· 14
  2.3 农业产业集聚影响农业绿色发展的作用机制 ············· 28
  2.4 本章小结 ·· 33

第3章 中国农业产业聚集演变与特征分析 ····························· 35
  3.1 文献回顾 ·· 35
  3.2 农业产业集聚演变历程 ·· 37
  3.3 研究方法与数据选择 ··· 49
  3.4 结果与分析 ·· 50
  3.5 本章小结 ·· 57

第4章 农业产业集聚、碳排放演进及其EKC关系研究 ·········· 59
  4.1 文献回顾 ·· 59
  4.2 研究方法与数据来源 ··· 62
  4.3 农业碳排放区域差异分析 ······································ 68
  4.4 农业碳排放强度分析 ··· 76
  4.5 产业集聚与农业碳排放的EKC关系 ······················· 80
  4.6 本章小结 ·· 91

第5章 "双碳"目标下农业绿色发展历程与水平分析 …… 93
5.1 文献回顾 …… 93
5.2 农业绿色发展演变历程 …… 97
5.3 研究方法与数据选择 …… 101
5.4 结果与分析 …… 106
5.5 本章小结 …… 114

第6章 产业集聚对农业绿色发展的影响机制研究 …… 115
6.1 文献回顾 …… 115
6.2 理论构建 …… 117
6.3 研究方法与数据选择 …… 121
6.4 结果与分析 …… 123
6.5 中介与调节机制分析 …… 127
6.6 本章小结 …… 130

第7章 产业集聚对农业绿色发展的空间效应分析 …… 132
7.1 文献回顾 …… 132
7.2 研究方法与数据选择 …… 134
7.3 结果分析 …… 137
7.4 本章小结 …… 145

第8章 产业集聚与农业绿色发展的交互效应分析 …… 147
8.1 土地整治政策演变 …… 147
8.2 理论构建 …… 149
8.3 研究方法与数据选择 …… 151
8.4 结果与分析 …… 152
8.5 本章小结 …… 158

第9章 产业集聚空间转向与农业绿色发展 …… 160
9.1 空间生产与生态文明 …… 160
9.2 农业产业集聚空间治理 …… 163
9.3 农业产业集聚空间生产 …… 168

9.4 农业绿色发展价值转化路径与机制 ……………………………………… 171

9.5 本章小结 …………………………………………………………………… 175

第 10 章 空间生产视角下生态文明对农业绿色发展的影响 ……………… 177

10.1 政策背景 ………………………………………………………………… 177

10.2 文献回顾与理论构建 …………………………………………………… 179

10.3 研究方法与数据选择 …………………………………………………… 182

10.4 结果与分析 ……………………………………………………………… 185

10.5 中介机制分析 …………………………………………………………… 190

10.6 本章小结 ………………………………………………………………… 191

第 11 章 农业绿色发展提升对策与未来展望 ……………………………… 192

11.1 农业绿色发展提升对策 ………………………………………………… 192

11.2 农业绿色发展未来展望 ………………………………………………… 211

参考文献 …………………………………………………………………………… 216

第1章 引 言

1.1 研究背景与意义

1.1.1 研究背景

自 2000 年以来，我国农业经济稳定快速发展。我国农业总产值从 2000 年的 2.49 万亿元增长到 2020 年的 15.85 万亿元，年均增长率为 8.38%（当年价格）；粮食总产量由 2000 年的 4.62 亿 t 增长到 2023 年的 6.95 亿 t，年均增长率为 1.72%；肉类产量由 2000 年的 0.60 亿 t 增长到 2023 年的 0.97 亿 t，年均增长率为 2.12%；水产品总量由 2000 年的 0.37 亿 t 增长到 2023 年的 0.71 亿 t，年均增长率为 2.88%。在农业发展过程中，我国逐步形成了优势农产品区、特色农产品区、特色农产品优势区及优势特色产业集群的发展脉络，呈现出专业化与协作化、产业化与融合化特征。事实上，农业产业集聚化不仅已成为一种政策导向，更是历史选择的结果。众多学者的研究结论显示，我国已形成一定的农业产业集聚格局，主要表现为我国水稻种植逐步向中西部集聚、畜牧业逐步向北部集聚、大豆种植向东北集聚等趋势，也出现了诸如山东寿光蔬菜产业集群、甘肃马铃薯产业集群、福建武夷岩茶产业集群、云南斗南花卉产业集群、安徽茶叶产业集群等，有力地推动了当地农业和农村经济的发展。

然而，传统"高投入、高消耗、高产出"的粗放型生产模式在促进农业经济高速增长的同时，也带来了农业面源污染严峻、农业投入品效率低下等问题，农业资源环境压迫、国家粮食安全等已成为我国农业农村发展面临的主要挑战。一方面，农业面源污染严重，农业碳排放量成为重要的碳排放源。农膜的大量使用和残留、农药化肥等化学投入品的过度使用以及农业固体废弃物的不当处理导致农业面源污染和耕地质量下降等问题，对农产品的数量安全、质量安全和生态安全构成威胁。2019 年中国农业碳排放总量为 94 067.21 万 t，占全球农业碳排放的 12% 左右。其中，农业能源利用、农用物资投入、水稻种植、畜禽养殖是主要的碳排放源，所导致的碳排放量占比分别为 14.21%、26.38%、25.95% 和 33.46%（田云 等，2022）。

2023年《中国生态环境状况公报》显示，我国耕地质量平均等级为4.76，中、低等地占比高达78.05%，全国水土流失与荒漠化和沙化面积分别达到165.34万 km²、257.37万 km²。另一方面，我国农业发展面临要素投入约束趋紧、要素投入效率低下等问题，农业生产方式转型升级迫在眉睫。2022年，全国水稻、小麦、玉米三大粮食作物化肥利用率和农药利用率分别仅为41.3%和41.8%，畜禽粪污综合利用率仅为75%。2023年我国农业用水量占当前全国用水量的62.18%，缺水压力是经济合作与发展组织成员国家平均水平的2倍。

绿色发展是新发展理念的核心要义之一，也是我们推进中国式现代化的必然要求。推进农业绿色发展，对保障国家食物安全、资源安全和生态安全，维系当代人福祉和保障子孙后代永续发展具有重大意义。为解决现阶段农业发展面临的现代要素供给乏力、生态环境约束趋紧等多重桎梏，我国政府高度重视和推进农业绿色生产，致力于实现农业生产由注重"量"的增长向"质""量"并重转型变革。提高全要素生产率是推动高质量发展的内在要求。农业绿色全要素生产率被认为是衡量农业绿色发展水平的指标之一，不仅关注农业要素的投入产出效率，同时将农业发展过程中的碳排放量纳入考量，可以更为真实、更为客观地衡量农业经济增长的质量和效益，是破解农业"经济—环境—可持续增长"困境、建设农业强国的重要途径。

党的十八大以来，我国生态文明体制逐步完善。一方面，我国农业绿色发展进入全面发展阶段。我国政府出台的一系列政策文件中均着重强调推进农业绿色发展。党的十八届五中全会要求"切实贯彻创新、协调、绿色、开放、共享的发展理念"。党的十九大报告专门提出，"建立健全绿色低碳循环发展的经济体系"。2017年《关于创新体制机制推进农业绿色发展的意见》，把"农业绿色发展摆在生态文明建设全局的突出位置，全面建立以绿色生态为导向的制度体系"。2018年中央一号文件明确指出"推进乡村绿色发展，打造人与自然和谐共生发展新格局"。2019年中央一号文件要求"按照增加总量、优化存量、提高效能的原则，强化高质量绿色发展导向"。另一方面，农业产业集聚区也发生了空间转向。农业空间是人类生态文明的重要承载地。通过"三区三线"的划定，落实最严格的耕地保护制度，坚决遏制耕地"非农化"、有效防止"非粮化"，保障了农业发展空间。农产品品牌作为农业生态价值转化、文化承载的主要载体，农业品牌化被认为是农业现代化发展的必由之路。农业品牌建设已经总体进入"从规模化到标准化，从品质化到价值化，从好产品到好商品，从差异化到品牌化，从提升知名度到追求美誉度，从品牌意识全面引导到品牌管理逐步规范，从品牌国内领先到品牌国际知名"的农业品牌建设新阶段。2024

年《关于加快农业发展全面绿色转型促进乡村生态振兴的指导意见》提出提升农业绿色发展水平,加快推进农村生态文明建设,为推进乡村全面振兴、加快建设农业强国提供坚实的资源环境保障。

基于此,本研究从农业产业集聚这一视角出发,分析农业产业集聚对农业绿色发展的具体影响以及这种影响效应的区域异质性、空间效应,对于推动农业集聚化发展,加快推进农业生产方式绿色转型,都具有比较强的研究价值。

1.1.2 研究意义

第一,丰富和拓展农业产业集聚和农业绿色发展相关的研究领域。本研究通过分析农业产业集聚在农业绿色发展中产生的作用机制,在一定程度上完善了农业产业集聚理论。同时,我国农业绿色发展进入全面发展时期,如何较好地推动农业产业集聚来使其效应得到最大发挥,实现农业高质量绿色发展,迫切需要理论指导。因此,本书对农业产业集聚影响农业绿色发展的研究可以在一定程度上填补这一理论空白。

第二,探索和验证农业产业集聚和农业绿色发展相关的影响机制。本研究尝试探索农业产业集聚转型基础与发展方向,为进一步推动产业集聚高质量发展提供理论支持。在此基础上,从省级及不同区域层面出发考察农业产业集聚与农业绿色发展的直接效应,并进一步分析产业集聚与农业绿色发展的中介调节效应、溢出效应及交互效应,从而在一定程度上丰富了研究农业绿色发展的分析思路和分析方法。

第三,以期推动我国农业产业集聚的转型升级。农业产业集聚在全国各地均有了不同程度的发展,有力地推动了当地农业和农村经济的发展。与此同时,农业产业集聚也出现了科技含量较低、忽视环境质量等问题,出现了"拥堵效应"。为此,本研究通过理论分析和实证分析,对农业产业集聚影响农业绿色发展的作用和规律进行总结,并提出相应的政策建议,可以为我国农业产业的合理集聚提供借鉴,为促进农业产业集聚出台政策提供理论支持。

第四,以期推动我国农业绿色发展的稳步提升。尽管我国农业绿色发展进入全面发展阶段,但依旧面临资源紧缺、防污压力等问题。本研究重点分析了农业产业集聚对农业绿色发展产生影响的机制与渠道,分析影响效应在不同区域上的异质性,并针对这些异质性给出促进优化资源配置、改进传统生产技术等政策建议,为政府制定稳步提升农业绿色发展相关政策提供决策参考。

1.2 研究目标与内容

1.2.1 研究目标

研究总体目标是探究农业产业集聚对农业绿色发展水平的影响程度、作用机理和作用途径，以期为农业绿色高效生产提供理论指导和决策支持。具体可以细分为以下几个方面。

第一，明晰农业产业集聚、农业绿色发展等核心概念后，运用分工与专业化理论、可持续发展理论等从理论层面分析农业产业集聚对农业绿色发展的影响及其作用机理。

第二，厘清农业产业集聚、农业绿色发展的演变历程，并揭示出农业生产"生产空间"向"空间生产"的转变。

第三，首先是测算农业产业集聚水平，并明确产业集聚对农业碳排放的影响关系。其次，构建投入产出指标体系，测算农业绿色发展水平。进而分别从"生产空间""空间生产"层面论证产业集聚促进农业绿色发展的影响机制。最后，根据分析结果提出农业绿色发展对策建议，以期为"双碳"目标提供决策参考。

1.2.2 研究内容

本研究首先从理论层面分析农业产业集聚对农业绿色发展的影响和作用机理，进一步基于省级层面论证产业集聚对农业绿色发展的影响和作用途径，并深入分析环境规制、生产性服务、土地整治在产业集聚与农业绿色发展的中介调节效应，并探讨产业集聚与农业绿色发展溢出效应，以及产业集聚空间生产对农业绿色发展影响机制，以期为我国推动农业产业集聚转型、促进农业绿色发展提供理论指导和建议支持。具体来看，本书的研究内容主要包括以下几个方面。

第一，提出我国农业产业集聚发展历程并测算省级层面的农业产业集聚水平。我国农业产业发展经历空间集聚、集群生产及空间生产阶段，以农产品品牌为载体，遵循着基于物质性空间进行空间表征、善用资源与资本推动空间实践，农业产业集聚逐渐实现农业空间生产。随后，利用区位熵测算省级层面的农业产业集聚水平。

第二，探讨产业集聚与农业碳排放的影响关系。在测算省级农业碳排放基础上，分析农业碳排放区域差异（东中西部、农业功能区），并检验产业集聚与碳排放强度的 EKC 关系（环境库兹涅茨曲线）。

第三，提出我国农业绿色发展历程并测算省级层面的农业绿色发展水平。探究我国农业绿色发展经历萌芽探索、快速发展及全面发展阶段之后，构建EBM-GML模型测算省级层面农业绿色发展水平，分析农业绿色发展水平区域差异及收敛性特征。

第四，基于省级层面分析产业集聚对农业绿色发展水平的影响和空间溢出效应。一方面，论证产业集聚影响农业绿色发展的作用机制，并分析其对不同区域的影响差异；另一方面，构建空间计量模型分析产业集聚对邻近地区农业绿色发展的空间溢出效应，并探讨空间交互影响机制。

第五，进一步阐释农业生产空间转向机制。基于空间生产理论深入分析了产业集聚空间转向过程，认为农产品品牌是生态文明的良好载体。接着利用空间双重差分验证生态文明对农业绿色发展的作用机制。

1.3 可能的创新与不足

本研究创新点主要体现在以下方面。第一，本研究试图结合生态文明建设来探讨产业集聚的转型升级，进而探讨其对农业绿色发展的影响与效应。因此，针对农业绿色发展这一热点问题，从农业产业集聚视角转型升级出发进行研究，在一定程度上丰富和拓展了现有的研究领域。

第二，借助实证方法来分析农业产业集聚影响农业绿色发展的作用。本研究采用2000—2023年我国31个省份的面板数据，通过采用中介调节效应模型、空间面板模型、空间双重差分模型等计量方法，定量研究了我国的农业产业集聚对农业绿色发展是否发挥了理论分析中的作用机制，具有一定的创新性。

第三，根据研究结论得出了相应的对策建议。本研究在探讨推动农业产业集聚良好发展、促进农业绿色发展的对策建议的分析中，基于前文中的理论分析结果和实证分析进一步提出了相应的政策建议，从而为国家和地区制定促进农业产业合理集聚、实现农业绿色发展的政策提供理论指导。

由于笔者理论水平和计量水平的限制，对于通过合理推进农业产业集聚、实现农业绿色转型发展的相关问题还值得深入研究。第一，本研究对农业产业集聚和农业绿色发展之间关系的研究值得进一步加深。由于研究对象的时间跨度为2000—2023年共24年，受制于数据的实用性和可获得性，在测度农业产业集聚、农业绿色发展水平方法选择上存在主观性，且本研究仅从省级层面出发研究了农业产业集聚对农业绿色发展的作用机制与区域异质性。但由于各个地区的种植业、畜禽养殖业、水产养殖业等发展各异，导致其产业集聚水平、农业绿色发展水平也存在差异，这可能导致两者之间的作用关系存在差异。但由于数据的可获得性，本研究没有从市级、县级层面出发分析农业各个子类别的产业集聚对农业绿色发展的影响，也没对具体农业产业集聚推进农业绿色发展的案例进行分析，进而影响了政策建议的有效性。第二，本研究对我国合理推动农业产业集聚转型升级、稳步提升农业绿色发展的对策建议值得进一步完善。我国东中西部地区、不同农业生产功能区及省份之间的经济发展状况、自然资源禀赋、基础设施水平、科技创新能力差异较大，因此其农业产业集聚水平和农业绿色发展水平也差异明显、各具特色。因此，在制定推动农业产业集聚转型升级、稳步提升农业绿色发展的政策时，需要针对不同区域、不同省份的情况进行具体研究，从而设计出符合本地特色、更加具有可行性的路径与政策。本研究提出的相关实现路径和对策建议只是概念化、宏观性的框架，缺乏具体性和针对性，可能影响政策建议的有效性。

第 2 章 概念界定与理论基础

2.1 概念界定

2.1.1 农业产业集聚

农业产业集聚是农业相关产业在特定地理区域内的集中和聚合现象。国外研究成果中，农业产业集聚的描述主要采用集中（Centralization）、集聚（Agglomeration）与集群（Cluster）三个专业术语，它们虽都表示经济活动在特定区域的集中，但各有侧重。"集中"概念起源于地理学领域，侧重于描述经济活动在地理空间上的集中分布，属于地理学范畴；"集聚"概念由 Marshall（1920）在《经济学原理》一书中首先提出，在经济学中用于描述工业在特定地方的集聚现象。它不仅反映了企业和产业集聚的地理特征，还体现了该地区的产业结构特点，因此属于经济学领域；"集群"概念最早由亚当·斯密（1776）提出，后由 Porter（1998）丰富并放置于管理学理论中的竞争优势理论内。它强调特定生产领域内相关企业、机构等在特定空间上的集中，并形成相互关联、相互支撑的产业群，属于管理学领域。

经济合作与发展组织（OECD）在 1993 年对农业产业集聚的概念进行了界定，将其定义为"围绕农业生产基地，大量农业生产和农产品加工企业紧密联系在一起形成的有机整体"，这一概念也成为国外研究农业产业集聚定义的主流观点。现有科研成果对农业产业集聚的研究鲜有发表，研究者们从不同出发点和视角站位，对农业产业集聚的定义也是多样化，如表 2-1 所示。

表 2-1 现有文献中对农业产业集聚的定义表述

作者	年份	定义表述
宋玉兰和陈彤	2005	在接近农产品生产基地的一定范围内，大量的农业生产企业和相关的农业发展支撑机构集中在一起，最终成为了一个有机的整体
王建国	2005	农业龙头企业、乡镇企业、相关的组织和机构所构成的，聚集在农村城镇或周边地区的产业集群

(续表)

作者	年份	定义表述
尹成杰	2006	相互独立、相互联系的农户与农业龙头企业在地域和空间上高度集聚
王昀	2006	在特定区域内,生产某一特定农产品的数量较大的农户与企业,以及相关的市场组织、服务组织、支撑机构等高度聚集在一起
李志春	2006	以传统农业为中心,大量农业生产企业和相关机构在一定地理范围内柔性集聚,形成密集合作网
朱玉林和康文星	2006	农业龙头企业、乡镇企业、相关组织机构因经济联系而逐步集聚在特定的农村区域,形成产业群落
韦光	2006	基于当地特色和特定农业生产活动,联系密切的农业生产企业及相关支撑机构在特定地理空间上集聚,最终达到优势竞争力
张宏升	2007	农产品生产基地与农业关联产业在特定区域集中并成为有机整体
赵霞和吴方卫	2011	农产品供应链的某几个环节或者整条、多条农产品供应链在特定地理区域里集中的综合体
李春海等	2011	农业产业集群作为新型农业生产方式的一种,是原有农业发展模式的升级
滕祖华和王慧	2012	在特定空间上集聚形成的,包含农业经营主体、相关中介机构、农产品市场的有机整体
Kiminami & Kiminami	2016	农场以及结成联盟的农业企业、个人、组织、机构因同一目标而共同工作、共享利益
邓晴晴等	2020	农业产业集聚是农业产业向特定区域集聚的过程,刻画了农业生产资源分布集中化的特征

可以看出,农业产业集聚定义多样化,概念界定未形成统一认识。根据前人研究结果和本研究内容,认为农业产业集聚不仅包括直接从事农业生产的农户,还涵盖了农产品加工企业、为农业生产提供配套服务的机构(如农技推广站、农机合作社、农资供应商等),以及可能涉及的科研机构、高校和政府相关部门等支撑性机构。因共性或互补性在特定区域内聚集,形成了地理上的集中分布。集聚区内的主体之间通过产业链、供应链、技术链等多种方式形成紧密的关联与合作,共同构成一个有机整体。这种关联与合作促进了资源的高效利用、信息的快速传递和技术的创新扩散。在本研究中,不论农业产业集聚的具体表现形态(如产业园区、农业合作社、家庭农场集群等)和内部结构如何,只要是在特定区域内形成的农业集聚发展现象,都属于研究范畴。这有助于全面、深入地探讨农业产业集聚对农业绿色发展的影响机制和作用路径。

本研究将部分农业产业概念与农业产业集聚概念进行辨析,以期进一步明晰农业产业集聚的内涵。

(1) 农业产业化发展与农业产业集聚。农业产业化发展更加注重农业产业在垂直方向上的一体化发展，表现为农业生产加工企业在产业链条上游（如原材料供应、育种等）和下游（如产品加工、销售）的扩展，形成带状经济链条，具有一定跨区域内涵；相比之下，农业产业集聚则是指直接从事农业生产的农户、从事农产品加工的企业以及为前者提供配套服务等相关支撑机构，而且更加注重在特定地理空间上的集中，涉及的范围更广，具有明显的区域性特点。

(2) 农业产业园区与农业产业集聚。农业产业园区和农业产业集聚都是农业经济发展的重要模式，但两者在形成机制、主体参与、地方根植性等方面存在显著差异。农业产业园区是相同类型产业的企业在特定区域的集中，基于特定农产品发挥专业化、规模化的特点，从而提升当地农业产业的核心竞争力。农业产业园区往往由政府兴建和推动，政府主导和园区企业的独立性，导致农业产业园区往往与本地农户的联系并不紧密，同时缺乏根植性；相比之下，在农业产业集聚的过程中，农户是其重要的参与主体之一，主体间紧密联系性突出、地方根植性更加明显。

(3) 农村产业集聚与农业产业集聚。农村产业集聚与农业产业集聚主要存在以下不同：在地理范围上，农村产业集聚的地理范围为严格的二元经济体制下的农村地区，通常所说的镇以下区域，地理边界明确，而农业产业集聚则没有严格的地理区域界线。在产业范围上，农村产业集聚包括的产业并不限于农业，还包括农村地区的制造业、服务业等多种产业。而农业产业集聚则以农业生产为核心，包括了农产品的生产和加工以及相关配套服务，形成良好的有机整体。在发展目的上，农村产业集聚作为城市产业集聚的重要补充，其主要目的是增加地区生产总值、推动地区经济发展和提高区域竞争力。而农业产业集聚的目的则是增加农业产出、提高农业生产效率和发挥农业效益等。

2.1.2 农业绿色发展

农业绿色发展概念最早是起步于国外，并且国外从一开始就更加注重农业的可持续性。1981年，世界银行首次提出了可持续农业的概念，这标志着全球农业开始关注如何在满足当前食品需求的同时，不损害未来农业生产的潜力。随后，在1988年，美国农业部对可持续农业给出了更为具体的法律定义：可持续农业是一种因地制宜的动植物综合生产系统，在一个相当长时期内能满足人类对食品和纤维的需要，提高和保护农业经济赖以维持的自然资源和环境质量，充分地利用非再生资源和农场劳动力，在适当的情况下综合利用自然生态周期和控制手段，保护农业生产的经济活力、提高农民和全社会的生活质量。FAO 1991年对可持续发展农业提出的定义是："可持续发展农业是一种旨在管理和保护自然资源基础，调整技术和机制变化的方向，以确保获得可持续满足当代及今后世世代代人们的需要，能保护和维护土地、水、植物和动物遗传资源，不造成环境退化，同时在技术上适当，经济上可行，而且社会能够接受的农业。"1992年，欧盟在《联合国气候变化框架公约》约束下开始农业环境治理，低碳农业政策也被相应提出。低碳农业主要以绿色化产业发展方向为指导，核心理念在于提倡生态化、循环化，旨在降低能耗污染和排放、同时提高农业产出率，最终实现农业发展的高效率、高碳汇、低能耗、低污染和低排放。国务院发展研究中心将绿色发展定义为"一种经济增长与资源消耗、碳排放、环境损害脱钩的发展方式，这种发展方式可以通过创建新的绿色产品市场、技术、投资以及消费和保护行为的变化促进经济增长"。

在农业绿色发展的概念方面，当前国内对农业绿色发展的内涵进行明确界定的文献鲜有发表，众多学者从不同角度对其进行解读，如表2-2所示。

表2-2 现有文献对农业绿色发展的定义表述

作者	年份	定义表述
陈健	2009	农业绿色发展就是按照全面、协调、可持续发展的基本要求，以提高农业综合经济效益，实现资源节约型和环境友好型绿色农业为目标，采用先进的技术、装备和管理理念，注重资源的有效利用和合理配置，形成的一条"绿色引领、高效运行、协同发展"生态文明型现代农业发展道路
郭迷	2011	农业绿色发展是农业发展的一种发展模式，是科学发展观在农业领域的具体表现
尹昌斌等	2015	农业绿色发展就是要采用逐步高新农业技术，形成现代化的农业生产体系、流通体系和营销体系，在生产过程中保证农产品质量安全，最终实现农业可持续
尹成杰	2016	农业绿色发展作为农业发展的一种新格局，具有效率提升、生态稳定、质量安全等主要特点
中共中央办公厅国务院办公厅	2017	以"绿水青山就是金山银山"理念为指引，以资源环境承载力为基准，以推进农业供给侧结构性改革为主线，尊重农业发展规律，强化改革创新、激励约束和政府监管，转变农业发展方式，优化空间布局，节约利用资源，保护产地环境，提升生态服务功能，全力构建人与自然和谐共生的农业发展新格局
王雯慧	2017	农业绿色发展指的是以下几个方面：生产更加节约高效、环境更加优良、生态更加稳定、绿色产品供给增长
魏琦等	2018	农业绿色发展的核心部分是在农业的生产活动中对经济效益、社会效益、环境效益等多方面内容进行统筹
于法稳	2018	农业绿色发展的核心及关键是对水土资源的保护
韩长赋	2018	农业绿色发展主要表现为更加注重资源节约、更加注重环境友好、更加注重生态保育、更加注重产品质量等方面

(续表)

作者	年份	定义表述
魏琦等	2018	农业绿色发展的核心要义是统筹协调农业发展的经济效益、社会效益、环境效益和生态效益，即实现资源节约、环境友好、生态保育、质量高效，突出强调农业产地环境、生产过程和农产品均要实现绿色化。资源节约是农业绿色发展的基本特征，环境友好是农业绿色发展的内在属性，生态保育是农业绿色发展的根本要求，质量高效是农业绿色发展的重要目标
孙炜琳等	2019	农业绿色发展作为一种绿色发展理念，特别强调农业经济、社会发展与生态环境的协调发展
金书秦等	2020	认为农业绿色发展有三个关键要素：一是农业经济增长与碳排放和环境退化脱钩；二是绿色投入品、绿色技术、绿色投资和消费带动经济增长；三是绿色与经济增长形成相互强化的良性循环，良好的环境、优质的农产品、休闲旅游收入成为经济增长的源泉。把农业绿色发展的概念界定为3个层次，即去污（农业生产过程的清洁化）、提质（产地绿色化和产品优质化）、增效（绿色成为农业高质量发展的内生动力）。此外，有学者认为，农业绿色发展应特别注重水资源与耕地资源的保护，特别是水土资源质量的保护，这是保障农产品质量安全的根本
谭淑豪	2021	农业绿色发展是以绿色环境、绿色技术、绿色产品为主体，充分运用先进科学技术、先进工业装备和先进管理理念，促进农产品安全、生态安全、资源安全并以提高农业综合经济效益的协调统一为目标，以倡导农产品标准化为手段，以生产绿色食品为核心，推动人类社会和经济全面、协调、可持续发展的农业发展模式
尹昌斌等	2021	认为农业绿色发展是更加注重资源节约、生态保育、环境友好和产品质量的高质量发展，是以资源环境承载力为基准，以资源利用节约高效为基本特征，以生态保育为根本要求，以环境友好为内在属性，以绿色产品供给有力为重要目标的人与自然和谐共生的发展新模式
于法稳和林珊	2022	指出农业绿色发展的核心问题就是耕地资源、水资源的保护，不但要保护一定数量的优质耕地，以及足量的农业生产用水，更重要的是耕地土壤质量、灌溉用水水质的保护。推进农业绿色发展，就是要增加优质、安全、特色农产品供给，促进农产品供给由主要满足"量"的需求向更加注重"质"的需求转变，以满足人民日益增长的美好生活需要
赵敏娟和周超辉	2024	农业绿色发展是以统筹兼顾保供给、保收入、保生态为前提，要以降碳、减污、扩绿、增长"四位一体"协同为要求，要重点解决绿色优质农产品"优质不优价、叫好不叫座"以及生态资源资产权属不明、交易方式缺失等外部性问题

根据前人研究结果和本研究内容，农业绿色发展至少包括以下三个内涵。第一，从本质来看，农业绿色发展，作为一种发展理念和方向，深植于习近平生态文明思想之中，旨在加快农业的绿色转型与可持续发展；第二，农业绿色发展不仅关乎农业产业本身的绿色发展，更涵盖了农民生活、农村生态及农业资源的全面绿色化，形成一个相互依存、相互促进的良性循环系统；第三，农业绿色发展的核心目标在于有效统筹经济、

社会、生态三个层面,最终实现三者的协调、可持续发展,三者同步进行、不可或缺。因此,本书对农业绿色发展定义如下:农业绿色发展作为一种发展理念和方向,指的是以绿色发展为导向的农业产业,通过体制改革和技术创新等渠道,有效统筹经济、社会与生态三个维度,推动农业生产经营、农民生活与农村生态的协调发展,最终实现农业产出的稳定增长、绿色生产效率的显著提升以及生态环境的持续改善,构建符合农业资源环境实际的新型农业发展格局。

现有文献中有部分概念和农业绿色发展相近,容易引起混淆,因此本书将对其进行辨析,以期进一步明晰农业绿色发展的内涵。

(1) 农业绿色发展是农业生产向绿色发展转化的过程。根据各地区经济社会发展阶段不同,农业绿色发展在不同阶段的发展重点可能存在差异,但在推动农业进入绿色发展阶段过程中具有一些共性做法和特征(表 2-3)。这些共性特征和规律,是值得重视和借鉴的。

表 2-3 发达国家不同阶段农业绿色发展主要特征

国家	发展阶段	主要特征
美国	20 世纪前期至 20 世纪 60 年代	农业绿色发展启蒙阶段;在对化肥和农药大量使用导致的农业及周边环境的双重危机下,开始思考农业绿色发展
	20 世纪 60 年代至 90 年代	农业绿色发展成为主流;制定系列法律措施,绿色技术水平大幅提升,生产结构优化,环境污染缓解,绿色技术开始向农户推广
	20 世纪 90 年代以来	农业绿色发展成熟及突破;范围内容逐步扩大,以农村发展和农业可持续发展为重点,制定系列支撑政策和方案
荷兰	20 世纪 80 年代	严格控制畜禽养殖量
	20 世纪 90 年代	严格控制肥料、农药施用
	2000 年以来	全面管理农业资源,重视农业的生态功能
日本	20 世纪 70 年代前	农业绿色发展基础恢复巩固;确保土地家庭经营,为土地集中经营和基础设施建设奠定基础,降低农业对环境的破坏
	20 世纪 70 年代至 90 年代	绿色农业技术提升;大力支持农业绿色技术投入,完善推广制度,以多元路径推进农业绿色发展
	20 世纪 90 年代以来	农业与绿色发展和谐共进;更重视农业多功能性的发挥,推进"农业观光"模式,提升技术,培训农民

注:参考杜志雄等(2021)。

(2) 农业绿色发展目标是农业可持续发展目标的延续与深化,是推动新时代中国农业可持续发展的形式。农业可持续发展目标要求突破资源环境约束,寻求兼顾经济效益、生态效益、社会效益的农业发展方式。农业可持续发展强调的是农业生产在满足当前人类需求的同时，不损害未来世代满足其需求的能力。要求农业生产在经济发展、社会进步和环境保护三个方面达到平衡，确保农业资源的长期可持续利用。农业可持续发展注重的是长期结果，即农业生产能否持续满足人类的需求，而不破坏自然环境和生态系统。而农业绿色发展则更加注重农业产业所有环节的绿色化，强调的是一种农业生产发展理念，在农业高质量发展的同时，突出绿色本质。其本质是关于农业结构改善和生产方式调整的经济变革、保持农业产出的持续增长；持续改善自然资源的数量和质量、加大科技创新投入、促进农业绿色生产效率提升；推广绿色生产技术的使用、加强农业环境污染的防治、严守生态环境友好底线。2008年世界银行《以农业促发展》报告强调农业是保障零饥饿、促进减贫和发展经济的重要驱动力。2011年FAO和OECD在巴黎OECD总部联合召开了"以农业绿化经济"的专家会议。2012年联合国可持续发展大会集中讨论的两个主题之一即是绿色经济在可持续发展和消除贫困方面的作用。2015年联合国可持续发展峰会提出农业可持续增长是基于经济增长、社会包容性和环境可持续性三个相互联系的方面而设立的17项可持续发展目标之一。国际社会从"以农业促发展"到"以农业绿化经济"的转变，反映出绿色发展理念的不断深化及其对农业和经济发展的重要意义，其本质是一种发展理念，以经济、社会、生态环境的可持续发展为目标，兼顾农业发展的经济性、低碳性和安全性，追求生态、经济、社会等多元目标共赢，是绿色发展理念在农业领域的理论拓展与实践（李学敏 等，2020），更加注重资源节约、环境友好、生态保育和产品质量。农业绿色发展是对生态农业和绿色农业模式的肯定与融合，低碳生产是农业绿色发展的基本特征，经济增收是农业绿色发展的基本原则，安全供给是农业绿色发展的重要目标（巩前文 等，2020）。李福夺等（2022）指出农业绿色发展核心是一种高质量的可持续发展，要求生产过程清洁化、产品绿色化的同时，实现高效集约经营、保障农民持续增收、提高综合效益，走出一条具有中国特色的新型农业现代化道路。

（3）农业绿色发展是生态农业、绿色农业、有机农业的形态的拓展和深化。生态农业是一种基于生态学和经济学原理，运用现代科技和管理手段，旨在实现经济、社会和生态效益协调发展的现代化农业发展类型。它强调农业生态系统的整体功能和稳定性，注重农业资源的循环利用和生态环境的保护。绿色农业是一种注重加强农业生态环境保护的农业发展类型。它强调在农业生产过程中减少化学物质的使用，保护土壤、水源和生物多样性，提高农产品的安全性和品质。有机农业是一种在生产过程中主要采用有机肥和有机饲料来满足农作物和禽畜营养需求的种植业和养殖业。它严格限制化学合成物质的使用，强调农业生产的自然性和生态性。可以看出，上述三种农业都是注重生态效益的农业发展具体模式。农业绿色发展并不是农业生产的某个具体模式，而是一种发展思路与指导思想。它强调以绿色发展为导向，通过体制改革和技术创新等手段，推动农业生产方式转变和农业生产理念革新。是生态农业、绿色农业、有机农业等具体农业发展模式的共同理念和目标。

（4）农业绿色发展是实现农业高质量发展的有效途径。农业高质量发展是从为增长而生产转向为福利而转型，并在扎实推进共同富裕的目标任务下，转化为满足人民群众日益增长的多方面美好生活需要的发展。农业高质量发展的主要目标，通过深化供给侧结构性改革，增加总量、优化结构、拓展来源和改善品质，提高农业供给体系与需求体系的协同性、适配性，提升农业发展的质量、效益和性能，不断增强创新力、市场竞争力和抗风险能力（高强，2022）。农业高质量发展应当满足农业供给应当满足市场多元化的需求、农业经营应当具有较高效益、农业发展要具有可持续性等条件（孙江超，2019），更加注重资源节约、环境友好、农产品质量、增加农民收入（冷功业，2021）。创新、协调、绿色、开放、共享分别对应着农业高质量发展的动力、特点、形态、趋势和目的（高雪 等，2023），具有四个本质特征（马红坤 等，2023）：保障初级农产品的稳定供给更加有力，农业生产结构和区域布局明显优化，农业质量效益和综合竞争力显著提升，立体式复合型现代农业经营体系得到进一步完善。随着"双碳"目标提出，各学者也对"双碳"目标与农业绿色发展的关系作出回应。农业绿色发展与农业减排固碳在理论逻辑上密切相关，二者在本质上高度一致。"双碳"目标的提出标志着中国农业发展进入全面绿色转型的关键期，农业绿色发展既是推进生态文明建设的重要内容，也是助力碳达峰、碳中和的重要抓手。通过建立健全农业绿色发展制度框架、政策体系和工作机制，推动减污降碳协同增效；通过调整优化生产结构、转变生产经营方式，推动温室气体减排、增加生态系统固碳能力，可为推动"双碳"目标任务作出重要贡献（赵敏娟 等，2024）。

2.2 理论基础

2.2.1 农业产业集聚的理论基础

产业集聚在 1890 年由英国经济学家阿尔弗雷德·马歇尔首次提出这一概念后，随着社会和经济的发展，逐渐得到了丰富和完善，如 1826 年杜能提出的农业区位集聚论、1909 年韦伯提出的工业区位集聚论、1948 年埃德加·M·胡佛提出的产业集聚最佳规模论和1991年克鲁格曼提出的新经济地理理论等，这些成为农业产业集聚的坚实理论基础，相关理论阐述如下。

2.2.1.1 农业区位理论

马歇尔的产业区位论和杜能的农业区位理论在区位理论中极具代表性。

马歇尔产业区位论由近代英国最著名的经济学家、新古典学派的创始人阿尔弗雷德·马歇尔提出。马歇尔是最早关注工业集聚现象的经济学家，基于对英国工业生产地理集聚的长期观察，在1890年出版的西方经济学学术界内公认的划时代著作《经济学原理》一书中创新性地提出了"产业区"的概念和理论。马歇尔的《经济学原理》将产业区定义为："一种由历史与自然共同限定的区域，其中的中小企业积极地相互作用，企业群与社会趋向融合"，即工业集聚的特定地区称为"产业区"，产业区内集聚了大量相关的中小企业。马歇尔认为，工业能够在产业区内集聚最根本的原因在于获取外部规模经济，从而实现利益的增长。产业区具备的重要特征：①最优的人力资源配置；②生产垂直联系的企业群；③同源价值观念系统和协同创新的外部环境；④竞争与协作并存；⑤富有特色的本地信用系统。

马歇尔阐述了产业区形成后效率提升的三个主要原因。①劳动力市场共享。厂商的地理集中分布有利于劳动力需求方和供给方实现成本最小化，极大降低劳动力成本。②厂商集中能促进专业化供应商队伍的形成。专业化供应商队伍为生产进步、经济增长提供了优良的外部发展辅助环境。③技术外溢。厂商的地理集中有助于技术知识外溢，推动创新在知识和技术扩散的过程中产生，进而提高产业发展效益、推动经济增长。马歇尔的产业区位论提出以及相关学者的进一步延伸，为后来产业集聚的发展和研究提供了理论来源和坚实基础。不同学者从各自的研究视角出发，为产业集聚研究带来了丰富的维度，采用了多元化的研究方法，以适应不同时代背景下的需求，但共性特点是都明确了空间外部性与产业集聚间的密切联系，所以也是诸多学者分析的关键因素之一。如Fujita和Thisse认为空间外部性可以在很大程度上解释经济活动空间结构、地理布局和关联特征等现象。梁琦（2010）研究表明，空间外部性可以有效解释那些不能通过自然禀赋来解释的产业集聚现象，揭示空间外部性与产业集聚之间的紧密联系。Gordon和McCann在其研究中进一步指出，在当今世界范围内，资源要素的快速流动使得外部规模经济在解释产业集聚现象时，相较于内部规模经济，具有更为显著的作用。

杜能农业区位理论由德国经济学家、经济地理学和农业地理学的创始人杜能提出。19世纪，德国农业制度改革取缔了所有依附于土地所有者的隶属关系，土地可以自由买卖、农民人身得到自由，生产经营方式由庄园经营快速转向自由经营，出现了由农业企业家和农业劳动者构成的农业企业式经营。在此背景下，杜能在1826年出版的《孤立国同农业和国民经济的关系》一书中试图解释企业型农业时代的农业生产方式问题，以实现农业生产方式的合理配置原则。杜能的农业区位理论又称杜能圈或杜能环，是指围绕一个中心城市（市场）形成的同心圆农业地带。这一理论假设了一个"孤立国"，即一个与外界隔绝、仅有一个中心城市的国家，以探讨在均质平原上，不同农作物布局的趋向。具体为：①肥沃的平原中央只有一个城市。存在一个与其他国家完全不相往来的孤立国，该孤立国建立在平原地区，全国境内土地的性质和质量保持一致，只有一个位于平原中间的城市，这个城市以外都属于农村。②距城市50英里（1英里＝1 609.34米）之外是荒野，与其他地区隔绝。孤立国城市和农村以外的地方是没有经过开发过的大面积荒野，与其他地区国家实现了隔绝。③矿山和食盐坑位于城市附近。城市提供全国人民所需的工业产品，农村提供城市所需农产品，仅能向城市供应农产品，没有别的地方可提供农产品。④土质条件一样，任何地点都可以耕作。农业地带的划分将主要依据距离城市的远近。⑤不存在可用于航运的河流和运河。孤立国无法通过河流来运输货物，只能通过陆上运输，马车是唯一的运输工具。⑥运输费用与运输距离成正比。运费在这个孤立国中为农业生产成本的重要组成部分，农产品需要运输到城市进行销售，农村居民承担运输费用。

基于以上假设，杜能认为，农产品销售价格是农民决定种植何种农产品、采用何种耕作手段的决定性因素，但是从产地到市场的运输费用也占据了成本的大部分，所以运费与农作物选择也至关重要；因为全国土地性质和质量一致，所以杜能认为土地的使用类型、耕作方式和集约化水平等主要取决于经济因素，农业生产的布局主要受距离城市（市场）的远近影响。故，农业生产方式的空间配置呈现出随离城市距离变化而变化的趋势，表现为在距离城市较近的地方由于运费较低，种植运费高、不易运输、难以保存、价值高的作物；而随着与城市距离的增加，由于运费较高，种植运费低、好保存、价值低的作物，从而实现利润最大化。因此，杜能以城市为中心，构建了六个同心圆生产圈，从内向外依次为自由式农业圈、林业圈、轮作式农业圈、谷草式农业圈、三圃式农业圈和畜牧业圈，形成了孤立国全境的生产布局。杜能的农业区位论从宏观、中观、微观尺度指出，同样的土地，根据不同的产业布局可实现不同的产出结果，奠定了区位理论的基础，为后来韦伯等的区位理论研究提供了思路，农业区位理论也逐渐成为区位理论研究流变逻辑的开端。

综上所述可以看出，首先，杜能的农业区位理论主要关注的是农业生产的空间布局，来确定农业生产的最佳位置，而马歇尔的产业区位论则更侧重于更广泛产业的空间配置和规模经济效应，强调产业集聚的重要性，通过合理的空间配置来优化产业结构，降低生产成本，提高整体经济效率。其次，杜能的农业区位理论主要考虑了运输费用、地租和耕作技术等因素对农业生产布局的影响，而马歇尔的产业区位论则涉及更多的因素，如原料供给、产品需求、劳动力成本、运输费用、集聚效应等。马歇尔作为最早探索产业集聚并揭示内在逻辑的学者，产业外部性理论也构筑了产业集聚研究的基本框架，为该领域的后续研究奠定了坚实的基础。

2.2.1.2 农业规模理论

规模理论中，极具代表性的有埃德加·M·胡佛的产业集聚最佳规模论和保罗·克鲁格曼的新经济地理学规模报酬递增理论。

埃德加·M·胡佛是美国区域经济学家，发表了多篇关于区位理论和区域经济的著作。早在1937年，发表的《区位理论与靴鞋和皮革工业》，从历史角度对处于不同经济发展水平下的区位结构变化进行了分析，而后在《区域经济学导论》一书中重点阐述了产业集聚下的规模经济。胡佛将规模经济划分为三个层次，分别为：①单个区位单位，如工厂、商店等单位的规模所决定的经济；②单个公司，即企业联合体的规模所决定的经济；③特定产业在某个地理空间上集聚的规模经济。当这三个经济分别达到最大值的规模时，分别对应着区位单位、公司和集聚体最佳规模。

与其他产业集聚理论相比，胡佛的产业集聚最佳规模论的核心点在于，胡佛认为产业集聚效应是影响产业区位的一个重要解释变量，产业集聚存在一个最佳的规模，较少企业在一定区位上集聚，不能产生集聚所带来的最佳效应，反过来如果在某一区位上集聚的企业过多，也会导致集聚效应呈现下降，所以产业集聚规模也遵循适度原则，在资源优化配置、资源高效利用的情况下适度产业集聚，已达最大经济效益。胡佛的产业集聚最佳规模理论为产业集聚研究提供了重要理论基础，强调了产业集聚在经济发展中的重要性，对现代经济发展具有深远影响。

保罗·克鲁格曼是美国著名经济学家，1991年获克拉克经济学奖，2008年获诺贝尔经济学奖。1991年，克鲁格曼在《政治经济学杂志》上发表了《报酬递增与经济地理》一文，该文的产生可被视为新经济地理学研究的开山之作。克鲁格曼基于传统的收益递增理论和垄断竞争模型对产业集聚的产生和推动因素进行分析，认为规模报酬递增是产业空间集聚的主要原因，也是经济增长的重要动力，在过程中的运输成本、生产要素移动通过市场传导渠道相互作用，共同推动产业集聚的形成和优化发展。克鲁格曼率先提出"核心—周边"这一新经济地理学中最有代表性的模型，该模型主要展示在报酬递增、运输成本、人口流动等相关作用下的产业结构。在模型中，克鲁格曼假设世界经济下存在两个区域,分别为报酬递增的工业部门(制造业部门)和报酬不变的农业部门,其中工业部门位于核心区域,因为可以实现报酬递增,故而可以吸引更多的生产要素和资本,农业部门位于周边外围区域。克鲁格曼的新经济地理理论对报酬递增、运输成本、要素流动、外部经济等的相关性质和相互关系的探讨,表明模型中的区位空间分布因地理距离导致的交通运输成本变化而呈现出非线性关系规律,即出于对报酬递增、运输成本和市场贸易影响,生产商更加倾向于选择在靠近核心(城市、市场)的区域进行生产,从而产生了厂商的产业集聚。

该理论可以对一个地区经济地理模式的发展进程进行合理的预测和推演。虽然新经济地理理论对导致产业集聚产生的原因进行了深入分析,其设立的模型也对产业集聚的产生与发展具有较高的解释力。但相关研究结论是建立在简单的数字模拟之上的,在经济的实际运行中很多影响产业在特定空间集聚的影响因素并不是可以用函数来表达的,从而限制了该理论模型在空间经济分析中的进一步广泛应用。

2.2.1.3 农业贸易理论

本研究重点阐述新贸易理论和新经济学理论。

新贸易理论是20世纪80年代初以来,以保罗·克鲁格曼为代表的一批经济学家提出的一系列关于①国际贸易的原因;②国际分工的决定因素;③贸易保护主义的效果;④最优贸易政策的思想和观点。传统贸易理论主要研究的是产业间贸易,而新贸易理论主要研究的是在规模报酬递增和不完全竞争条件下的产业内贸易,不考虑产业内企业间的差异,是将"产业"作为研究单位。新贸易理论揭示了规模经济性和不完全竞争市场结构下企业的垄断竞争行为成为贸易产生的重要动因与基础,迪克西特和斯蒂格利茨在假定产品异质和垄断竞争前提下,在1977年《美国经济评论》上发表的《垄断竞争和最优产品的多样性》经典论文中提到了迪克西特—斯蒂格利茨模型(D-S模型),该模型是新贸易理论的典型代表之一。D-S模型阐述了在不完全竞争市场条件下消费者需求多样化和企业生产规模经济的两难冲突问题,它为处理规模报酬递增和不完全竞争提供了新的技术工具,建立了规模经济和多样化消费之间的两难选择如何达到均衡的框架,是新贸易理论较传统贸易理论的重大突破之一。

在规模经济条件下,厂商倾向于扩大生产规模,对厂商来说,产品种类越少越好,这样单个厂商在专注于一种品类下能更好地利用规模经济优势,而对消费者而言,更倾向于产品的多样性(产品差异化),这样产品效用更突出。迪克西特和斯蒂格利茨认为,进一步扩大市场规模,更有利于发挥规模经济优势,在大的市场环境下,生产效率提升、产品品类更为丰富多样,能及时准确迎合消费者多样化的需求从而达到获取垄断利润的目的，在解决两难冲突时的缓冲空间变得更大。同时国际贸易可以解决这一矛盾，各国专业化大规模生产具有某一方面差异的同种产品并进行贸易，既利用了规模经济性获得比较优势，又满足了消费者对差异产品的需求。保罗·克鲁格曼在1979年发表的《收益递增、垄断竞争和国际贸易》中，在迪克西特和斯蒂格利茨的研究成果上，引入了张伯伦的垄断竞争模型建立起一个简单贸易模型，论证显示在一个各国间不存在差异的世界中（各国间相同偏好、技术和要素禀赋）是存在贸易往来的、同时地区间存在专业化分工，证实贸易起源于内生于企业的规模经济，规模经济推动了国际贸易和国际贸易利得，同时克鲁格曼指出贸易很可能只是市场规模扩大和规模经济出现的一种途径。随后，克鲁格曼通过将1979年的模型中贸易加入运输费用后，为了降低运输成本，靠近大市场的厂商通常更为有利可得，因为存在规模经济，国家越大，市场规模就越大，工人更易获得高工资，大量的产品生产集中在市场规模大的国家或者地区，各国会专业化生产国内市场需求大的产品，形成"本地市场效应"。此外，该理论还强调了地区政策和基础设施能够提高生产的区域专业化水平。

新经济理论最先报道于1991年《政治经济学》杂志保罗·克鲁格曼撰写的《经济地理与收益递增》。这篇论文打开了空间经济学研究的新方向。新经济地理学理论建立在新贸易理论基础上，在规模报酬递增、不完全竞争的假定下，融入区位论中的运输成本因素，研究市场和地理之间的相互联系，解释"报酬递增规律"对产业空间集聚的影响途径。克鲁格曼新经济地理学理论的构建以数学模拟为基础，在迪克希西特和斯蒂格利兹建立的D-S垄断竞争模型下，结合了经典的保罗·萨缪尔森的"冰山运输成本"概念，提出了"中心—外围"模型，分析集聚过程中的向心力与离心力，借以解释集聚的形成。在该模型中，假定只有两个部门，处于中心区域的是报酬递增的工业部门，外围地区是报酬不变的农业部门，强调了基本要素、中间投入品效应和技术的使用效应，在外部条件原本相同的工业和农业部门，生产结构最终发展成完全不同的过程中发挥的作用。

新经济地理学认为，在需求和供给关联的循环累积因果机制下，由于要素流动、投入产出关联和资本积累，从而产生了本地市场效应、价格指数效应和生产成本效应，而金融外部性则是通过这三种效应来影响产业的地理集聚和"中心—外围"空间结构。同样，在迪克希西特和斯蒂格利兹建立的D-S垄断竞争模型下，基于金融外部性的要素流动机制、垂直关联机制和要素积累机制，被证实是重要的产业地理集聚机制。在新经济地理理论的发展过程中，基于三种不同机制的模型不断形成且完善，以要素流动机制为例，确实出现了多个具有代表性的模型，它们对于理解金融外部性如何影响产业地理集聚和空间结构提供了重要的理论支撑。典型例子如克鲁格曼提出的劳动力流动模型和鲍德温等提出的资本流动模型。

克鲁格曼的劳动力流动模型是新经济地理学中的一个核心模型，它强调了劳动力要素在地区间的流动对于产业集聚和空间结构的影响。在这个模型中，克鲁格曼通过引入冰山运输成本（即产品在运输过程中会有一部分损失，就像冰山融化一样）和规模经济效应，分析了劳动力如何在两个地区间流动以达到均衡状态。模型发现，当运输成本降低到一定程度时，劳动力会向一个地区集聚，形成所谓的"核心—边缘"结构，即一个地区成为产业集聚的中心，而另一个地区则相对边缘化。鲍德温等的资本流动模型将焦点放在了资本要素的流动上，在这个模型中，资本被视为可以在地区间自由流动的要素，而资本流动的主要驱动力是追求更高的投资回报率。模型分析了在存在金融外部性的情况下，资本如何在地区间流动，以及这种流动如何影响产业的地理分布和空间结构。与 FL 模型类似，FC 模型也发现，当运输成本和其他条件满足一定条件时，资本会向一个地区集聚，导致产业在该地区的集聚和"核心—边缘"结构的形成。所以说两个模型都一致认为本地市场效应和要素的跨区流动是产业集聚的重要驱动力。

克鲁格曼的劳动力流动模型具有多重特征，比如区位黏性和内生非对称性等。克鲁格曼的 FL 模型确实揭示了劳动力流动、收益递增和运输成本降低在产业地理集聚形成中的重要作用，并强调了路径依赖和自我预期累积的影响。然而，该模型在解释不存在明显劳动力或要素流动机制的国家或地区中产业地理集聚现象时存在局限性。为了弥补这一不足，后续研究从多个角度对产业地理集聚机制进行了深入诠释，这些研究往往考虑了更多复杂的因素和机制。这些理论模型如下。

垂直关联模型。克鲁格曼、奥塔维亚诺和罗伯特·尼库德提出了垂直关联模型，该类模型基于垂直关联机制，探讨了不同类型（中心—外围模型、企业家模型和资本模型）的垂直关联如何导致产业地理集聚，它们共同假定企业之间存在前后向联系，即一个企业的产出是另一个企业的投入，这种联系除了要素流动外，也是产业地理集聚的重要驱动力。维纳伯尔斯 1996 年指出在投入—产出关联性中，投入品供需加大，会吸引厂商在某一地区形成集聚。

资本创造模型。在鲍德温 1997 年的模型中，研究开发活动被引入作为影响产业地理集聚的关键因素，不仅能够推动技术创新和产业升级，还能够通过要素积累（尤其是资本和知识积累）来促进产业的地理集中。1999 年，鲍德温提出了基于要素积累机制的资本创造模型。该模型的一个核心假设是物质资本和劳动力的不可流动性，强调了本地市场效应和资本积累的重要性，即市场需求规模越大，越吸引企业集聚，更能接近消费者，降低运输成本；随着资本的积累，地区的生产能力增强，进而吸引更多企业入驻，形成产业集聚。资本创造模型揭示了要素积累与本地市场效应之间的紧密互动关系，一方面，要素积累（特别是资本积累）为产业集聚提供了物质基础；另一方面，本地市场效应为产业集聚提供了市场需求支撑。两者相互作用，共同推动了产业地理集聚的形成和发展。

技术外部性理论。技术外部性描述了产业集聚如何影响知识和技术的传播与创新。对于技术外部性，存在两种截然不同的观点，即雅各布斯外部性（Jacobs 外部性）和马歇尔—阿罗—罗默外部性（MAR 外部性），它们各自强调了不同类型的产业集聚对知识和技术溢出的不同影响。雅各布斯外部性强调的是行业差异化的企业集聚所带来的知识与技术溢出效应。这种溢出不仅发生在企业之间，还特别体现在知识反馈明显的经济体之间，为互补性技术和知识的传播提供了有效途径。其本质在于多样化经济中的竞争加速了知识与技术的溢出。马歇尔—阿罗—罗默外部性关注的是特定空间上特定行业的生产集聚对行业内企业间知识（技术）溢出的增强作用。这种溢出效应在行业内企业之间更为显著，因为它们在技术、市场和产品上更为接近。其本质是通过垄断（或高度专业化）来促进知识与技术的溢出，因为垄断企业有更多的资源和动力进行研发和创新。尽管两种技术外部性看法不同，Jacobs 外部性强调差异性和多样化的作用，而 MAR 外部性则强调专业化的作用。但是，二者都明确指出技术外部性（包括技术扩散和知识溢出等）是产业集聚的根本驱动力。产业地理集聚与知识溢出存在内生关系。地理集聚对创新产出增长的贡献是多方面的，其中提高经济主体思想交换的概率、增强对知识价值的认知以及降低科学技术商业化的成本是三个核心要点。Berliant 等（2006）借助一般均衡搜寻模型，围绕知识溢出与产业地理集聚的内生因果关系展开全新的研究，他认为新知识产生于异质性个体间的思想交换，通过形成人口集聚来促进知识溢出和产业经济活动的空间集聚，并能提高知识交换的效率。

2.2.1.4 空间生产理论

空间生产理论，作为当代社会科学领域中的一个重要理论，对空间的概念进行了深刻的拓展和重构，认为空间既是实体的物理空间，也是个体联结社会的关系。列斐伏尔作为该理论的代表人物，他对于"生产"的深刻理解，使他提出了空间研究的一个重要转向，即"由空间中的生产，转变为空间的生产"。这一转向不仅是对空间认识的一次深化，也是对社会生产关系在空间维度上的重新审视。列斐伏尔发表的《空间的生产》成为空间生产理论的来源，该理论是西方后现代理论转向关注"空间"议题的重要标志，更是对资本主义空间实践深刻剖析的产物。列斐伏尔在《空间的生产》中明确指出，空间并非简单的物理存在，而是社会性的产物，这一概念继承了马克思的"空间生产"范畴。列斐伏尔在《空间：社会产物与使用价值》中提出了"生产空间"的惊异说法，并构建了"三元空间辩证法"来阐释空间生产理论。列斐伏尔认为空间是一种巨大的社会资源，空间生产是社会关系的重组与社会秩序的建构。主要体现在：其一，随着城市化进程的加速，空间生产变得尤为显著，城市的快速扩张不仅改变了物理空间，也重塑了社会关系和空间结构；其二，都市化进程的普及使得空间成为一个重要的社会议题，人们开始更加关注空间生产、分配和使用，以及这些过程如何影响社会关系和个体生活；其三，随着空间生产的加速，空间性组织的问题也日益凸显。包括空间规划、空间管理和空间权益等方面的挑战，这些问题都与社会关系和生产方式紧密相连。

列斐伏尔指出空间的三种属性。①物质性。空间首先是一个物理存在的实体，它具有可被感知和测量的属性。这种物质性体现在空间的物理形态、布局、结构等方面，是空间最基础也是最直观的特征。②精神性。空间不仅仅是物理的存在，它还承载着人们的情感、记忆、想象等精神层面的内容。空间的精神性使得空间成为人们情感寄托和身份认同的载体。③社会学。空间是社会关系的产物，也是社会关系得以展开的场所。空间的社会性体现在空间中的权力关系、社会结构、文化习俗等方面，这些因素共同塑造了空间的社会属性和功能。进而列斐伏尔的"三元空间辩证法"空间生产理论的核心组成部分，解析了空间实践、空间表象和表征性空间三个相互关联又有所区别的空间维度。①空间实践。涵盖了生产、再生产与空间配置，是空间物质的直接体现，描绘的是空间的物质性活动及其结果。②空间表象。涵盖了生产关系、权利结构和空间秩序，是一种被"构想的空间"，这一空间是权力运作的场域。③表征性空间。指向日常生活体验和感知的空间形态，包含了空间中的生活经历、社会交往和情感体验，通过行动和感知来构建和维系社会关系。列斐伏尔还强调，空间的三个维度之间并不是孤立的，而是相互连接、彼此影响的。空间表象不仅规定着空间实践的方向和方式，还对表征性空间有主导和支配作用。

空间生产理论一经提出就被广泛应用于城市规划发展方面的研究，通过将空间的三个维度细化拓展为"物质—制度—社会""格局—规则—行动"等分析框架，研究者能够更深入地揭示空间与社会现象之间的内在联系和互动机制。近年来，国内学者也开始尝试将其应用于旅游发展、乡村旅游、乡村民宿发展以及共同富裕等相关研究。

2.2.2 农业绿色发展的理论基础

2.2.2.1 生态文明理论

19世纪是工业革命蓬勃兴起、资本主义快速发展的时代。虽然当时的生态环境问题并未像今天这样凸显，但马克思和恩格斯以其敏锐的洞察力，通过对资本主义生产方式和消费模式的深入分析，预见性地指出了资本主义社会可能带来的严重生态危机。马克思和恩格斯从哲学的角度对人、自然、社会三者之间的关系进行了深入的思考。他们认为，人是自然的一部分，人的生存和发展离不开自然。同时，社会是人类活动的产物，是人类与自然相互作用的结果。因此，他们强调，人类应该尊重自然、保护自然，实现人与自然的和谐共生。

马克思主义生态文明理论，作为基于实践唯物主义思想而形成的科学理论体系，其核心在于指导正确处理经济发展与生态文明建设之间的关系，并深入理顺人、自然、社会三者之间的内在联系。其基本内涵可以从以下三个方面来阐述。首先，自然是人类赖以生存和发展的前提。马克思指出"人靠自然界生活……自然界是人为了不致死亡而必须与之不断交往的、人的身体"强调了人与自然的这种不可分割的联系。自然为人类提供了生活所需的各种资源，包括空气、水、食物、能源以及用于生产和建设的原材料等，这些天然的生活资料和生产资料是人类社会存在和发展的物质基础。同时人类通过实践活动，如狩猎、采集、农耕、工业制造等，不断地与自然进行交互，从自然界中获取所需，并在这个过程中创造出不同的生产方式和生活方式，这些方式反过来又推动了人类经济社会向前发展。其次，人类是自然界的重要组成部分。马克思指出："没有自然界，没有外部的感性世界，劳动者就什么也不能创造。"这句话深刻地揭示了自然界在人类生产活动中的基础性作用。人类通过劳动，利用自然界提供的材料和能源，进行物质生产活动，创造出满足自身生存和发展需要的各种产品，不仅包括了物质财富，也包括了精神财富和制度文明。同时，人类在从自然界中分化出来的过程中，通过物质生产活动实现了人与自然之间的物质变换，不仅改变了自然界面貌，也改变了人类自身生存方式和社会关系。通过劳动，不仅创造了物质财富，也创造了社会关系和制度体系，从而形成人类社会。最后，人与自然是在实践基础上的统一整体。人与自然是辩证统一的，统一性主要表现在人类的实践活动对自然界的依赖性。人类社会的进步与发展无不是建立在人类对自然界进行实践之上，而实践的前提是自然的客观存在。在实践过程中，人类、社会、自然三者之间会产生多种联系，最终形成了复杂的相互影响的网络关系。恩格斯也指出："我们不要过分陶醉于我们对自然界的胜利。对于每一次这样的胜利,自然界都在对我们进行报复。"为了实现人与自然之间有序、和谐发展,就必须对不合理的生产关系进行调整,推动经济社会发展与生态环境保护相协调。

马克思主义生态文明理论不仅深刻揭示了生态世界发展的规律,还为人类社会处理经济发展与生态环境恶化问题提供了重要启示,对加快建设社会主义生态文明贡献了思想武器。

自改革开放以来,我国长期面临着异常严峻的生态环境挑战,这既对政府提出了具备现代化治理能力的要求,促使其承担起作为崛起中大国的责任,也促使我们对我国长期的生态文明建设实践进行深入反思与全面总结。在此背景下,习近平同志基于马克思恩格斯的生态理论,继承了马克思主义关于人与自然关系的基本观点,并结合中华民族的传统生态思想、历代领导集体的生态思想以及当代世界的生态文明理论,分析我国面临的生态环境形势,针对长期存在的生态环境问题,提出具有针对性的习近平生态文明思想,在一定程度上突出了生态文明建设的关键性和迫切性。

从党的十八届五中全会提出"五大发展理念"和党的十八大提出"建设美丽中国"以来,习近平同志曾在多个场合对绿色发展理念进行系列阐述。2013 年 9 月 7 日习近平同志在哈萨克斯坦纳扎尔巴耶夫大学回答学生们关于环境保护的问题时提出:"中国明确把生态环境保护摆在更加突出的位置。我们既要绿水青山,也要金山银山。宁要绿水青山,不要金山银山,而且绿水青山就是金山银山。"① 2015 年 1 月 19 日至 21 日,习近平同志在云南考察工作时指出:"经济要发展,但不能以破坏生态环境为代价。生态环境保护是一个长期任务,要久久为功。"他进一步强调:"要把生态环境保护放在更加突出位置,像保护眼睛一样保护生态环境,像对待生命一样对待生态环境。"② 2015 年国家主席习近平出席第七十届联合国大会一般性辩论并发表重要讲话,指出"我们要构筑尊崇自然、绿色发展的生态体系"。③ 在党的十九大上,习近平同志进一步明确指出:"建设生态文明是中华民族永续发展的千年大计。必须树立和践行绿水青山就是金山银山的理念,坚持节约资源和保护环境的基本国策,像对待生命一样对待生态环境,统筹山水林田湖草系统治理,实行最严格的生态环境保护制度,形成绿色发展方式和生活方式,坚定走生产发展、生活富裕、生态良好的文明发展道路,建设美丽中国,为人民创造良好生产生活环境,为全球生态安全作出贡献。"④ 这是习近平生

---

① 资料来源:《习近平谈"一带一路"(2023 年版)》篇目《共同建设"丝绸之路经济带"》。
② 资料来源:《习近平关于社会主义生态文明建设论述摘编》,中央文献出版社,2017 年。
③ 资料来源:《习近平谈治国理政》(第二卷),外文出版社,2017 年。
④ 资料来源:《党的十九大报告辅导读本》,人民出版社,2017 年。

态文明思想的集中体现。

习近平同志关于绿色发展的系列表述，逐渐概括成为包括"绿水青山"和"金山银山"两个基本范畴在内的"两山论"，这一理论成为习近平生态文明思想的核心价值观，为新时代我国生态文明建设提供了根本遵循和行动指南。

作为马克思主义生态文明理论的重要拓展和中国特色社会主义理论体系中的关键组成部分，习近平生态文明思想为中国未来长期的社会主义建设，特别是生态文明建设，提供了科学的理论指导和实践方向，不仅有利于促进美丽中国梦的顺利实现，也为世界范围内解决经济发展与生态保护难题提供了中国智慧和中国方案。

2.2.2.2 可持续发展理论

20世纪60年代，随着环境污染的日益加剧，人类生存环境不断恶化，环境保护主义开始在全球范围内兴起。在此背景下，循环经济思想开始萌芽并逐渐产生较大影响力。美国经济学家波尔丁（Boulding）在1966年提出的"宇宙飞船经济理论"是循环经济理论的缘由，其核心在于实现资源的循环利用，减少废物产生，以维持地球经济长期可持续发展。波尔丁将地球看作一个宇宙飞船，这个宇宙飞船除了从太阳那里获得能量外，一切要素物质均从地球内部获得，强调地球资源有限性和封闭性。在此基础上，该理论将经济分为牛仔经济和宇宙飞船经济，前者的特点是生产消费毫无顾忌、逍遥自在，后者的特点是限制自由、注重物质资源的循环利用，以适应地球资源的有限性。在人口持续大规模增长的背景下，由牛仔经济转型为宇宙飞船经济是必然趋势。波尔丁批评了传统工业经济"资源—产品—排放"的线性模式，指出不可持续性，并首先提出了"循环经济"概念，在经济生产的大系统内，在要素投入、企业生产、产品运输与消费、废弃的全过程中，必须转变原先经济增长主要依赖要素投入的生产模式，强调在经济生产的全过程中实现资源的生态化、循环化利用。

循环经济理论颠覆了传统经济发展思想，力求最大限度减少废弃物和浪费，最大限度提高废弃物的再次利用率，从而以最小成本获得最大经济效益、环境效益。在20世纪60年代，这一理论展现出非凡的前瞻性和创新性，极大地促进了经济与资源、环境之间关系的研究，推动了环境保护理念的深入，促进了清洁生产的实践，倡导了绿色消费的风尚，并加速了废弃物再生利用的进程。如今，循环经济已成为环境与发展领域的核心思潮，引领着全球向更加可持续、环保的经济模式转型。

同样，自20世纪60年代以来，面对环境问题，国际社会开始积极寻求解决方案，联合国等国际组织成立了一系列专门机构来研究环境问题。1983年，联合国成立了世界环境与发展委员会（World Commission on Environment and Development），负责研究经济增长与环境退化之间的关系。1987年,该委员会第一次将"可持续发展"这一概念引入正式的政治领域,并在《我们共同的未来》中将"可持续发展"正式定义为"不仅要满足当代人生存和发展的需要,也要保证后代人可以维持生存和发展能力的发展"。此后,联合国在1990年发布了《21世纪议程》,首次将可持续发展问题由理论推动到实践,为全球可持续发展提供了行动指南。可持续发展理念自出现以来已经形成众多思想流派,具有代表性观点包括"增长的极限""三支柱理论"与"绿色增长"三种。

增长的极限。1972年,美国环境学家德内拉·梅多斯(Donella Meadows)基于电脑仿真模型发表《增长的极限》,并明确指出,"如果全球范围内人口、工业化、污染、粮食生产和资源枯竭保持增长趋势不变,地球将在未来一百年内的某个时刻达到其增长极限"。一旦达到增长极限,会引发不可控制的人口急剧减少与工业退化。该学说在20世纪70年代盛行并影响至今。有学者指出,为避免达到增长极限,应限制资源的使用,甚至放弃某些特定的经济增长模式,以减少对环境的压力和资源的消耗,并加强维持经济增长与生态的动态平衡,确保经济发展与环境保护相协调,实现可持续发展。

三支柱理论。三支柱理论是一个广泛流传且被广泛接受的流派,它强调社会、环境、经济三个方面的协调统一、相互作用与统筹发展。其中,社会、环境、经济三个方面的相互影响表现在诸多方面。如,经济从自然资源中获取原料而实现增长,但过度开采会导致自然资源减少甚至枯竭,对环境造成破坏;城市化发展建立在能源的大量消耗上,推动了经济增长,但同时温室气体的排放也加剧了气候变化,对环境产生负面影响;社会支柱的发展需要经济支撑,但经济发展也可能带来社会问题,如贫富差距、环境污染等,这些问题又反过来影响经济的稳定发展。综上,推动社会、环境、经济三大支柱相互制约、相互促进,实现平衡有序发展是三支柱理论的主要思想。

绿色增长。绿色增长作为21世纪初兴起的经济理念,着重强调了经济的复原能力、抵御能力以及环境保护与长期经济利益之间的紧密联系。该理念认为,通过转变传统经济增长模式,可以实现环境保护与经济增长的双赢,核心是必须注重绿色生产技术、绿色经济市场、国际合作三个因素。首先,在绿色生产技术方面。要加大研发力度、提高生产效率、减少生产过程中污染排放,并积极寻求可再生资源以替代现有不可再生资源,通过技术创新,最大限度地降低对自然资源消耗和环境污染,从而实现经济绿色转型。其次,在绿色经济市场方面。绿色增长理念倡导市场的包容性和平等性,这意味着经济发展不仅要追求效率、还要注重公平,特别是对贫困国家和人口的帮扶。通过构建公平、包容的市场环境,可以激发各经济主体的活力,促进经济的可持续发展。最后,在国际合作方面。主张在技术、贸易和金融领域,通过共享资源、交流经验和技术,共同应对全球性环境问题,不断缩小发达国家和发展中国家之间差距,推动全球经济绿色增长。

可持续发展理论的提出标志着人类对环境与经济发展关系的认识达到了一个新高度,将环境保护与经济发展并重,强调两者之间和谐共生与长期平衡。这一理论对后续经济社会的发展产生了深远而广泛的影响。

2.2.2.3 其他理论

外部性理论、协同理论和马太效应在农业绿色发展中扮演着重要的角色。

外部性理论是一个经济主体(如厂商或个人)的经济活动对另一个经济主体或社会整体产生的非直接、非市场化的影响。是一个在经济思想史中不断演进和深化的重要概念,其根源可追溯至早期的经济理论探讨,从灯塔理论的启示到外部经济的初步阐述,这一理论逐渐形成了自己的体系。剑桥学派奠基者西奇威克(Sidgwick)在其著作《政治经济学原理》中首次明确指出了外部性的存在,为后人的研究奠定了基石。随后,新古典学派创始人马歇尔(Marshall)在1890年出版的《经济学原理》中,首次提出了"外部经济"的概念,进一步丰富了外部性理论的内涵。在此基础上,福利经济学创始人庇古(Pigou)对外部性理论进行了系统性阐述,并首次将其划分为正外部性和负外部性,为后续的政策制定提供了理论支撑,庇古的这一分类,使得外部性理论更加具有实践指导意义。然而,外部性理论的深化并未止步,新制度经济学奠基人科斯(Coase)在1960年出版的《社会成本问题》中,提出了著名的"科斯定理",对传统外部性理论进行了革命性创新,科斯定理的提出,为解决外部性问题提供了新的视角和思路。外部性理论揭示了市场在生产领域中可能存在的无效率现象,其中自然资源的浪费和生态环境的破坏是最为典型的外部性问题。这些问题不仅影响了经济的可持续发展,也对社会福祉造成了负面影响。在当前农业领域,经营方式粗放、农业面源污染以及农产品质量堪忧等问题,都是外部性问题的具体表现。面对这些问题,政府作为政策制定者和监管者,首当其冲需要做出一系列政策回应和制度安排。通过制定合理的农业政策,引导农业向绿色、可持续的方向发展,减少外部性问题的产生。

协同理论也被称为"协同"或"协同效应",是20世纪70年代以来逐渐形成和发展起来的一门新兴学科,是系统科学的重要分支。主要研究系统内部各要素之间如何通过非线性相互作用,产生整体大于部分之和的效应,即协同效应。这一理论强调系统内部各组成部分之间的协调与合作,以及这种协调合作如何导致系统整体性能的提升。"协同"概念,由著名物理学家哈肯(Hermann Haken)在1971年首次提出,核心观点是，在外部条件影响下，强调系统各个要素之间会产生紧密的耦合关系，使体系从混沌无序转变为稳定有序。在1976年Weick首次将协同理论运用到教育管理的问题处理当中。对于农业领域而言，早在1999年任继周院士就提出，协同效应是农业系统的必要属性，协同理论充分利用农业各子系统的功能，使农业系统的整体功能超越局部功能之和，实现整个农业系统功能最大化，在农业中具有重要战略意义。农业系统协同效应不仅涵盖了不同农业子系统的协同反应，还涉及粮食安全与水资源、耕地资源、农业物资投入和劳动力成本等多个微观层面因素的协同，还包括粮食安全与经济发展、城镇化、环境规制、市场开放和技术进步等宏观层面因素的协同。在农业绿色发展转型中，政府、农户、消费者等多主体的互动与合作至关重要。政府可以通过制定规划和政策，引导农业绿色发展转型方向，农户和消费者则可以通过改变生产和消费方式，共同参与绿色农业发展。这种多主体之间的互动与合作，有助于形成农业绿色发展的合力，推动农业向更加可持续和环保的方向转型。

马太效应描述了一种"好的愈好、坏的愈坏、多的愈多、少的愈少"的两极分化现象。优势往往会产生更多的优势，即在某些领域（金钱、声望、地位等）获得成功或进步的个人、团体或地区会产生累积优势，更有可能获得成功和进步。该效应于1968年由科学史研究者罗伯特·莫顿首次提出。马太效应最初用于描述社会心理现象，后来这一术语被广泛应用于管理学、社会学、经济学等科学领域。在农业领域而言，关于地区间农业经济发展现象存在以下两种观点：一种观点是"发展趋异"现象。即地区间由于先天条件差异导致不均衡发展，落后地区可能陷入"低水平陷阱"的恶性循环难以摆脱。另一种观点是新古典增长理论的"趋同假说"。认为农业基础薄弱的地区往往经济增长速度较快，从而促进了农业经济发展的高水平收敛，最终可能实现地区间发达程度的趋同。在农业绿色发展中，这意味着那些已经采用绿色生产方式和技术的农业生产者可能会获得更多的资源、机会和收益，从而进一步推动其绿色农业的发展。同时，这也提醒在推动农业绿色发展时，需要关注资源分配的公平性，避免因为资源过度集中而导致的社会不平等现象。

2.3 农业产业集聚影响农业绿色发展的作用机制

根据前文对于农业绿色发展的定义描述，可以看出，农业绿色发展的关键是经济、社会和生态的协调统一，建立在生态环境友好的基础上，以绿色高效的生产效率，实现农业产出的稳定增长。而农业产业集聚是各类企业（主要为农业类）或生产要素之地理上的聚集，目的是增加农业产出、提升农业生产效率和提高农业经济效益等，农业产业集聚下表现最明显的就是规模化经济效应突出、注重技术创新与应用、资源要素配置齐全合理等。本研究拟从农业产业集聚通过提升产业经济效率、加快绿色技术应用和优化市场竞争秩序、促进生态文化传承四个方面来阐述对农业绿色发展的作用机制。

2.3.1 提升产业经济效率

产业集聚下，将传统的农业分散经营转为现代化的集中经营，在此过程中，各个地区将资源禀赋优势的产业集中后，规模化集约化是必然，同时产业链条上的专业化也更凸显，所以农业产业集聚可通过规模效应和专业化生产来提升农业绿色生产经济效率。

第一，规模效应突出，助推农业绿色经济效率。在农业产业集聚下，形成了形体上的规模化和经济上的规模化。一方面，农业产业集聚使得大量农业生产主体和其他机构在特定空间上集中，围绕核心企业形成完整的产业分工体系。这种集聚效应促进了商业合作、业务往来和信任建立，从而提高了各产业主体之间的资金流转效率。农业产业集聚能有效整合生产要素，包括土地、劳动力、资本等，提高资源配置效率，从而提高农业绿色生产的整体效益。农业产业集聚的形成，往往能够吸引更多的外部资源流入，包括资金、技术、人才等，这些资源的流入进一步增强了产业集聚区的实力，为农业绿色生产提供了更充足的资源保障。另一方面，在农业产业集聚区内，因大量农业产业链条企业在特定地理空间上的集聚，催生出链条中的各农业企业个体向规模化发展，个体规模逐渐壮大，固定成本在每个农产品中所分摊的成本下降，使单位成本降低，个体企业的生产效率提升。农业产业集聚易促使产生规模外部经济效应，如采购端，农业产业集聚内的企业能享受到低成本、高质量的原材料供应及稳定的供应商体系，有效降低生产成本、提高生产效率，产出得以增长、经济效益增加。此背景下，企业有更多的资金去研发绿色高效的生产技术或引进高效率生产设备，从而降低生产中的污染排放和提升污染的科学治理，推动农业绿色发展。随着农业产业集聚区的规模经济效益增加后，区域品牌的影响力将更为突出，品牌优势凸显，会吸引外界的关注和国家政府层面的大力支持，进一步为农业产业集聚区提供绿色长久的发展方案和方向，让农业产业集聚区在实现产出增长、效益增加的同时，区域品牌得以绿色高效可持续发展。

第二，专业化生产，保障农业绿色生产效率。农业产业集聚促进了技术的集中与专业化发展，农业产业集聚区内的企业能够更容易地获取和应用先进的农业技术，提高生产效率和产品质量。一方面，农业生产流程逐渐实现专业化分工，从原材料供应到生产加工，再到市场销售，各个环节都形成了专业化的生产流程。农户、企业和相关机构之间形成了紧密的分工与合作关系，不仅存在着大量从事农业生产、农产品加工销售的同质性企业和相关支撑机构，也存在着产业之间相互关联的前向关联、后向关联企业和上游、中游、下游企业。这种分工合作使得农业生产者能够专注于自己的优势领域，进行专业化生产。例如，一些农户可能专注于种植特定作物，而另一些农户则可能专注于养殖或农产品加工。这种分工合作不仅提高了生产效率、降低了生产成本，还有助于形成规模经济和范围经济。另一方面，农业产业集群使得农业资源和投入的要素形成集聚，如人才、销售网络、市场份额、资金投入等，为群体内农业发展提供了有力的支撑。这种资源的集聚有助于形成专业化的生产环境和条件，使得农业生产者能够专注于某一领域或某一环节的生产，提高生产效率和产品质量。

2.3.2 加快绿色技术应用

农业产业集聚对于加快绿色技术应用具有显著的促进作用，主要体现在农业产业集聚区绿色科技创新成果突出、绿色技术转化应用到位。

第一，注重技术创新与应用，科技引领绿色生产。首先，农业产业集聚区因产业集中，产业链完整，在此情况下易吸引大量的科研机构、高校等进行入驻，例如成立院士工作站、高校合作实践基地等，为农业科技创新提供强大平台的同时，也加快绿色农业科技成果的孵化转化，为农业产业集聚区内的绿色科技创新提供了更加完善支持体系。其次，在农业产业集聚的推动下，绿色农业关键技术的研究变得更加突出。科研机构和企业内部的科研团队会集中资源，对产业集聚区内亟须的绿色技术进行攻关。这种有针对性的研究，不仅提高了绿色技术突破的效率，还使得绿色技术的突破更加贴合产业发展的实际情况，能够更好地满足上下游产业的需求。这种绿色技术的突破，为绿色农业产业升级提供了重要的动力，推动了绿色农业产业的持续健康发展。然后，农业产业集聚区对绿色技术的研发、推广和应用也提供了有力的支撑。产业集聚区内的企业可以共享资源、信息和技术，这种共享机制降低了绿色技术的研发成本，加快了绿色技术的创新步伐。而且，由于产业集聚区内的企业之间形成了紧密的合作关系，绿色技术的推广和应用也变得更加容易。这种绿色技术的广泛应用，不仅提高了农业生产的效率和质量，还促进了农业产业的绿色转型和可持续发展。

第二，产业链条完善合理，绿色技术应用到位。在集聚区内，企业之间以及企业与科研机构之间的合作更为紧密，这促进了知识、技术、信息等创新要素的流动与共享。这种创新要素的集聚与流动，激发了企业的创新活力，推动了农业绿色技术的持续创新与应用。首先，农业产业集聚的形成，生产者更多是细分领域市场，专业化程度高，更愿意接受新的事物，愿意实践新技术来实现企业或个人的提升，以农民为例，在农业产业集聚区的农民更加渴望应用新的科学技术来提升生产效率，降低人力成本投入，增加最终的收益，然后进一步扩大生产规模。其次，在农业产业集聚区内，同行多，群体效应中，总会有先行者尝试新技术，取得明显效益后，在日常交流、合作中会进行沟通分享，其他同行或农户会紧跟其后进行新技术的应用，从而加快了技术的推广应用。再者，在农业产业集聚区内，同行竞争激烈，如某个企业因新技术的应用提升了企业竞争力，其他企业会立即加大科研投入或引来外部技术支持力量来保持市场的竞争力，所以农业产业的集聚更为有利于科学技术的创新和快速应用。此外，在农业产业集中区域，更为有利于进行绿色技术的研发与推广，如大面积农作物种植区，一项绿色高效生产技术（如土壤改良技术、高效施肥技术、病虫害防治技术等）落地执行率更高，能有效降低农业种植过程中的温室气体排放、降低土壤污染、提升农作物产出、实现农业种植端效益最大化。所以科学技术的创新与实施会进一步提升农业产业集聚区的生产效率，研发的绿色生态技术能有效降低污染物的排放或将农业产业区内污染物集中收集后采取特定技术进行处理后再利用，增加循环利用率，减轻环境压力，推动农业绿色发展。

2.3.3 优化市场竞争秩序

农业产业集聚区，优势特点是大量农业企业汇聚，不断完善形成的上下游的农业产业链条，因此对于集聚区，资源要素配置更为齐全，在各环节中能有效降低成本，不断优化市场竞争秩序。

第一，资源要素配置齐全合理，降低资源浪费。农业产业集聚区有相对完善的基础设施建设和公共的资源共享平台。在产业集聚区内，各类企业或农户均可以享用基础设施及设备，因为企业或农户自行购买或建立设施设备，会花费大量资金，增加企业运行压力，同时设施设备在单一企业或农户使用，可能存在使用率、后期维护成本高等问题，而公共资源共享可减少各企业或农户自行花资金去购买或建立设施设备，为企业缩减了开支，并且设施设备的利用率得以提升，能最大化发挥设施设备的产出率。在此情况下，企业的可利用资金更为充足，有更多的资金去进行农业绿色发展，增加环境污染的防治工作，农业产业集聚区内同类型设施设备的减少，也可减少设施设备的排污量，降低环境污染风险。例如，农业产业集聚区内有大型的农业机械化服务中心，可为种植户提供农耕、植保、机收等服务，这样大量种植户可避免在机械设备上的投入，增加了服务中心机械设备的年利用率、设备产出率大幅度增加，机械效益提升，同时农户缩减了机械购买成本、后期维护保养成本和机械闲置成本，促进农业产业集聚区的绿色可持续发展。与此同时，集聚区内大量的劳动力输入，所以生产性企业在设施设备、技术支撑和人力资源等方面可大大缩减开支，降低生产成本，同时农业产业化集聚区对外就是一个区域品牌或地方公告品牌，集聚区内的企业可免于进行单独的市场宣传，可享受公共资源品牌的影响力，又降低企业推广宣传成本。

第二，降低生产成本，环节绿色可控。首先，农业产业集聚促进分工协作，集聚区内的分工协作体系使得农产品生产各环节由不同主体承担，生产效率大幅度提高。企业在竞争中相互协作、学习、帮助、共同发展从而实现生产成本降低。其次，农业产业集聚加快企业聚焦细分市场，集聚区内的同质企业在竞争发展中会进一步去细分市场，然后发挥企业全部精力（科技创新、要素投入、终端服务等）专注于某一个细分领域市场，降低生产成本来提升市场竞争力。然后，因农业企业的集聚，在地理位置上形成距离短优势，大量企业汇聚，形成了完整的农业产业链，在集聚区内有上下游的关系，所以上游企业间在产生合作交易后，物品运输距离短，物流成本减少、长距离运输保鲜或防损坏成本降低，与此同时运输能源消耗降低、汽车尾气排放降低等，在大幅度降低企业的运行成本的同时，减弱对环境的污染。因为，各企业都是紧密的上下游关系，存在运输距离短的优势，所以企业间可商谈更为合理且降低成本的合作方式，比如减少不必要的运输包装、增大包装规格、减少中转采用直达工厂、农产品地块采收直达加工厂等，这样集聚区内的企业可以更快地响应市场需求，缩短生产周期、减少库存积压、减少污染排放、形成良性的循环，从而降低企业生产成本。与此同时，如果上游企业是发展绿色农业生产如绿色农产品品牌加工企业，那会进一步要求或影响下游的合作企业如农产品种植企业朝绿色农业进行发展，以绿色的生产模式进行农产品种植。

2.3.4 促进生态文化传承

地方农业产业的竞争力与可持续发展能力促进生态文化的传承与创新。在产业集聚区内，上下游企业之间的合作与整合，不仅实现了规模经济、市场竞争及资源共享等优势，还优化了资源配置，提升了整体经济效益。集聚区内搭建的技术交流与合作平台，进一步促进了农民与科研机构、企业之间的互动与知识交流。农民和企业可以通过行业协会、技术交流会等多种渠道，分享与传递信息，密切的互动有助于技术的迅速传播与应用。集聚区域通常吸引研发机构与高等院校，进而促成技术创新及其转化。农民与企业通力合作，获取最新的农业技术与管理经验，从而提升生产效率。作为独立的农业从业者，农民参与各类培训和实地考察，学习现代农业技术与管理模式，实现知识与能力的更新。经济与技术效益的提升，促使产业集聚区域定期组织与生态文化相关的展览、交流会及培训，为农民提供展示与传播生态文化的机会，进而增强了农业生态文化的传播与认同。

集聚区交流活动增强了农民的文化自信。企业与农户之间的互动，有助于农业新技术的推广及应用，不仅提升了农业生产效率，还推动了生态友好型技术的研发与实际应用。在这一过程中，传统农业生态文化与技术融合与创新得以重新诠释与活化，形成传统文化与现代经济的良性互动。随着经济效益的提高，越来越多的农民愿意采纳可持续发展的理念，这一文化转变促使他们在生产过程中更加关注生态保护与资源的可持续利用，倾向于结合现代农业技术与传统生态文化，从而创新出具有地方特色的农业生态文化。这种文化创新不仅丰富了地方文化，也增强了农民的文化自信。

集聚区增强了农民的社会资本与网络效应。在产业集聚区，基于共同的经济利益与文化背景，农民能够更频繁地交流与合作。产业集聚促进了农民组建合作社或行业协会，这些组织不仅整合资源、降低成本，还能够帮助农业从业者建立广泛的网络，形成有效的支持体系，增强社会资本。在集聚地区，农民因共同的经济利益而建立较强的社区关系，这种集体认同感提高了农民间的信任度，增强了合作意愿，从而促进了信息与资源的共享。同时，集聚区域通常发展成为学习型社区，农民与政府、研究机构及企业之间的关系因集聚而更加紧密，形成了稳定的合作网络。这种关系网络使得信息传递更为高效，有利于现代农业技术与传统生态文化的融合。随着地方文化认同感的提升，农民对本地生态文化的自豪感增强，愿意更加积极地参与文化的保护与创新。这种积极态度有助于在保留传统的同时进行必要的文化创新，提升文化的适应性与生命力。当地方文化认同感强烈时，农民更倾向于将自身的生态文化实践与地方特色相结合，推动农业产品个性化与多样化发展。这种结合不仅增强了地方文化的认同感，也为农业产业增添了创新动力。地方文化认同感的提升，促使农民更加关注可持续发展理念，推动生态农业技术创新与生态文化的延续，形成对当地生态特色的保护与发展，进而促进农业生态文化的创新与繁荣。

2.4 本章小结

第一，从基本概念界定出发，首先提出农业产业集聚和农业绿色发展的定义，并与相关概念进行了辨析，为后续研究提供了清晰的概念框架。

第二，较为全面梳理了农业产业集聚和农业绿色发展领域的理论基础，并对其作适当的梳理，为本研究的理论分析奠定基础。

第三，本研究分析认为农业产业集聚可通过提升产业经济效率、加快绿色技术应用、优化市场竞争秩序和促进生态文化传承四个方面来对农业绿色发展产生影响，深化了对农业产业集聚影响农业绿色发展机制的理解，也为后续实证分析奠定了坚实的理论基础。

第3章 中国农业产业聚集演变与特征分析

3.1 文献回顾

有关农业产业集聚的研究最早可以追溯到马歇尔提出的产业集聚外部性理论，进而发展到现在大致形成了马歇尔外部经济理论、经济区位理论、新竞争优势理论、新制度经济理论及新经济地理学理论5个产业集聚经典理论基础。基于这样的理论，国内外学者对产业集聚展开了丰富而深刻的研究，但前期的研究对象主要重心在工业（制造业）和服务业集聚层面，对农业的产业集聚研究还较为罕见。随着国内外农业集中化和集约化生产现象越来越凸显，国内外学者也开始将研究对象逐步扩展到了农业产业集聚，认识到农业产业集聚是农业发展的重要方向。由于农业价值链利益相关者参与往往更具创新性和成功率，所以集聚化发展是支持区域农业企业并帮助他们以更高效和可持续的方式与全球农业价值链相衔接的宝贵工具（Galvez-Nogales，2010）。如欧洲早期农业产业集聚对城市群的成长产生了积极影响（Dickens et al.，2023），美国东北部农业产业集聚中成员交流、分享和创造知识、管理创新以及与周围社区建立联系的方法作为农村社区的创新模式受到政府部门与产业部门的热捧（Brasier et al.，2007），且农业产业集聚形成创新和技术交流可促进经济实体的竞争与合作统一（Ivanova et al.，2018）。为促进农业产业集聚发展，各国农业部门尝试了多种政策。第一是提供改进的技术和完善农村基础设施；第二是动员利益相关者加入各种团体，通过这些团体为利益相关者提供技术和管理培训，促进他们的集体创新行动；第三是实施适当的监管框架发展合作社类型的宏观层级结构，推动农业合作社转变为农业综合企业（Otsuka et al.，2020），将农民和集体农场、私营企业家等经济形式联合起来。

目前，世界范围内农业产业集聚程度逐步增加，已有学者应用赫希曼—赫芬达尔指数（H指数）、空间基尼系数（Gini系数）、行业集中度指数（CRn）以及区位熵（LQ）等多种方法对农业产业集聚情况进行测算（年猛，2018）。如Winsberg

(1980)利用1939—1978年19种美国农产品的销售数据,采用区位熵、相异指数分别对各类农产品的集聚水平进行衡量和比较。伍山林(2000)利用粮食作物产量占比全国产量的比例测度我国各省农业产业集聚度,研究表明我国粮食作物的生产逐步往河北、内蒙古和黑龙江等地聚集。李岳云等(2007)运用综合优势指数和聚类分析实证研究了中国31省区市蔬菜生产的综合比较优势,发现我国蔬菜有环渤海、黄淮、东南沿海和中南四大优势产业带。朱启荣(2009)基于播种面积比值测量了棉花产业集聚水平,其研究表明中国棉花自1980年以来先由南方向北方,后继续向西北转移。吕超和周应恒(2011)以我国17个主要蔬菜产业集聚区为研究对象,运用区位熵进行测算,研究发现这17个蔬菜产业集聚表现出从分散转向集中、从城郊区转移特定农区的趋势。贾兴梅和李平(2014)利用空间基尼系数和区位熵等指标分析了1985—2011年我国农业集聚度时空变动态势,结果显示我国农业空间基尼系数、区位熵呈现波浪型上升趋势,但不同农作物之间的空间集聚变动存在明显差异。王国刚等(2014)采用基尼系数、专业化指数、产业集中度和产业平均集聚率等指标分析了1980—2011年我国畜牧业地理集聚的发展特征、演变态势及其形成机制,结果表明中国畜牧业地理集聚程度不断增强,但不同畜产品生产的地理集聚过程差异显著;省域尺度上,畜牧业平均集聚率重心不断北移,逐步形成了北方地区高度集聚、南方地区中低度集聚的空间分异格局。傅玮韡等(2021)运用空间基尼系数、产业集中率、生产规模指数和空间自相关指数描述了1998—2018年中国种植业生产集聚的时空特征,结果表明中国种植业生产集聚程度呈现先上升后缓慢下降的趋势,生产分布具有显著的空间正相关性。田丹梅等(2024)采用改良区位熵值法探究2012—2021年我国25个省食用菌产业集聚度,结果表明我国食用菌产业集聚整体上呈下降趋势,总体呈现"东热"的空间格局。

　　地理条件、气候、水土、劳动力等资源是农业产业集聚形成的重要内在因素(董子铭,2014;陈嘉 等,2021),政府政策、市场需求、运输成本以及企业家精神都会影响农业产业集聚的形成。杜能认为离城市中心的距离是形成农业经营集约化水平依次递减的主要原因。马歇尔认为分工可以带来外部规模经济,规模报酬递增促进了外部经济增长,从而吸引了产业集聚。克鲁格曼则认为"中心—外围"模型由于企业规模报酬递增、交通成本、投入要素等要素在市场传导之间的相互作用下,产业集聚应运而生,并实现生产一体化和地方互补性,可能促进经济发展的集聚的可持续性(da Silva et al.,2022)。Zadorozhna(2017)指出政府的政策导向在农业产业集聚形成中起了重要作用。Gabe(2005)则在资本要素向农村地区流动时,更加偏向于流入农业产业集聚的地区,这样说明农业产业集聚可以为农村地区吸引更多的资本要素,从而形成良性循环。以山东寿光蔬菜产业集聚为例，研究发现创建产业网络是农业产业集聚和专业村向农业产业集群升级的必备步骤（李二玲，2020），本地企业网络中核心企业对资源信息具有较强控制作用，对产业集聚具有决定性作用（史焱文 等，2019）。此外，社会文化层面对农业产业集聚的演变至关重要。勤劳农民的出现与该地区普遍存在的宗教和道德价值观有关，这对农业产业集聚身份认同起到了重要作用（Sæther，2014）。

3.2 农业产业集聚演变历程

我国幅员广阔，在自然条件、经济条件差别巨大的客观条件下，农业生产呈现出比较明显的地理特征。特色园艺产业生产布局大多分布在"胡焕庸线"以东，并在长江中游地区有明显集聚，可能与水土资源禀赋和城镇化水平有一定关系；主要粮经作物在全国的分布较为分散，但大多分布在东部地区；畜产品大多分布在"胡焕庸线"以西，包括内蒙古中东部地区和青藏高原地区，在西南和华南地区有零散分布；水产品几乎全部在"胡焕庸线"以东，大多分布在东南沿海地区；林特产品的分布与地形高度相关，多分布在秦巴山区、东南丘陵和长白山脉等地区。除了自然条件差异之外，各个地区充分利用和发挥资源优势，积极调整农业区域结构，促进了农业生产的专业化、规模化，实现了向空间聚集、产业集群与空间生产特征转变。当然，农业产业集聚是动态演变的，空间集聚、集群生产以及空间生产在各省份有所差异，可能存在多种并存的阶段。

3.2.1 农业产业空间聚集阶段

当前，对于主要粮食作物而言，主粮作物逐步向13个粮食生产省区集中，生产重心持续向北倾斜，北方粮食生产全面超越南方，"北粮南运"流动格局基本形成。水稻生产区域逐步向长江中游集中，向东北迅速扩张，主要为湖南、江西和黑龙江等地。小麦生产区域分布向黄淮海地区集中，主要为河南、山东、安徽、河北和江苏等地。玉米生产区域分布向东北和华北集中，主要为黑龙江、吉林、辽宁、河南、山东、内蒙古和河北等地。对于经济作物而言，全国棉花生产重心西移，新疆在全国棉花生产中占据主导地位。糖类作物生产重心逐渐向西移动，主要集中在广西、云南、广东、内蒙古和新疆等地。油料作物生产区域逐渐集中，主要分布在黄淮海地区和长江中上游地区。花生生产布局主要集中在黄淮海和西南，包括河南、山东、广东和海南、四川和重庆等地。油菜籽加速向长江中上游集聚，包括四川、湖南、湖北等地。大豆生产区域主要集中在东北地区，其中黑龙江是我国大豆生产的核心区域。天然橡胶生产区域主要集中在云南、广东、广西、福建和海南等地。对于主要养殖产品而言，生猪生产扩张的区域布局较为均衡，主要集中在西南的四川和云南，黄淮海的河南、山东和河北，以及南部的两湖和两广地区，即四川、河南、湖南、山东、湖北、广东、广西、江西、安徽、江苏、浙江、福建和海南等13个生猪养殖优势省区。牛羊肉生产重心向黄淮海和东北等地区集聚，牛奶生产重心逐渐向华北地区、黄淮海地区、西南地区和东北地区移动。水产品生产重心逐渐向东南沿海地区集中，长江中下游地区和环渤海地区生产地位略有下降，主要集中在广东、山东、福建、浙江、江苏、湖北、辽宁和广西等地。

农业生产空间集聚现象并非一蹴而就，经过了资源禀赋、政策干预发展而成，可分为两个过程。

3.2.1.1 农业生产逐渐向优势区聚集

农业生产空间集聚是农业产业链条中最基础的一环，与之相配套的标准化生产基地、仓储物流基地、科技支撑体系、品牌建设和市场营销体系的建设，是必不可少的关键环节。2001年12月，温家宝同志指出："优化农业区域布局是农业结构战略性调整的一个重要任务，也是应对入世挑战，发挥我国农业比较优势的一项紧迫工作。"2003年农业部《全国优势农产品区域布局规划（2003—2007年）》确定专用小麦、专用玉米、高油大豆、棉花、"双低"油菜、"双高"甘蔗、柑橘、苹果、牛奶、牛羊肉和水产品等11种为优势农产品；2008年农业部《全国优势农产品区域布局规划（2008—2015年）》在上一规划所确定的11种优势品种基础上，将优势品种发展到16种。《优势农产品区域布局规划》的颁布实施，对调整我国农业产业结构，发挥比较优势，实现大宗农产品区域布局的优化发挥了重要作用（表3-1和表3-2）。

表3-1 中国优势农产品布局规划（2003—2007年）

品类	分布地区
小麦	黄淮海（82个县市）、长江下游（20个县市）和大兴安岭沿麓［13个县旗（农场）］优势产区
玉米	东北—内蒙古专用玉米优势区［102个县市（旗）］和黄淮海专用玉米优势区（98个县市）
大豆	东北高油大豆带［127个县市（旗）］
棉花	黄河流域棉区（50个县）、长江流域棉区（40个县）、西北内陆棉区［30个县（团场）］
油菜	长江上游区［36个县（市、区）］、中游区［92个县（市、区）］和下游区［22个县（市、区）］优势产区
甘蔗	桂中南、滇西南、粤西3个"双高"甘蔗优势产区（48个县市）

(续表)

品类	分布地区
柑橘	长江上中游、赣南湘南桂北（合计46个县市及8个国有柑橘农场）和浙南闽西粤东优势产区
苹果	渤海湾（28个县市）、西北黄土高原（27个县市）
肉牛肉羊	中原（38个县市）、东北［24个县市（旗）］肉牛优势产区，中原（20个县市）、内蒙古中东部及河北北部（10个县市）、西北（15个县市）和西南（16个县市）肉羊优势产区
牛奶	东北［37个县市（旗）］、华北（29个县区）及京津沪（13个郊区县和25个农场）牛奶优势产区
水产品	优先发展东南沿海（43个县市）、黄渤海出口水产品优势养殖带（23个县市）和长江中下游出口河蟹优势养殖区（12个县市）

表3-2 中国优势农产品布局规划（2008—2015年）

品类	分布地区
小麦	黄淮海（336个重点县）、长江中下游（73个重点县）、西南（59个重点县）、西北（74个重点县）、东北（16个重点县）5个优势区
玉米	北方（233个重点县）、黄淮海（275个重点县）和西南（67个重点县）3个优势区
大豆	东北高油大豆（59个重点县）、东北中南部兼用大豆（22个重点县）和黄淮海高蛋白大豆（36个重点县）3个优势区
棉花	黄河流域（146个重点县）、长江流域（60个重点县）、西北内陆（98个重点县）3个优势区
油菜	长江上游（101个重点县）、中游（166个重点县）、下游（24个重点县）和北方（27个重点县）4个优势区
甘蔗	桂中南（33个县）、滇西南（18个县）、粤西琼北（9个县）3个优势区
柑橘	长江上中游（38个重点县）、赣南—湘南—桂北（44个重点县）、浙—闽—粤（50个重点县）、鄂西—湘西（24个重点县）、特色柑橘生产基地（20个重点县）5个优势区
苹果	渤海湾（53个县）和黄土高原（69个县）2个优势区
肉牛肉羊	中原（51个县）、东北（60个县）、西北（29个县）、西南（67个县）4个肉牛优势区
	中原（56个县）、中东部农牧交错带（32个县）、西北（44个县）和西南（21个县）4个肉羊优势区
牛奶	京津沪郊区（17个郊县）、东北及内蒙古（117个县）、中原（111个县）、西北（68个县）4个奶牛优势区
水产品	黄渤海出口水产品优势养殖带（62个县）、东南沿海出口水产品优势养殖带（121个县）、长江流域出口水产品优势养殖区（102个县）3个优势区

(续表)

品类	分布地区
水稻	东北平原（82个重点县）、长江流域（449个重点县）和东南沿海（208个重点县）3个优势区
马铃薯	东北（34个重点县）、华北（44个重点县）、西北（51个重点县）、西南（182个重点县）、南方（82个重点县）5个优势区
天然橡胶	海南（18个县）、云南（29个县）、广东（13个县）3个优势区
生猪	沿海（55个县）、东北（30个县）、中部（226个县）和西南（226个县）4个生猪优势区

3.2.1.2 农业生产由优势区向特色产品差异化发展

《特色农产品区域布局规划》是《优势农产品区域布局规划》的重要补充，是优化我国农业生产力布局的重要指导性文件，对发展特色农业、增加农民收入、提高农产品竞争力及带动区域发展具有重要意义。一是有利于深化农业结构战略性调整，引导特色农产品向最适宜区集中，促进农业区域专业分工，深化农业结构战略性调整，加快形成科学合理的农业生产力布局。二是有利于构建区域主导产业，引导特色农产品进一步向优势区集聚，发展适度规模生产，可吸引加工企业进入特色农产品产业化经营，带动加工、贮藏、运输、营销等关联产业发展，全面提升特色农产品的品质和市场竞争力，加快培育区域特色产业。三是有利于挖掘区域特色资源潜力，加速现代生产要素向优势区定向聚集，可用现代高新技术改造传统特色农业，加快优势区现代农业建设，尽快形成新的特色农产品生产能力，增加优质特色农产品供给，满足日益细分的市场需求，提高人们的生活质量。

2007年农业部《特色农产品区域布局规划（2006—2015年）》提出重点发展10类114个特色农产品。2014年农业部《特色农产品区域布局规划（2013—2020年）》进一步确定了特色蔬菜、特色果品、特色粮油、特色饮料、特色花卉、特色纤维、道地中药材、特色草食畜、特色猪禽蜂、特色水产等10类144个特色农产品。2017年中央一号文件首次提出"制定特色农产品优势区建设规划，建立评价标准和技术支撑体系，鼓励各地争创园艺产品、畜产品、水产品、林特产品等特色农产品优势区"。2017年农业部《特色农产品优势区建设规划纲要（2017—2020年）》提出构建国家级特优区和省级特优区两级架构，发展29个重点品种（类），分别明确创建区域，创建并认定300个左右国家级特优区；省级特优区由各省自行创建、认定，制定相应的管理办法。经过实施，重点特色农产品优势区基本形成，专业化生产水平进一步提高，建成了一批现代农业产业基地强县，特色农产品的品种、品质结构进一步优化，优势产业带（区）规模化、专业化、市场化水平显著提升，并在2017年12月、2019年1月、2020年2月和2020年12月认定了62个、84个、83个和79个中国特色农产品优势区（表3-3至表3-5）。

表3-3 特色农产品区域布局规划（2006—2015年）

大类	小类	县市区
特色蔬菜	莲藕，魔芋，莼菜，藠头，芋头，竹笋，黄花菜，百合，荸荠，黑木耳，银耳，松茸，辣椒，辣椒，花椒，大料	947
特色果品	葡萄，特色梨，特色桃，樱桃，石榴，杨梅，枇杷，特色柚，猕猴桃，特色枣，仁用杏，特色核桃，板栗，柿子，巴旦杏，香榧，龙眼，荔枝，香蕉，橄榄，椰子，腰果，菠萝，芒果，番木瓜	1 454
特色粮油	芸豆，绿豆，红小豆，扁豆，蚕豆，豌豆，荞麦，燕麦，青稞，谷子，糜子，高粱，薏苡，啤酒大麦，啤酒花，芝麻，胡麻，向日葵	1 537
特色饮料	红茶，乌龙茶，普洱茶，绿茶，咖啡	496
特色花卉	鲜切花，种球，盆栽	152
特色纤维	蚕茧，苎麻，亚麻，剑麻	343
特色药材	三七，川贝母，怀山药，天麻，杜仲，枸杞，黄芪，人参，丹参，林蛙，鹿茸，当归，罗汉果，北五味子，浙贝母，川芎，金银花	560
特色草食畜	牦牛，细毛羊，绒山羊，藏绵羊，滩羊	416
特色猪禽蜂	金华猪，乌金猪，香猪，藏猪，特色肉鸡，特色水禽，特色水禽，特色蜂产品	576
特色水产	鲍鱼，海参，海胆，珍珠，鳜鱼，鳟鱼，长吻鮠，青虾，锯缘青蟹，黄颡鱼，黄鳝，乌鳢，鲶鱼，龟鳖，海蜇	768

表3-4 特色农产品区域布局规划（2013—2020年）

大类	小类	县市区
特色蔬菜	莲藕，魔芋，莼菜，藠头，芋头，竹笋，黄花菜，荸荠，山药，黑木耳，银耳，辣椒，花椒，大料	899
特色果品	葡萄，特色梨，特色桃，樱桃，石榴，杨梅，枇杷，柚，猕猴桃，枣，杏，核桃，板栗，柿子，香榧，龙眼，荔枝，香蕉，橄榄，椰子，腰果，菠萝，芒果，番木瓜，槟榔	1 370
特色粮油	芸豆，绿豆，红小豆，蚕豆，豌豆，豇豆，荞麦，燕麦，青稞，谷子，糜子，高粱，薏苡，啤酒大麦，啤酒花，芝麻，胡麻，向日葵，木本油料	2 031

（续表）

大类	小类	县市区
特色饮料	红茶，乌龙茶，普洱茶，绿茶，咖啡	604
特色花卉	鲜切花，种球花卉，盆栽花卉，园林花卉	138
特色纤维	蚕茧，苎麻，亚麻，剑麻	321
特色药材	三七，川贝母，天麻，怀药，杜仲，枸杞，黄芪，人参，丹参，林蛙，鹿茸，当归，罗汉果，北五味子，浙贝母，川芎，金银花，白术，藏药，甘草，黄芩，桔梗，细辛，龙胆草，山茱萸	736
特色草食畜	牦牛，延边牛，渤海黑牛，郏县红牛，复州牛，湘西黄牛，奶水牛，德州驴，关中驴，晋南驴，广灵驴，泌阳驴，福建黄兔，闽西南黑兔，九嶷山兔，吉林梅花鹿，东北马鹿，细毛羊，绒山羊，藏系绵羊，滩羊，奶山羊	781
特色猪禽蜂	金华猪，乌金猪，香猪，藏猪，滇南小耳猪，八眉猪，太湖猪，优质地方鸡，特色水禽，特色鸽，特色蜂产品	1 094
特色水产	鲍鱼，海参，海胆，珍珠，鳜鱼，鳟鲟鱼，长吻鮠，青虾，锯缘青蟹，黄颡鱼，黄鳝，乌鳢，鲶鱼，龟鳖，海蜇	978

表3-5 中国特色农产品优势区名单（2017—2020年）

省份	特色优势农产品	个数
北京	怀柔板栗，平谷大桃	2
天津	沙窝萝卜，宝坻黄板泥鳅	2
河北	宽城板栗，辛集黄冠梨，遵化香菇，昌黎葡萄，邢台酸枣，兴隆山楂，隆化肉牛，巨鹿金银花，深州蜜桃，怀来葡萄，富岗苹果，安国中药材，涉县核桃，晋州鸭梨，平泉香菇，鸡泽辣椒，迁西板栗	17
山西	绛县山楂，右玉羊，岚县马铃薯，临猗苹果，大同黄花，玉露香梨，安泽连翘，沁州黄小米，忻州杂粮，吉县苹果，上党中药材	11
内蒙古	呼伦贝尔草原羊，乌海葡萄，阿拉善白绒山羊，乌兰察布马铃薯，开鲁红干椒，赤峰小米，科尔沁牛，阿尔巴斯绒山羊，河套向日葵，锡林郭勒草原肉羊	10
辽宁	关东小梁山西瓜，大连海参，大连大樱桃，铁岭榛子，东港草莓，鞍山南果梨，盘山河蟹，北镇葡萄	8
吉林	桦甸黄牛，集安山葡萄，蛟河黑木耳，通化蓝莓，集安人参，查干湖淡水有机鱼，洮南绿豆，汪清黑木耳，抚松人参	9
黑龙江	海伦大豆，大兴安岭黑山猪，东宁黑木耳，梅里斯洋葱，讷河马铃薯，伊春黑木耳，虎林椴树蜜，长白山桑黄，通河大榛子，北极蓝莓	10
上海	马陆葡萄，崇明清水蟹，南汇水蜜桃	3

(续表)

省份	特色优势农产品	个数
江苏	高邮鸭，兴化香葱，阳山水蜜桃，溧阳青虾，宝应荷藕，东台西瓜，洞庭山碧螺春，固城湖螃蟹，海门山羊，盱眙小龙虾，邳州银杏，阳澄湖大闸蟹	12
浙江	武义绿茶，安吉冬笋，庆元香菇，磐五味中药材，常山油茶，临安山核桃，余姚榨菜，安吉白茶，三门青蟹，绍兴会稽山香榧	10
安徽	天柱山瓜蒌籽，九华黄精，天长龙岗芡实，六安瓜片，宁国山核桃，滁菊，长丰草莓，太平猴魁，砀山酥梨，霍山石斛，亳州中药材	11
福建	福安葡萄，福建百香果，古田银耳，福州茉莉花茶，平和蜜柚，安溪铁观音，连江鲍鱼，福鼎白茶，宁德大黄鱼，建瓯笋竹，武夷岩茶	11
江西	遂川狗牯脑茶，井冈蜜柚，军山湖大闸蟹，樟树中药材，广丰马家柚，广昌白莲，婺源绿茶，崇仁麻鸡，南丰蜜桔，赣南脐橙	10
山东	平邑金银花，曹县芦笋，乐陵金丝小枣，昌乐西瓜，肥城桃，胶州大白菜，烟台苹果，夏津椹果，寿光蔬菜，沂源苹果，福山大樱桃，沾化冬枣，汶上芦花鸡，东阿黑毛驴，昌邑生姜，金乡大蒜，章丘大葱	17
河南	汝阳香菇，卢氏连翘，兰考红薯，宁陵金顶谢花酥梨，西峡猕猴桃，怀药，杞县大蒜，泌阳夏南牛，平舆白芝麻，信阳毛尖，灵宝苹果	11
湖北	罗田板栗，武当蜜桔，麻城福白菊，嘉鱼甘蓝，宜昌红茶，赤壁青砖茶，黄袍山油茶，蕲艾，洪湖水生蔬菜，随州香菇，武当道茶，宜昌蜜桔，恩施硒茶，蔡甸莲藕，潜江小龙虾	15
湖南	黔阳冰糖橙，邵东玉竹，炎陵黄桃，南县小龙虾，保靖黄金茶，衡阳油茶，湘潭湘莲，汝城朝天椒，安化黑茶，邵阳油茶，华容芥菜	11
广东	英德红茶，新会陈皮，湛江红江橙，清远鸡，德庆贡柑，广州荔枝，湛江菠萝，仁化贡柑，湛江剑麻，潮州单丛茶，白蕉海鲈	11
广西	荔浦砂糖桔，容县霞烟鸡，武鸣沃柑，灵山荔枝，三江高山鲤鱼，恭城月柿，苍梧六堡茶，容县沙田柚，百色番茄，全州禾花鱼，融安金桔，玉林三黄鸡，宜州桑蚕茧，钦州大蚝，平南石硖龙眼，陆川猪，百色芒果，永福罗汉果	18
海南	火山荔枝，万宁槟榔，东方火龙果，三亚芒果，桥头地瓜	5
重庆	黔江桑蚕茧，石柱莼菜，永川秀芽，万州玫瑰香橙，石柱黄连，江津花椒，潼南柠檬，巫山脆李，涪陵青菜头，荣昌猪，奉节脐橙	11
四川	威远无花果，涪城麦冬，蒙顶山茶，会理石榴，渠县黄花，朝天核桃，通江银耳，凉山桑蚕茧，宜宾早茶，资中血橙，广安龙安柚，眉山晚橘，合江荔枝，安岳柠檬，苍溪猕猴桃，攀枝花芒果，宜宾油樟	17
贵州	水城红心猕猴桃，石阡苔茶，锦屏茶油，湄潭翠芽，麻江蓝莓，威宁洋芋，盘州刺梨，织金竹荪，都匀毛尖，兴仁薏仁米，遵义朝天椒	11
云南	彝良天麻，临沧坚果，勐海普洱茶，漾濞核桃，文山三七，华坪芒果，槟榔江水牛，宾川柑橘，临沧普洱茶，元谋蔬菜，德宏小粒咖啡	11
西藏	白朗蔬菜，亚东鲑鱼，布江达藏猪，类乌齐牦牛，喀则青稞	5

(续表)

省份	特色优势农产品	个数
陕西	澄城樱桃，汉中仙毫，榆林马铃薯，佳县油枣，眉县猕猴桃，紫阳富硒茶，商洛香菇，韩城花椒，大荔冬枣，富平奶山羊，商洛核桃，洛川苹果	12
甘肃	渭源白条党参，天水花牛苹果，陇南花椒，兰州高原夏菜，静宁苹果，岷县当归，定西马铃薯	7
青海	乌兰茶卡羊，龙羊峡三文鱼，祁连藏羊，柴达木枸杞，玉树牦牛	5
宁夏	贺兰山东麓酿酒葡萄，盐池黄花菜，中卫香山硒砂瓜，灵武长枣，西吉马铃薯，盐池滩羊，中宁枸杞	7
新疆	莎车巴旦木，双河葡萄，英吉沙杏，叶城核桃，阿拉尔红枣，若羌红枣，吐鲁番葡萄，库尔勒香梨，吐鲁番哈密瓜，阿拉尔薄皮核桃	10

3.2.2 农业产业集群生产阶段

集群发展是产业集聚建设的必然选择和重要抓手，通过不同主体之间频繁互动的交流学习而产生知识溢出效应，使之成为产业集聚建设最为有力的抓手。农业集聚区的发展带动集聚区上下游的产业链发展，在集群产业链上，各个环节的农业生产经营者依据各自资源禀赋的优势分工合作。如山东蔬菜产业集群、天津市小站稻产业集群、河北省花生产业集群、辽宁省肉牛产业集群、上海市奶业产业集群、浙江省蛋鸡产业集群、福建省"福九味"中药材产业集群等。值得注意的是，不少地方坚持绿色发展理念和可持续发展原则，以能够引起环境改善的产品、流程、销售方式和组织制度的绿色创新为引领，把生产和加工生态、安全、优质、高产、高效的绿色农产品为对象的相关企业（或企业化经营农户、家庭农场）高度集聚起来（杨阳 等，2021）。它除了具有产业集群的地理邻近性和产业关联性外，还具有高度的生态可持续性、经济的高效性和产品的标准规范性，强调从田间到"舌尖"全产业链条的绿色创新发展，贯穿价值链渗透到集群每一个环节、每一个主体、每一次行为的理念。

2007 年农业部《农产品加工业"十一五"发展规划》指出在确立 13 种优势农产品区域布局的基础上，要加快构建我国农产品加工产业带和以大城市郊区为依托的加工区，带动龙头企业的集聚和优势产业集群的形成。同年，科技部《"十一五"国家农业科技园区发展纲要》中也突出强调依靠科技创新，推进产业集群建设，以企业的群体活力促进园区健康发展。2015 年农业部《全国设施蔬菜重点区域发展规划（2015—2020 年）》强调要加强区域内基础设施建设，加快生产装备更新换代，引导设施蔬菜产业集群健康发展，推进设施蔬菜产业集群建设，建立一批万亩以上设施蔬菜优势产区。2020年农业农村部、财政部《关于开展优势特色产业集群建设的通知》提出建设一批优势特色产业集群，推动产业形态由"小特产"升级为"大产业"，空间布局由"平面分布"转型为"集群发展"，主体关系由"同质竞争"转变为"合作共赢"，形成结构合理、链条完整的优势特色产业集群。这标志着农业产业集聚向集群转型发展。截至2024年底，已建设220个国家优势特色产业集群，其中畜禽类72个、粮食类30个、蔬菜类25个、水果类24个、中药材类14个、油料类13个，其他农产品类（橡胶、棉花、蚕桑、咖啡、糖料）12个、水产品类10个、食用菌类9个、茶叶类8个、林特花卉类3个（表3-6）。

表3-6 国家优势特色产业集群建设名单

省份	产业集群名称
北京	设施蔬菜、蛋鸡
天津	都市型奶业、都市型生猪、小站稻、设施蔬菜
河北	越夏食用菌、鸭梨、道地中药材、奶业、环京津设施蔬菜、平原小麦、花生、谷子、马铃薯
山西	旱作高粱、晋南苹果、道地中药材、谷子、肉羊
内蒙古	河套向日葵、科尔沁肉牛、大兴安岭大豆、西部绒山羊、马铃薯、奶业、旱作谷子
辽宁	小粒花生、白羽肉鸡、良种奶牛、大豆、辽河流域粳稻、肉牛、设施蔬菜
吉林	长白山人参、水稻、黑木耳、中部肉牛、大豆、梅花鹿
黑龙江	北大荒蔬菜、鹅、大豆、乳品、鲜食玉米、寒地粳稻
上海	都市蔬菜、奶业
江苏	中晚熟大蒜、肉鸡、小龙虾、稻米、生猪
浙江	浙南早茶、"浙八味"道地药材、湖羊、蛋鸡、食用菌
安徽	徽茶、酥梨、小龙虾、亳药、皖北大豆、沿淮糯稻、芜湖大米
福建	武夷岩茶、食用菌、闽西蛋禽、"福九味"中药材、肉鸡
江西	鄱阳湖小龙虾、富硒蔬菜、鄱阳湖稻米、赣中南肉牛、油菜、麻鸡黄鸡、鄱阳湖甲鱼
山东	烟台苹果、寿光蔬菜、沿黄小麦、沿黄肉牛、大花生、沿黄大豆、肉鸡、鲁中桃
河南	伏牛山香菇、豫西南肉牛、强筋小麦、怀药、奶业、花生、肉羊、中药材
湖北	三峡蜜橘、小龙虾、鄂西南武陵山茶、香菇、禽蛋、江汉平原油菜、稻米、生猪
湖南	早中熟柑橘、湘猪、五彩湘茶、湘九味中药材、洞庭香米、早熟油菜、蔬菜、辣椒、洞庭湖小辣椒

(续表)

省份	产业集群名称
广东	南粤黄羽鸡、金柚、农垦生猪、岭南荔枝、罗非鱼、农垦橡胶、丝苗米、金鲳鱼、农垦糖蔗、生蚝、农垦奶业
广西	三黄鸡、罗汉果、桂系猪、芒果、蚕桑、糖料蔗、粉用稻米、香芋、桂西北肉牛
海南	天然橡胶、文昌鸡、芒果、冬季瓜菜、热带经济鱼
重庆	柠檬、荣昌猪、长江上游榨菜、三峡柑橘、脆李、麦制品、蔬菜、渝十味中药材、稻谷
四川	川猪、晚熟柑橘、山地肉牛、早茶、甘孜牦牛、油菜、设施蔬菜、肉兔、川中北蚕
贵州	朝天椒、肉牛、山地食用菌、高原夏秋蔬菜、山地冬闲油菜、中药材、绿茶、生态肉鸡
云南	花卉、高原蔬菜、肉牛、咖啡、天然橡胶、三七、奶业
西藏	青稞、藏鸡、那曲藏系绵羊、绒山羊、牦牛、蔬菜
陕西	黄土高原苹果、关中奶山羊、陕茶、秦岭猕猴桃、陕北肉羊、生猪、蔬菜、陕北小杂粮、陕南食用菌
甘肃	甘味肉羊、甘味平凉红牛、设施蔬菜、道地中药材、马铃薯、苹果、甘味生猪、高原夏菜
青海	牦牛、藏羊、油菜、青稞、枸杞
宁夏	六盘山肉牛、奶牛、滩羊、葡萄及葡萄酒、冷凉蔬菜
新疆	库尔勒香梨、薄皮核桃、兵团红枣、伊犁马、葡萄、兵团奶业、棉花、褐牛、兵团棉花、肉羊、兵团生猪、番茄、玉米

3.2.3 农业产业空间生产阶段

3.2.3.1 空间生产属性逐步显现

空间生产理论被广泛应用于城市研究，揭示了空间与权利之间的辩证关系（孙小逸，2015）。2012年党的十八大报告提出了"调整空间结构，促进生产空间集约高效、生活空间宜居适度、生态空间山清水秀"的要求，这标志着"三生空间"概念的提出。2013年十八届三中全会通过的《中共中央关于全面深化改革若干重大问题的决定》进一步提出了建立空间规划体系，划定生产、生活、生态空间开发管制界限的要求。2014年国家发展改革委、国土资源部等四部委联合下发《关于开展市县"多规合一"试点工作的通知》，明确提出了"三类空间"（生态空间、农业空间、城镇空间）的概念，并要求划定城市开发边界、永久基本农田红线和生态保护红线。"农业空间"内涵是指以农业生产、农民生活为主的功能空间，包括农用地、农业生产基础设施、产业平台建设用地等农业生产空间。2017年《关于加强耕地保护和改进占补平衡的意见》提出了

"耕地是我国最为宝贵的资源""像保护大熊猫一样保护耕地"等重要战略论断，确立了数量、质量、生态"三位一体"的耕地保护新格局。同年，《关于建立粮食生产功能区和重要农产品生产保护区的指导意见》提出创建粮食生产功能区、重要农产品生产保护区。"两区"的建立进一步明确了农业生产空间的空间属性。2021年《中华人民共和国土地管理法实施条例》进一步细化完善了《中华人民共和国土地管理法》关于耕地保护的新要求，强化耕地保护与质量建设也为创建农业绿色发展空间实践提供了保障。

由此可以推论出，应用于城市建设的理论也可应用于农业空间。从这一角度出发，空间生产理论的三元空间可以为农业生产空间提供新的分析框架。空间实践就是农业空间中物理场域内的生产活动以及农地环境的实体样态，如乡村绿色产业经济、乡村环境和产地环境的现实状况。在主体功能区约束下，可在限制开发的农产品主产区、重点生态功能区发掘农业生态价值、实现生态保护的同时实现收入增加和经济发展（龚迎春 等，2013）。空间表象既是其农业生产的虚拟性组织空间的呈现，也是占据支配地位的抽象空间，包含培养农业经营者的生态理念、宣传生态保护原则、传播绿色技术等元素，更是促成农业发展目标的抽象概括。生态立法约束了农业生产方式，农产品区域品牌可促进农户减少施药量（李立朋 等，2022），同时也强化了自然资源利用、人文环境支持，对农业绿色发展空间生产具有显著的促进作用（李大垒 等，2023）。研究表明设立农业绿色发展先行区对农业绿色全要素生产率具有显著的正向影响，并且可促进农业绿色技术进步和农业绿色技术效率提升（卢泓钢 等，2024）。表征空间则是指经由农业生产所生发出的生态友好型的农户社会交往形态，是农民亲自经历、在居住空间内进行生态交互的一种微观社会交往文化与制度。乡风文明体现了区域民族节约、自然、健康的绿色生活方式，小农户生态意识越高，越会把生态法治文明建设融入日常生产生活和风俗习惯中（余贵忠 等，2023）。农户集体行动形成的社会网络有利于绿色农业生产技术推广和农业绿色发展空间生产（张馥林 等，2024）（表3-7）。

表3-7 中国粮食生产功能区和重要农产品生产保护区布局

功能区	产业分类
粮食生产功能区（划定粮食生产功能区9亿亩，其中6亿亩用于稻麦生产）	以东北平原、长江流域、东南沿海优势区为重点，划定水稻生产功能区3.4亿亩；以黄淮海地区、长江中下游、西北及西南优势区为重点，划定小麦生产功能区3.2亿亩（含水稻和小麦复种区6 000万亩）；以松嫩平原、三江平原、辽河平原、黄淮海地区以及汾河和渭河流域等优势区为重点，划定玉米生产功能区4.5亿亩（含小麦和玉米复种区1.5亿亩）

(续表)

功能区	产业分类
重要农产品生产保护区［划定重要农产品生产保护区 2.38 亿亩（与粮食生产功能区重叠 8 000 万亩）］	以东北地区为重点，黄淮海地区为补充，划定大豆生产保护区 1 亿亩（含小麦和大豆复种区 2 000 万亩）；以新疆为重点，黄河流域、长江流域主产区为补充，划定棉花生产保护区 3 500 万亩；以长江流域为重点，划定油菜籽生产保护区 7 000 万亩（含水稻和油菜籽复种区 6 000 万亩）；以广西、云南为重点，划定糖料蔗生产保护区 1 500 万亩；以海南、云南、广东为重点，划定天然橡胶生产保护区 1 800 万亩

3.2.3.2 农业空间生产进一步构建

品牌认知是一种社会认知，而社会认知是可以构建的社会空间，这是一种可以生产出来的空间。农产品品牌生成是一个资源整合创新、共同塑造集体记忆和共同生产品牌价值的过程，通过"第一空间—第二空间—第三空间"不断生产和转化，遵循着基于物质性空间进行空间表征、善用资源与资本推动空间实践、借助多主体参与同构表征空间的三位一体原则（杨芳勇 等，2024）。

中华农耕文化是我国农业品牌的精髓和灵魂。农业品牌以特定地域的农产品与其独特的地理、气候、文化等因素相结合（韩玉玲 等，2022），不仅有助于提升农产品的附加值和市场竞争力，还能有效传承和弘扬地域文化（张艳 等，2022），是提高农业产业附加值、促进农业经济增长、改善农业生态环境（王保利 等，2020）和推动农业高质量发展的有力推手。深入挖掘农业的生产、生活、生态和文化等功能，积极促进农业产业发展与农业非物质文化遗产、民间技艺、乡风民俗、美丽乡村建设深度融合，加强老工艺、老字号、老品种的保护与传承，培育具有文化底蕴的中国农业品牌，使之成为走向世界的新载体和新符号。充分挖掘农业多功能性，使农业品牌业态更多元、形态更高级。2017 年中央一号文件明确提出推进区域农产品公用品牌建设，支持地方以优势企业和行业协会为依托打造区域特色品牌。2018 年中央一号文件提出质量兴农之路，突出农业绿色化、优质化、特色化、品牌化，全面推进农业高质量发展。同年，农业农村部《关于加快推进品牌强农的意见》提出要打造 300 个国家级农产品区域公用品牌、500 个国家级农业企业品牌、1 000 个农产品品牌。2019 年《国家质量兴农战略规划（2018—2022 年）》强调大力推进农业绿色化、优质化、特色化、品牌化，并提出到 2022 年质量兴农制度框架基本建立，到 2035 年质量兴农制度体系更加完善。品牌建设贯穿了农业全产业链，成为助推农业转型升级、提质增效的重要支撑和持久动力。2021 年《关于建立健全生态产品价值实现机制的意见》指出，鼓励打造特色鲜明的生态产品区域公用品牌，将各类生态产品纳入品牌范围，加强品牌培育和保护，提升生态产品溢价、市场占有率及消费者的信任度，依托山水林田湖草沙多生态系统，打造农业生态全产业链，增加优质生态产品供给，保障生态安全，促进农村一二三产业融合发展，推动乡村振兴生态产品价值实现高质量发展。2022年《农业品牌精品培育计划（2022—2025年）》提出到2025年塑强一批品质过硬、特色鲜明、带动力强，知名度、美誉度、消费忠诚度高的农产品区域公用品牌，以区域品牌建设推动农业绿色发展（李大垒 等，2023）。区域品牌建设加速了要素融合力度，增强了产业耦合协调水平，促进了当地农业发展新业态的生成，从而大幅提升了农业绿色发展的复合型价值。截至2024年底，已经连续三年实施区域公用品牌培育，包括粮油、果品、蔬菜、畜禽、水产、中药材，及其他在国内外市场具有较强竞争优势的品类，共确立了226个农业品牌精品培育计划。

3.3 研究方法与数据选择

3.3.1 地区平均集聚率

地区平均集聚率可以从地区路径反映地区的行业整体集聚水平。本研究借用该指标对地区种植业的平均集聚特征进行考察，其计算公式为：

$$V_i = \frac{\sum_{k=1}^{m} r_i^k}{m} \quad (3-1)$$

式（3-1）中，i代表地区，V_i代表地区i中各产业的平均地理集聚率，r代表地区i中k产业的产量占全国k产业总产量的份额。m表示地区i当年的主要农业产业种类数。V_i的取值范围为[0, 1]，取值越靠近1，则说明地区i的农业产业拥有更高的平均占有额，对应着更高的地理集聚水平。

3.3.2 区位熵指数

通过测度某区域的行业结构与全国平均水平之间的差异来评价一个区域的专业化水平，常用于研究某一产业在各个区域的专业化程度，并据此来考察一个区域的主导产业。选用区位熵指数来测度农业产业集聚。

$$LQ_{ij} = (a_{ij}/gdp_{ij})/(A_j/GDP_j) \quad (3-2)$$

其中，LQ_{ij} 为 i 省在 j 年的农业产业区位熵指数，a_{ij}、gdp_{ij} 分别为 i 省在 j 年的农业生产总值与地区生产总值，A_j、GDP_j 分别为 j 年全国农业生产总值与全国生产总值。LQ_{ij} 数值越高代表农业产业集聚度越高，数值越低代表农业产业集聚度越低。

3.3.3 克鲁格曼指数

克鲁格曼指数，即两区域间的结构差异指数，通过考察两地产业的结构差异来刻画地区的专业分工情况。本研究借用这一评价指数分析全国各省份农业分工差异状况，该指数的取值范围为 0~2。在两种极端情况下，该指数达到最大值和最小值，若取最大值 2，则说明此时两地产业结构全然不同，克鲁格曼指数越靠近 2，两地结构差异也相应越大，越远离 2 而靠近最小值 0 时，说明此时两地结构差异逐渐消失直至完全同构。根据该指数可以大致衡量地区分工和专业化程度，指数值越大，说明地区专业化程度越高，分工越明确。克鲁格曼指数计算公式如下：

$$S_{ij} = \sum_{k=1}^{n} \left| \frac{E_{ik}}{E_i} - \frac{E_{jk}}{E_j} \right| \qquad (3-3)$$

其中，下标 i、j 代表地区，k 代表行业，E_{ik} 和 E_{jk} 表示 i 地区和 j 地区 k 行业的播种面积，E_i、E_j 分别表示 i 地区和 j 地区种植业总播种面积。

3.3.4 数据选择

由于农业生产受自然条件的影响较大，本研究基于省域层面主要农作物产量与播种面积、畜牧产品产量数据进行考察。数据纵向覆盖 24 年（2000—2023 年），而由于港澳台地区数据不可得，因此本研究所选取的空间单元仅仅包括中国 31 个省份。所选取的相关属性数据均出自《中国统计年鉴》《中国农村统计年鉴》和《中国农业统计资料》。同时，依据不同经济区域的发展水平、农业生产功能定位，分别将所考察的省份划分为东部、中部及西部，与粮食主产区、主销区及平衡区进行地区差异分析。

3.4 结果与分析

3.4.1 平均地理聚集度分析

利用式（3-1）计算出 2000—2023 年各地区稻谷、小麦、玉米、豆类、薯类、油料、蔬菜、水果、茶叶、牛、猪、羊、家禽等 14 类农作物、畜牧的产业集聚度

(表 3-8)。从我国地区农业平均地理集聚度的测量结果,不难发现各地区的平均集聚率随时间不断变动,具体来看体现在以下几方面。一是我国农业集聚的格局已经初步形成,绝大部分省区处于高度集聚水平,这与已有文献认为我国呈现明显农业地理集聚格局的结论相吻合。二是经济发展对农业地理平均集聚度有影响,东部大部分地区农业平均集聚率呈现下降趋势,与之相反的是中部、西部地区省份平均集聚率在逐渐上升,表明我国中部、西部地区农业的平均发展趋势良好。三是农业生产功能区对农业地理平均集聚度也产生了不同的影响,即粮食主销区呈下降趋势,平衡区呈上升趋势,主产区则呈现出平稳的趋势。

表 3-8 2000—2023 年全国各地农业的地理平均集聚率

地区	2000 年	2006 年	2010 年	2015 年	2020 年	2023 年
北京	0.005 3	0.004 5	0.003 0	0.001 8	0.000 5	0.000 6
天津	0.003 8	0.004 2	0.002 9	0.002 8	0.002 3	0.002 2
河北	0.063 4	0.060 7	0.052 0	0.051 1	0.046 7	0.045 9
山西	0.016 6	0.012 9	0.011 7	0.013 1	0.013 6	0.014 1
内蒙古	0.032 1	0.039 3	0.046 8	0.045 4	0.054 6	0.050 4
辽宁	0.025 3	0.027 8	0.030 9	0.028 5	0.026 1	0.026 0
吉林	0.028 6	0.032 5	0.029 6	0.027 4	0.025 2	0.026 1
黑龙江	0.042 6	0.047 9	0.055 0	0.052 0	0.062 1	0.062 5
上海	0.004 5	0.002 8	0.002 0	0.001 1	0.000 9	0.000 8
江苏	0.047 5	0.041 7	0.039 5	0.038 2	0.034 6	0.034 5
浙江	0.029 7	0.027 5	0.022 2	0.017 9	0.015 1	0.014 4
安徽	0.048 8	0.047 1	0.046 1	0.047 2	0.042 7	0.043 2
福建	0.031 3	0.029 5	0.027 1	0.025 5	0.025 2	0.026 0
江西	0.021 6	0.021 3	0.023 1	0.025 0	0.024 9	0.025 4
山东	0.094 6	0.091 5	0.082 9	0.078 5	0.074 2	0.072 7
河南	0.084 3	0.090 0	0.087 4	0.083 2	0.080 5	0.078 4
湖北	0.044 7	0.042 5	0.044 2	0.045 5	0.044 3	0.045 9
湖南	0.042 5	0.042 7	0.042 4	0.042 9	0.044 2	0.044 1
广东	0.051 8	0.041 5	0.039 5	0.038 7	0.038 3	0.038 9
广西	0.055 6	0.064 0	0.069 2	0.071 3	0.075 0	0.077 2
海南	0.008 5	0.006 8	0.007 6	0.006 5	0.005 3	0.005 1
重庆	0.018 3	0.019 5	0.020 5	0.021 4	0.021 1	0.020 9
四川	0.063 9	0.063 2	0.064 4	0.064 8	0.069 0	0.068 7
贵州	0.019 7	0.020 2	0.019 0	0.024 8	0.029 3	0.029 5

(续表)

地区	2000年	2006年	2010年	2015年	2020年	2023年
云南	0.0420	0.0426	0.0463	0.0542	0.0541	0.0557
西藏	0.0031	0.0031	0.0037	0.0035	0.0035	0.0032
陕西	0.0213	0.0190	0.0209	0.0206	0.0217	0.0218
甘肃	0.0142	0.0165	0.0187	0.0208	0.0221	0.0237
青海	0.0043	0.0046	0.0052	0.0052	0.0059	0.0057
宁夏	0.0041	0.0049	0.0065	0.0065	0.0063	0.0062
新疆	0.0260	0.0280	0.0300	0.0316	0.0303	0.0304
东部地区	0.0351	0.0335	0.0316	0.0304	0.0287	0.0287
中部地区	0.0402	0.0418	0.0429	0.0424	0.0436	0.0433
西部地区	0.0217	0.0221	0.0235	0.0254	0.0263	0.0266
粮食主产区	0.0492	0.0499	0.0496	0.0484	0.0484	0.0480
粮食主销区	0.0193	0.0167	0.0149	0.0139	0.0126	0.0126
粮食平衡区	0.0205	0.0214	0.0229	0.0248	0.0257	0.0262

3.4.2 区位熵指数分析

利用式（3-2）计算2000—2023年我国31个省份农业区位熵系数。由图3-1可知，我国农业产业集聚呈现先上升、下降到上升的趋势，农业产业集聚水平由2000年的1.169上升到2006年的1.212，随后下降到2013年的1.157，随后又上升到2023年的1.269。东部农业产业集聚水平低于全国水平，均值仅为0.929；中部、西部农业产业集聚水平均高于全国水平，且大部分年份西部农业产业集聚水平高于中部，其均值分

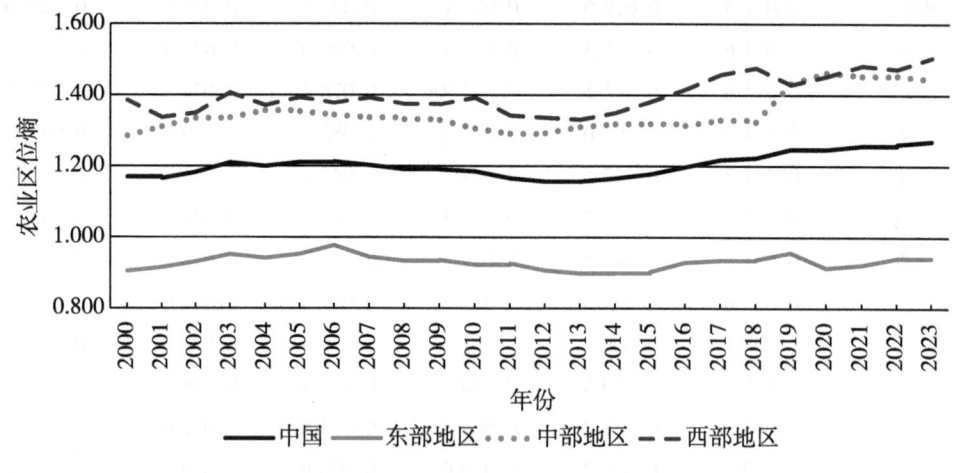

图3-1 中国东、中、西部农业区位熵趋势

别为 1.348、1.399。粮食主销区农业产业集聚水平低于全国水平，均值仅为 0.748；粮食主产区、平衡区农业产业集聚水平高于全国水平，且 2009 年后平衡区农业产业集聚水平高于主产区，其均值分别为 1.309、1.366（图 3-2）。

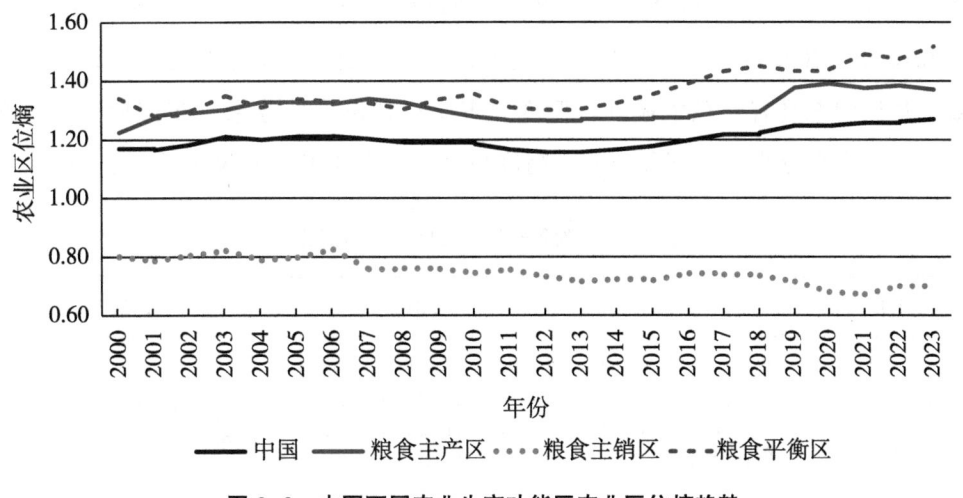

图 3-2　中国不同农业生产功能区农业区位熵趋势

进一步考察各省份农业区位熵指数。由图 3-3 可知，河北、山西、内蒙古、辽宁、吉林、广西、海南、贵州、云南、陕西、甘肃、青海、宁夏、新疆等省区农业产业区位熵呈增长趋势，其他省份呈下降趋势。

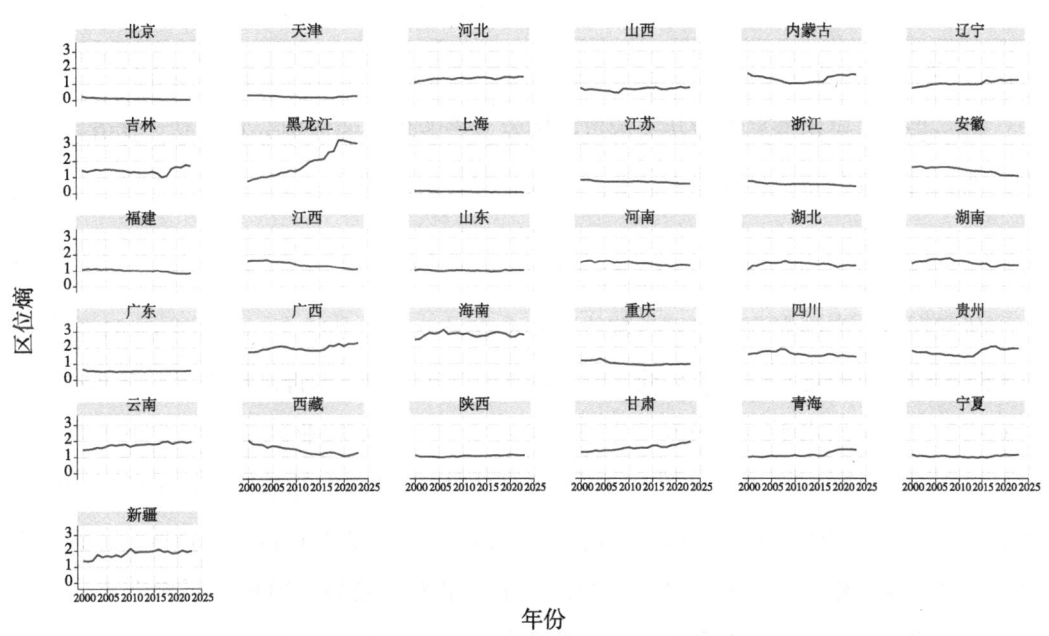

图 3-3　2000—2023 年中国各省份农业区位熵趋势

参考 Ellision 和 Glaeser（1999）的经典做法，同时考虑我国农业发展的实际情况，以及农业产业实际集聚情况，将农业产业集聚度进一步划分为三个类型。当 $0<LQ_{ij}\leq 1$ 时，代表处于农业产业低度集聚区；当 $1<LQ_{ij}\leq 1.5$ 时，代表处于农业产业中度集聚区；当 $LQ_{ij}>1.5$ 时，代表处于农业产业高度集聚区。笔者分别对 2000 年、2010 年、2020 年农业区位熵进行划分，除了个别省份集聚状态发生改变，大部分农业集聚状态具有路径依赖性：低度集聚状态省份大部分来自东部地区，中度集聚状态省份大部分来自中部和西部，高度集聚状态主要来自中部地区（表3-9）。

表 3-9 中国各省份农业区位熵演变趋势

分类	2000 年	2010 年	2020 年
低度集聚	北京，天津，山西，辽宁，黑龙江，上海，江苏，浙江，山东，广东，青海	北京，天津，山西，辽宁，上海，江苏，浙江，福建，山东，广东，重庆	北京，天津，山西，上海，江苏，浙江，福建，山东，广东，重庆
中度集聚	河北，吉林，福建，河南，湖北，湖南，重庆，云南，陕西，甘肃，宁夏，新疆	河北，内蒙古，吉林，黑龙江，江西，湖北，贵州，西藏，陕西，青海，宁夏	河北，辽宁，安徽，江西，河南，湖北，湖南，四川，西藏，陕西，青海，宁夏
高度集聚	内蒙古，安徽，江西，广西，海南，四川，贵州，西藏	安徽，河南，湖南，广西，海南，四川，云南，甘肃，新疆	内蒙古，吉林，黑龙江，广西，海南，贵州，云南，甘肃，新疆

进一步地，采用变异系数法来测度我国农业产业集聚的地理分布差异，其值越大说明产业集聚地理分布差异性越大。变异系数法的公式如下：

$$C_j = \sqrt{\sum_{i=1}^{n}(x_i - \bar{x})^2}/\bar{x} \qquad (3-4)$$

研究期内，中国农业区位熵指数的变异系数呈波动上升状态，表明全国 31 个省份农业区位熵仍不稳定，区域差异处于波动状态。按东、中、西部地区来看，东部农业区位熵指数大于全国水平，呈波动式上升趋势；中部、西部农业区位熵指数小于全国水平，且 2008 年后中部、西部农业区位熵指数分别呈下降和上升趋势。按生产功能区来看，全国农业区位熵指数低于粮食主销区水平，但大于粮食主产区、平衡区；粮食主销区农业区位熵指数远大于主产区、平衡区水平，呈上升趋势；2008 年后粮食平衡区农业区位熵指数大于主产区水平，且呈下降趋势（图 3-4 和图 3-5）。

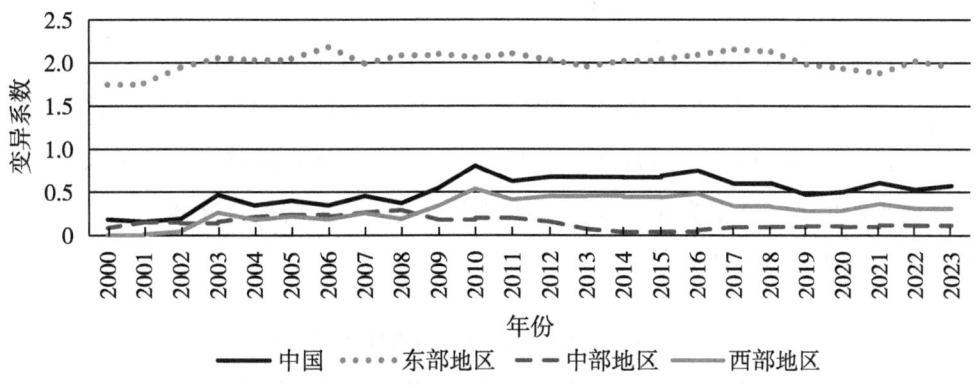

图 3-4　中国东中西部农业区位熵指数的变异系数

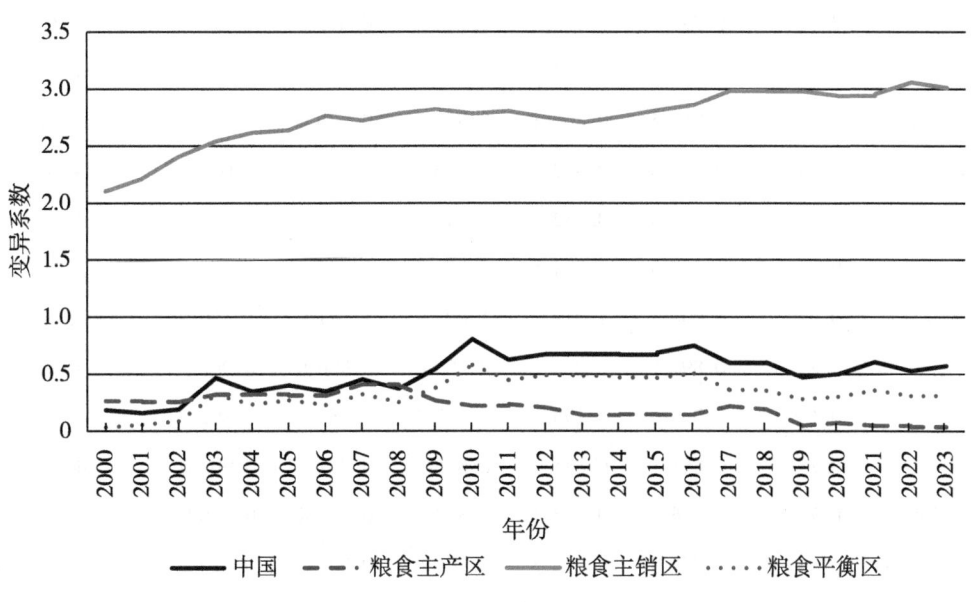

图 3-5　中国农业生产功能区农业区位熵指数的变异系数

3.4.3　克鲁格曼分工指数分析

接下来，深入了解各地区与其他地区间的平均克鲁格曼分工指数。考虑到农作物与畜牧产品在产量或者面积上不可比较性，仅以稻谷、小麦、玉米、大豆、马铃薯、花生、油菜籽、棉花、黄红麻、甘蔗、甜菜、烤烟、药材、蔬菜、瓜果类、青饲料、香蕉、苹果、柑橘、梨园、葡萄为对象，利用式（3-3）计算 2000—2023 年种植业的克鲁格曼分工指数。

根据表 3-10 的结果，不难发现中国种植业的区域分工情况呈现如下特征。首先，从整体来看，绝大多数省份的农业结构趋异，虽然总体层面的分工情况并不太理想，但是省区间农业区域分工指数的平均值由2000年的0.8088增至2023年的0.9467，增长了4.48%，这在一定程度上反映出地区间分工程度的不断深化；其次，具体到各地，区域分工指数也随时间有不同程度的提升。增幅最大当属青海省，增长了5.59%，增幅最小的为四川省，增幅为3.62%，由此可见地区间分工增长速度各异，专业化分工发展的非均衡特征较明显。

表3-10 2000—2023年克鲁格曼分工指数

地区	2000年	2005年	2010年	2015年	2020年	2023年	平均增长率（%）
北京	0.7819	0.8480	0.8510	0.8467	0.8665	0.8591	4.23
天津	0.7867	0.8905	0.8839	0.8844	0.8734	0.8755	4.39
河北	0.7618	0.8165	0.8447	0.8475	0.9199	0.8982	4.25
山西	0.7212	0.8184	0.8664	0.8833	0.9264	0.9135	4.28
内蒙古	0.8070	0.9400	0.9327	0.9457	0.9978	1.0355	4.70
辽宁	0.8569	0.9130	0.9324	0.9447	1.0184	1.0219	4.72
吉林	0.9704	1.0500	1.0345	1.0837	1.1459	1.1564	5.36
黑龙江	0.8998	1.0083	1.0797	1.0927	1.1419	1.1600	5.29
上海	0.8978	0.8971	0.8893	0.8850	0.9866	0.9629	4.62
江苏	0.6960	0.7576	0.7984	0.8234	0.8819	0.8920	4.03
浙江	0.8335	0.8611	0.8850	0.8652	0.8927	0.9026	4.40
安徽	0.7207	0.7861	0.8233	0.8424	0.8894	0.8860	4.14
福建	0.8420	0.8758	0.9155	0.9088	0.9653	0.9765	4.59
江西	0.9097	1.0180	1.0692	1.0796	1.0790	1.0828	5.21
山东	0.8312	0.9011	0.9160	0.9265	0.9644	0.9464	4.57
河南	0.8279	0.8722	0.8794	0.8972	0.9470	0.9434	4.46
湖北	0.7298	0.7868	0.7876	0.8043	0.8274	0.8343	3.98
湖南	0.8700	0.8999	0.9673	0.9796	0.9953	1.0004	4.76
广东	0.8767	0.9064	0.9272	0.9138	0.9432	0.9484	4.60
广西	0.8046	0.8505	0.9050	0.8762	0.9054	0.9134	4.42
海南	0.8789	0.9131	0.9583	0.9617	0.9669	0.9748	4.71
重庆	0.6530	0.6930	0.7499	0.7790	0.8179	0.8307	3.76
四川	0.6384	0.6772	0.7143	0.7400	0.7913	0.8018	3.62

(续表)

地区	2000年	2005年	2010年	2015年	2020年	2023年	平均增长率（%）
贵州	0.698 5	0.780 1	0.791 2	0.821 5	0.885 0	0.884 5	4.02
云南	0.730 6	0.774 0	0.808 5	0.802 6	0.822 8	0.833 9	3.99
西藏	0.739 3	0.795 4	0.825 7	0.862 8	0.916 7	0.882 1	4.18
陕西	0.773 3	0.830 1	0.838 8	0.851 8	0.878 3	0.868 1	4.20
甘肃	0.801 7	0.851 2	0.860 7	0.868 9	0.920 6	0.917 4	4.37
青海	1.064 2	1.147 4	1.124 1	1.100 3	1.139 0	1.109 1	5.59
宁夏	0.715 1	0.789 5	0.855 6	0.863 0	0.882 5	0.922 8	4.20
新疆	0.953 0	1.011 3	0.970 8	1.032 6	1.131 6	1.114 6	5.21
全国	0.808 8	0.869 7	0.893 1	0.903 7	0.945 8	0.946 7	4.48
东部地区	0.820 7	0.869 2	0.892 2	0.890 3	0.932 0	0.931 0	4.46
中部地区	0.828 5	0.908 9	0.937 8	0.956 5	0.994 5	1.001 4	4.69
西部地区	0.776 7	0.834 9	0.853 9	0.872 3	0.918 6	0.916 5	4.32
粮食主产区	0.809 2	0.879 0	0.906 1	0.923 6	0.969 2	0.973 8	4.55
粮食主销区	0.842 5	0.884 6	0.901 5	0.895 1	0.927 8	0.928 5	4.50
粮食平衡区	0.786 8	0.849 2	0.872 4	0.885 6	0.929 7	0.926 4	4.38

3.5 本章小结

第一，中国农业产业集聚表现出空间集聚、集群生产与空间生产三个阶段。以农产品品牌为载体，遵循着基于物质性空间进行空间表征、善用资源与资本推动空间实践，农业产业集聚逐渐实现农业空间生产。

第二，从平均地理集聚指数来看，大部分作物、畜牧都存在集中生产甚至集聚区的形成。各作物、畜牧生产向比较优势地区不断转移，其中稻谷种植有由中南部向东北转移的趋势、棉花种植由中东部地区向西部地区转移、生猪养殖由东部地区向中西部地区转移。

第三，从区位熵指数来看，我国农业产业集聚呈现先上升、下降到上升的趋势。大部分省份农业产业集聚处于中度集聚水平，其中东部大部分地区平均集聚率呈下降趋势，低于全国平均水平；而中部、西部地区省份平均集聚率在逐渐上升，且西部农业产业集聚度水平又普遍高于中部农业产业集聚度水平。同时,东部农业区位熵变异系数大于中部、西部农业区位熵变异系数。

第四,从区域分工角度看,各省份间种植结构都存在差异,且多数地区差异性逐渐增强,即专业化分工进一步加强。其中各大主产区间种植分工趋势明显,专业化分工会进一步促进农业集聚水平的提高。

第4章 农业产业集聚、碳排放演进及其 EKC 关系研究

4.1 文献回顾

4.1.1 农业碳排放测算方法

农业碳排放是指农业领域中的温室气体排放,主要包括 CO_2、CH_4 和 N_2O 3 种温室气体(张广胜 等,2014)。美国科学家 Johnson 等(2007)提出了一套系统的农业生产活动人为碳排放源类别,包括作物生产过程中的农业管理活动、畜禽养殖过程中的肠道发酵和粪便管理、机械化操作过程中的能源消耗、固体废物处置和生物质燃烧 5 类碳排放源。基于这些碳排放源,学者们开发出了排放系数法、模型模拟法、生命周期法、实地测量法和投入产出法等 5 种农业碳排放测算方法。排放系数法主要是将 IPCC《国家温室气体清单指南》以及部分学者(王明星 等,1998;Dubey,2009)模拟实验测算得来的排放系数与确定的碳源数据相乘,得到农业领域各种温室气体排放量,再根据不同气体的全球变暖潜力值将其转化为碳排放当量,从而得到最终的碳排放总量。根据 IPCC 相关报告,CO_2、CH_4 和 N_2O 的全球变暖潜力值分别为 1、25 和 298。该方法适用范围较广,可运用到宏观、微观等不同场景,且公式构造简明,原理通俗易懂;但稍显不足的是,碳排放系数易受农业生产管理方法、作物类型的影响,不确定性较强。模型模拟法以生物地球化学过程为基础,融合农业生态系统中的关键过程与控制因子,将有限的点位观测案例扩展到较大区域尺度,为定量计量农业系统碳氮循环、测算农业碳排放提供了切实可行的方法。常用的模拟农业碳排放的模型主要有 DNDC 模型(赵苗苗 等,2019)、RothC 模型(赵雅雯 等,2016)、CH4MOD 模型(郭淼 等,2012)以及 IAP-N 模型(毛国华 等,2018)等。模型模拟法的优点在于可以根据现实参数对农业生态系统的碳排放进行模拟测算,所得测算结果精确度大大提升,模型模拟法还可以用来预测未来的碳排放量,从而用来评估不同管理方式的减排效果;但其局限性在于需要

获取的参数较多、模拟过程较为复杂,且模型模拟法多用于模拟生态系统内部产生的碳排放。生命周期法是自下而上的过程分析法,从农业全生命周期的角度来构建农业碳排放分析框架。首先确定农业生产从投入到产出全过程中直接或间接产生碳排放的活动,而后收集计算农业生命周期中碳排放活动的数量和对应的排放因子(梁龙 等,2010)。生命周期法核算的内容比较全面,但是由于涵盖的核算内容多,核算过程也比较耗时且成本较高。实地测量法是利用相关测量仪器获取各类碳源的排放数据再进行汇总得到最终碳排放量的一类方法(刘明达 等,2014),其最大优点是核算中间环节少、结果准确,但是数据获取较为困难、成本投入较大且其适用范围局限于微观层次的排放源。投入产出法通过计算里昂惕夫逆矩阵全面分析农业生产投入品各上游生产阶段直接与间接能源需求,进而通过能源碳排放因子,推算温室气体排放量(马翠萍 等,2011)。该方法已广泛应用于农业生产过程中的能源消费导致的碳排放分析以及能源需求预测(Cao et al.,2010)。

国内外学者从全球、国家、省际等宏观层面进行了详细测算与分析。2022年,全球农业食品系统碳排放量为162亿t二氧化碳当量(Gt CO_2-eq),与2021年基本持平,比2000年增长了10%。农业食品系统碳排放量占总排放量比例估计为29.7%,比2000年降低了8.3个百分点,首次低于30%。在农业食品系统总量中,农作物和畜牧活动贡献了7.8 Gt CO_2-eq,占全球的48%。其与2021年基本持平,比2000年增长了15%;全球土地利用变化产生的排放量为3.1 Gt CO_2-eq,占总量的19%,比2000年下降了30%;但在生产前和生产后供应链上的活动贡献了5.3 Gt CO_2-eq,占总量的33%,比2000年增长了52%。2021年,农业食品系统人均CO_2排放量为2.0 t/人,与2001年的人均排放量几乎没有变化(FAO,2023)。尽管全球每单位农产品的温室气体排放量有所减少,但全球农业产量翻番主要是由发展中国家和转型国家实现的,导致世界各地区的趋势量化却不够彻底(Bennetzen,2016)。以每千兆焦耳作物产品二氧化碳当量千克计算,1970—2007年大洋洲单位作物排放量已从1 093降至69,中美洲和南美洲从849降至362;撒哈拉以南非洲从421降至309,欧洲从86降至38。以每千克二氧化碳当量牲畜产品计算,1970—2007年单位牲畜排放量已减少,其中撒哈拉以南非洲从6 001降至4 580,中美洲和南美洲从3 742降至1 448,中亚和东亚从3 205降至591,北美洲从878降至632。然而,Bennetzen等(2016)研究指出,近几十年来农业生产和温室气体一直在稳步脱钩。自1970年以来,农作物和畜牧业单位产品温室气体排放量分别下降了39%和44%,排放量在1991年达到峰值,此后一直没有超过这一水平。Carlson等(2017)基于2000年左右全球特定作物的温室气体排放和温室气体强度的高空间细节估计值，报告了稻田管理、泥炭地排水和氮肥对 CH_4、CO_2 和 N_2O 排放的影响，水稻甲烷排放量占农田排放量的 48%，氮肥施用产生的 N_2O 排放量仅为农田排放量的 20%。Balsalobre-Lorent 等（2019）利用 1990—2014 年巴西、俄罗斯、印度、中国和南非的面板数据，测算农业活动产生的碳排放，并指出碳排放与经济增长之间的倒"U"形联系，证实了农业对环境的不友好影响。

国内学者的相关研究最早可追溯至哥本哈根世界气候大会召开前后。例如，董红敏等（2008）考察了中国水稻种植和畜禽养殖所引发的甲烷与氧化亚氮排放，当时仍被称为"温室气体排放"；李国志和李宗植（2010）考察了中国农业能源消费所导致的碳排放，"农业碳排放"这一概念才初具雏形。此后，李波等（2011）正式提出"农业碳排放"的概念并围绕其展开测度，聚焦于农用物资投入与农地利用活动。田云等（2012）基于农地利用、稻田、牲畜肠道发酵和粪便管理等四方面 16 类主要碳源，测算了 1995—2010 年我国农业碳排放量。张广胜和王珊珊（2014）采用生命周期评价法构建了中国农业碳排放测算体系，研究表明我国农业在碳排放总量增长的同时，农业碳排放逐渐由主要来自种养自然源发展到能源和化学品与自然源排放比重大致相当的状况。田成诗和陈雨（2021）从农业用地、禽畜养殖和农业能源三个方面构造农业碳排放衍生指标，结果表明 2006—2016 年中国农业碳排放总量呈先降后升的"U"形变化，土壤管理是农业非能源碳排放的第一来源。金书秦等（2021）发现农业碳排放以非二氧化碳为主，总体呈逐年上升的趋势，但趋近达峰，农业机械能源消耗带来的排放或将成为农业碳达峰的最大不确定因素。田云和尹忞昊（2022）则指出 2005—2019 年中国农业碳排放总量处于下降态势但存在年际波动；农业碳排放强度的省际差距有所扩大；粮食主产区、产销平衡区内部省际差距明显缩小而粮食主销区的情形相反。针对农业碳排放变化趋势及驱动因素，学者们也进行了深入研究。颜廷武等（2014）对中国农业碳排放进行 EKC 检验，结果表明中国农业碳排放强度与农业经济强度之间存在倒"N"形曲线关系且存在双拐点，其临界值分别为 15 167 元/hm^2 和 27 647 元/hm^2。吴贤荣和张俊飚（2017）研究在 Kaya 恒等式的基础上采用改进的 Divisia 指数分解法，研究发现农业经济增长是引起中国农业碳排放变化以及导致区域显著差异的主导原因。夏四友等（2020）采用 Theil 指数分析 1997—2016 年中国农业碳排放强度的区域差异，结果表明农业碳排放强度的区域差异总体呈扩大趋势，其中区域间差异变化较小，区域内差异趋于扩大，粮食平衡区区域内差异趋于上升，主产区区域内差异先升后降，主销区区域内差异趋于收敛。

4.1.2 农业产业集聚与碳排放

2000年以来，我国农业碳排放总量呈波动上升、下降趋势，农业碳排放强度呈下降趋势（彭宸 等，2024；崔涵 等，2024）。从动态演进趋势来看，中国农业碳排放已出现"俱乐部收敛"现象（尹忞昊 等，2023），农业碳排放强度区域内差异呈粮食产销平衡区＞粮食主产区＞粮食主销区的特征，且核密度估计显示存在一定程度的区域分化（彭宸 等，2024）。田云等（2022）指出全国以及粮食主产区、产销平衡区和粮食主销区农业碳排放强度的动态演进特征不尽相同，考察期内全国省际差距有所扩大，粮食主产区、产销平衡区内部省际差距明显缩小而粮食主销区的情形相反。

随着中国农业产业集聚的发展，农业产业集聚与碳效率整体上存在"U"形曲线关系特征（程琳琳 等，2018），即随着农业产业集聚度的提高，农业碳效率呈现出先得到改善后不断恶化的变化趋势。胡中应等（2016）、田云等（2022）指出随着农业产业集聚程度的增加，碳排放总量出现先增后减的倒"U"形特征，碳排放强度则会出现先增后减再增的"N"形特征。但考虑控制变量时，农业产业集聚对本地农业碳生产率的影响不显著，但对周边地区农业碳生产率具有显著的倒"U"形影响（杨秀玉 等，2023）。同时，也有研究证实了（田云 等，2021）产业集聚与农业净碳效应均存在空间自相关性，二者之间呈现"N"形曲线关系，即随着农业产业集聚程度的不断提升，农业净碳效应表现出先增、后减、再增的三阶段变化特征。张哲晞等（2019）运用门限回归方法发现农业产业集聚与农业碳生产率存在"锁定"与"拥挤"效应，技术溢出、基础设施建设伴随产业集聚程度的提高与农业碳生产率之间呈"W"形曲线关系。何艳秋等（2022）进一步区分了农业专业化聚集与协同集聚，指出农业专业化集聚有利于更多区域减排，农业协同集聚会加重更多地区的碳排放，不同农业功能区应该选择不同集聚方式。

4.2 研究方法与数据来源

4.2.1 农业碳排放测算方法

农业包括农林牧渔和相应的农业服务业，种植业和畜牧业在农业经济组成中所占比重很大，因此本研究主要测算种植业和畜牧业的碳排放。本研究涉及的碳源包括以下4类，即农用物资、土地翻耕、水稻种植和畜禽养殖。

4.2.1.1 农用物资

结合以往研究成果，农用物资碳排放主要源于两个方面：一是化肥、农药、农膜等农用物资投入直接或间接引发的碳排放；二是农业机械、灌溉活动耗费电能、柴油等能源所引起的碳排放。各碳源碳排放系数如表4-1所示。

表4-1 农用物资碳排放系数

碳源	碳排放系数（kg/kg, kg/hm²）	碳源	碳排放系数（kg/kg, kg/hm²）
农药	4.9341	农用柴油	0.593
农膜	5.18	灌溉	20.476
化肥	0.896		

4.2.1.2 土地翻耕

在农作物种植过程中，由于微生物硝化作用和反硝化作用，对土壤表层的破坏易导致大量温室气体流失到大气中，其中又以 N_2O 最为突出。相比其他温室气体，N_2O 具有增温潜势大、滞留大气时间长、破坏臭氧层等特点，其负面作用更为明显。目前，国内学者通过大量实验，测算了我国主要农作物品种土壤 N_2O 排放系数如表4-2所示。

表4-2 不同农作物的土壤 N_2O 排放系数

碳源	碳排放系数（kg/hm²）	碳源	碳排放系数（kg/hm²）
水稻	0.24	玉米	2.532
春小麦	0.4	蔬菜	4.944
冬小麦	1.75	其他旱地作物	0.95
大豆	2.29		

4.2.1.3 水稻种植

稻田是温室气体 CH_4 的重要排放源之一。由于我国幅员辽阔，不同地区水热条件存在较大差异，导致各地区水稻生长周期内 CH_4 排放率也不尽相同（王明星 等，1998）。本研究参照了闵继胜等（2012）测算的各个省份早稻、晚稻以及中季稻的 CH_4 排放系数。鉴于水稻生长周期为120~150天，多数研究一般统一取中位值，以130天为准。具体结果详见表4-3。

表 4-3　各省份水稻生长周期内的 CH_4 排放系数　　（单位：g/m^2）

省份	中季稻	省份	早稻（单季稻）	晚稻	中季稻
北京	13.23	上海	12.41	27.50	53.87
天津	11.34	江苏	16.07	27.60	53.55
河北	15.33	浙江	14.37	34.50	57.96
山西	6.62	安徽	16.75	27.60	51.24
内蒙古	8.93	福建	7.74	52.60	43.47
辽宁	9.24	江西	15.47	45.80	65.42
吉林	5.57	湖北	17.51	39.00	58.17
黑龙江	8.31	湖南	14.71	34.10	56.28
山东	21.00	广东	15.05	51.60	57.02
河南	17.85	广西	12.41	49.10	47.78
陕西	12.51	海南	13.43	49.40	52.29
甘肃	6.83	重庆	6.55	18.50	25.73
青海	0	四川	6.55	18.50	25.73
宁夏	7.35	贵州	5.10	21.00	22.05
新疆	10.50	云南	5.10	7.60	7.25

4.2.1.4 畜禽养殖

牲畜养殖尤其是反刍动物养殖是 CH_4、N_2O 产生的又一重要源头，主要包括肠道发酵所引起的 CH_4 排放以及粪便管理系统中所引发的 CH_4 与 N_2O 的排放。由于畜禽的饲养周期不同，需要对畜禽的年平均饲养量进行调整，本研究调整的依据是畜禽出栏率。对于出栏率大于 1 的畜禽品种，如生猪、兔和家禽等的平均饲养量根据出栏量进行调整（胡向东 等，2010）。对于出栏率大于 1 的畜禽品种，如牛、马、驴、骡、骆驼和羊等的平均饲养量根据出栏量进行调整。我国主要牲畜品种碳排放系数如表 4-4 所示。

表 4-4　畜牧业碳排放系数

碳源	胃肠道发酵（CH_4） [kg/（头·a）]	粪便管理（CH_4） [kg/（头·a）]	粪便管理（N_2O） [kg/（头·a）]
猪	1	3.5	0.53
奶牛	68	16	1
非奶牛	51.4	1.5	1.37

(续表)

碳源	胃肠道发酵（CH_4）	粪便管理（CH_4）	粪便管理（N_2O）
	[kg/（头·a）]	[kg/（头·a）]	[kg/（头·a）]
马	18	1.64	1.39
驴	10	0.9	1.39
骡	10	0.9	1.39
山羊	5	0.17	0.33
绵羊	5	0.15	0.33

农业碳排放强度主要是农业碳排放量与农业产出的比值，计算公式如下：

$$ACEI_{it} = ACE_{it}/AGDP_{it} \quad (4-1)$$

式中：$ACEI$ 表示农业碳排放强度；ACE 表示农业碳排放总量；$AGDP$ 表示第一产业产值。农业碳排放强度越低表明在相同投入条件下的农业产出越高或产生的碳排放量越少，越有利于农业低碳转型。

4.2.2 泰尔指数

泰尔指数最初被用于衡量个人或地区收入上的不平等，其优势在于可以分析区域内部以及区域之间的差异性。泰尔指数的表达式如下：

$$T = \frac{1}{N} \sum_{i=1}^{N} \frac{e_q}{\bar{e}} \ln \frac{e_i}{\bar{e}} \quad (4-2)$$

式（4-2）中：N 为省份数量；e_i 为省份 i 的农业绿色发展水平；$\bar{e}$ 为中国农业绿色发展水平的平均值。根据泰尔指数的可分解性，可分解为：

$$T_s = \frac{1}{n_s} \sum_{i=1}^{n_s} \frac{e_i}{\bar{e_s}} \ln \frac{e_i}{\bar{e_s}} \quad (4-3)$$

$$T_w = \sum_{s=1}^{m} \left(\frac{n_s}{N} \times \frac{\bar{e_s}}{\bar{e}} \right) T_s \quad (4-4)$$

$$T_B = \sum_{s=1}^{m} \frac{n_s}{N} \left(\frac{\bar{e_s}}{\bar{e}} \right) \ln \frac{\bar{e_s}}{\bar{e}} \quad (4-5)$$

式中：T_s 为各个区域内的泰尔指数，T_w 为区域内泰尔指数，T_B 为区域间泰尔指数。$s = 1, 2, 3$ 分别表示上述 3 个区域，n_s 表示各区域省份的数量。总泰尔指数 $TI = T_w + T_B$，且 TI 的取值为 [0, 1]，该值越大表明差异度越大。

4.2.3 核密度估计法

核密度估计法是一种非参数估计方法，它从数据本身出发考察其分布特征，避免因参数估计造成的主观因素影响，具有较强的稳健性特点（唐菁 等，2024）。借助核密度估计法分别从核密度曲线的分布位置、分布特征、曲线延展性以及极化程度等角度，剖析区域农业碳排放强度的演进特征。核密度曲线的分布位置刻画区域农业碳排放强度的高低，曲线的波峰高度与波峰宽度反映农业碳排放强度差异的大小，曲线的分布延展性突出区域间农业碳排放强度的异质性特征，曲线的波峰数量与波峰形态描述农业碳排放强度的极化程度。具体方法如下：

$$f(x) = \frac{1}{Nh} \sum_{i=1}^{N} K(\frac{X_i - \overline{X}}{h}) \tag{4-6}$$

式中：$K(\cdot)$ 为核函数，X_i 为独立同分布的观测值，$\overline{X}$ 为其均值，N 为观测值个数，h 为带宽。本研究采用最常见的 Gauss 核函数进行核密度估计，公式如下：

$$k(x) = \frac{1}{\sqrt{2\pi}}(-\frac{x^2}{2}) \tag{4-7}$$

4.2.4 环境库兹涅茨曲线模型

环境库兹涅茨曲线（EKC）于 1991 年首次提出以后，广泛应用于经济增长与环境污染关系的各行各业，普遍研究认为经济增长与环境污染之间存在倒"U"形关系，即经济发展的前期，环境污染随经济发展呈上升趋势，但当达到最高点之后，经济增长有利于改善环境状况。近些年关于环境与经济增长关系的研究并不单纯认为两者之间存在倒"U"形关系，提出了"U"形、"N"形、倒"N"形等不同观点。碳排放的 EKC 曲线关系还涉及产业结构（葛立宇 等，2022）、城市化进程（高爽 等，2024）、产业集聚（刘媛媛，2020）等内容，借鉴胡中应等（2016）将农业产业集聚和碳排放纳入分析框架建立计量模型如下（张红凤 等，2024）：

$$E = \beta_0 + \beta_1 lq + \varepsilon_{it} \tag{4-8}$$

$$E = \beta_0 + \beta_1 lq + \beta_2 lq^2 + \varepsilon_{it} \tag{4-9}$$

$$E = \beta_0 + \beta_1 lq + \beta_2 lq^2 + \beta_3 lq^3 + \varepsilon_{it} \tag{4-10}$$

式中：E 代表环境污染状况，以农业碳排放强度表示；lq 代表产业集聚水平，以第 3 章农业区位熵计算结果衡量，并对其取平方项和立方项以衡量曲线关系；β 为回归系数；ε_{it} 为随机误差项。式（4-8）、式（4-9）、式（4-10）可以得出以下 3 种对应关系。

（1）当 lq 与 E 之间具有显著关系，若 $\beta_1>0$，表明农业产业集聚与碳排放之间呈单调递增型关系；若 $\beta_1<0$，则表明农业产业集聚与碳排放之间呈单调递减型关系。

（2）当 lq、lq^2 与 E 之间具有显著关系，且 $\beta_1<0$、$\beta_2>0$，表明农业产业集聚与碳排放之间存在"U"形 EKC 曲线关系，环境状况随着产业集聚程度得到改善，达到一定程度后呈现恶化状态；当 lq、lq^2 与 E 之间具有显著关系，且 $\beta_1>0$、$\beta_2<0$，表明农业产业集聚与碳排放之间存在倒"U"形 EKC 曲线关系，环境状况随着产业集聚的发展呈现恶化态势，达到顶点之后得到改善。

（3）当 lq、lq^2、lq^3 与 E 之间具有显著关系，且 $\beta_1<0$、$\beta_2>0$、$\beta_3<0$，表明农业产业集聚与碳排放之间呈"N"形曲线关系，环境状况随着产业集聚先恶化再改善，最后又恶化的发展趋势；当 lq、lq^2、q^3 与 E 之间具有显著关系，且 $\beta_1>0$、$\beta_2<0$、$\beta_3>0$，表明农业产业集聚与碳排放之间呈倒"N"形 EKC 曲线关系，环境状况随着产业集聚先改善后恶化，随后再次得到改善的发展趋势。

4.2.5 灰色预测模型

灰色预测模型（GM）通过对原始数据进行生成处理来寻找系统变动的规律，并生成有较强规律性的数据序列，然后建立相应的微分方程模型，从而预测事物未来发展趋势的状况（刘思峰，2004）。鉴于 GM（1,1）模型具有样本需求量少、计算工作量小、预测准确度高且可用于中长期预测等优点，将选用该模型对我国 31 个省份 2025—2030 年农业碳排放量进行预测，其基本形式如式（4-11）所示。

$$x^{(0)}(k)+az^{(1)}(k)=b \tag{4-11}$$

式中：$-a$ 为发展系数；b 为灰作用量，经过演变计算可变为白化方程式（4-12）。

$$\frac{\mathrm{d}x^{(1)}(t)}{\mathrm{d}t}=-\hat{a}^{(1)}(t)+\hat{b} \tag{4-12}$$

取初始值 $\hat{x}^{(1)}(t)|_{t=1}=x^{(0)}(1)$，可求出其对应的解，同时代入本书所研究的农业碳排放量，得式（4-13）。

$$\widehat{AC}^{(1)}(t+1)=\left[\widehat{AC}^{(0)}(1)-\frac{u}{g}\right]e^{-gt}+\frac{u}{g} \tag{4-13}$$

式中：$\widehat{AC}^{(0)}(t)$ 代表农业碳排放量原始数列；u 表示灰作用量；$-g$ 表示发展系数；$\widehat{AC}^{(1)}(t+1)$ 是原始数列一次累加生成后的紧邻均值生成数列。

4.2.6 数据选择

以上各变量数据来自 2001—2024 年《中国统计年鉴》《中国农村统计年鉴》《中国财政年鉴》。

4.3 农业碳排放区域差异分析

4.3.1 农业碳排放总体情况分析

计算了 2000—2023 年中国农业生产系统碳排放情况（图 4-1）。农业生产系统碳排放在 2010 年后总体比较稳定，但略有上升，总量从 10.700 亿 t 增至 11.047 亿 t。种植业碳排放超过畜牧业成为主要排放源，尤其是 2006 年以来畜牧业碳排放持续两年下降，导致种植业碳排放占比超过 60%。从排放构成看，甲烷排放最大，平均超过 50%，其中畜牧业甲烷排放占比在 2006 年前高于 30%，2006 年以后下降至 2023 年的 25%；其次是氧化亚氮排放，稳定在 20% 左右，种植业氧化亚氮排放贡献率为 6% 左右。

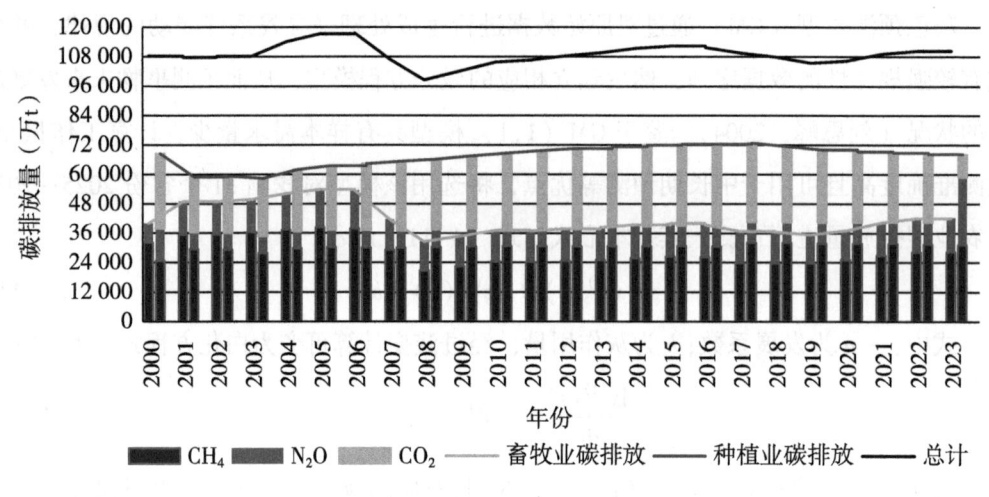

图 4-1 中国 2000—2023 年农业碳排放量

2007 年温室气体排放出现负增长，主要原因在于《关于加强农业节能减排的意见》的出台，且生态文明建设首次写入党的十七大报告，并明确提出农业要实现可持续发展的目标，推动了农业绿色生产发展。同时，洪涝、旱灾等自然灾害频发，对畜牧业造成较大影响；草料匮乏，牛羊产量大幅减少，加之畜禽疾病影响，牲畜数量下降，导致畜牧业排放量整体下降10%，减缓了2007—2015年农业温室气体排放的增长速度。2015年农业部发布《关于推进南方水网地区生猪养殖布局调整优化的指导意见》和《2020年化肥使用量零增长行动方案》，提出结合土地承载能力，科学制定适度规模养殖，注重畜禽粪污资源化利用，推广有机肥，坚持农业供给、生态环境和粮食安全并重，有力推动了2015—2023年农业减排。

中国农业温室气体排放流动结构和空间分布相对稳定（图4-2、图4-3）。种植业温室气体排放占比由2000年的55%提高到2023年的61%，畜牧业相对下降了6个百分点。从排放源来看，动物肠道发酵排放占比由2000年的25%下降到2023年的19%，而作物种植排放由26%上升到33%，占比最大，其他排放源占比变化不大。3类温室气体中，动物肠道发酵和水稻种植产生的甲烷占比由2000年的59%下降到2023年的54%，仍旧是主要来源；CO_2、N_2O占比分别比2000年提高了3个、5个百分点。从空间分布来看，中部温室气体排放占比由2000年的39%提高到2023年的45%，仍旧是温室气体排放较多的地区；东部温室气体排放下降较快，由2000年的37%下降到2023年的29%；西部温室气体排放北部地区占比略有增加，由2000年的24%提高到2023年的27%。

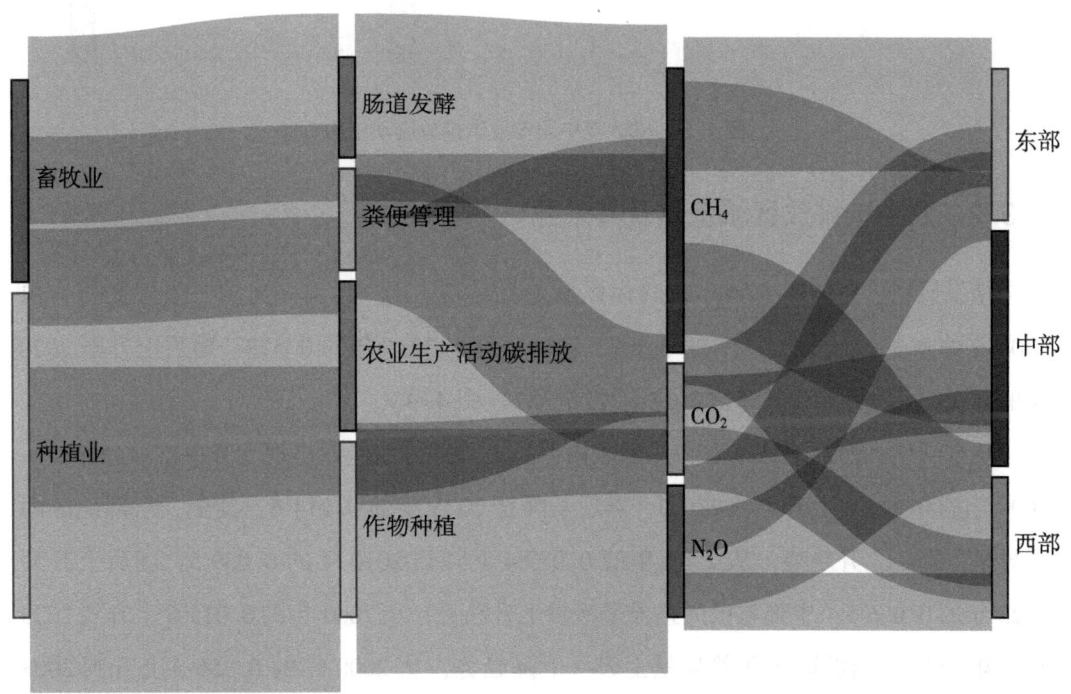

图4-2 2000年中国农业碳排放流动结构

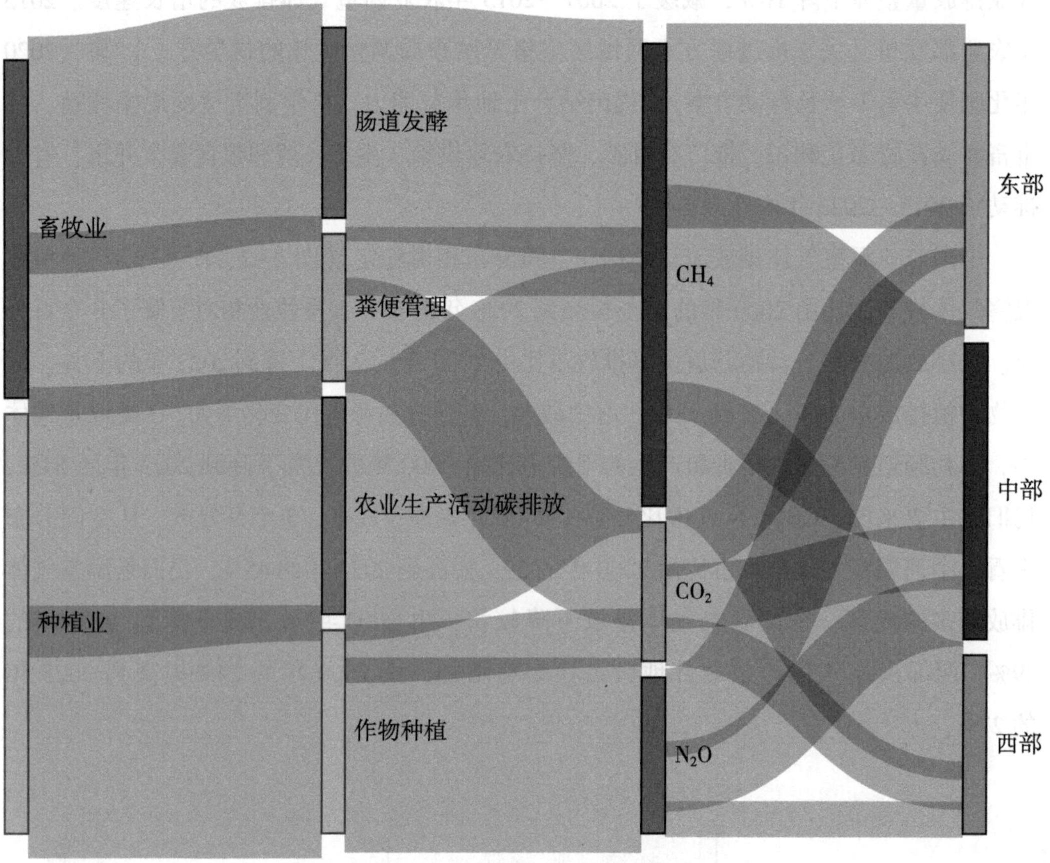

图 4-3 2023年中国农业碳排放流动结构

4.3.2 农业碳排放区域差异及其来源

结果显示,中国农业碳排放总体区域差异呈现上升—下降—上升—下降趋势,由2000年的0.339上升2007年的0.407,然后下降至2016年的0.318,随后上升至2020年的0.363,之后持续下降至2023年的0.337(图4-4)。

从东、中、西部地区来看,在区域内差异上,碳排放差异呈现上升—下降趋势,从2000年的0.215 8上升至0.270 9,然后下降至2023年的0.214 6。其中,东部地区内差异呈下降—上升趋势,从2000年的0.077 4下降到2010年的0.039 5,随后上升到2023年的0.096 5;中部地区间差异呈缓慢上升趋势,从2000年的0.015 6上升到2023年的0.042 3;西部地区间差异呈上升—下降趋势,从2000年的0.356 5上升到2008年的0.460 4,然后下降到2023年的0.346 3。各区域内部农业碳排放发展存在差异的原因可能在于,由于经济发展水平、工业化水平等经济发展各异,进而引起农业资本、

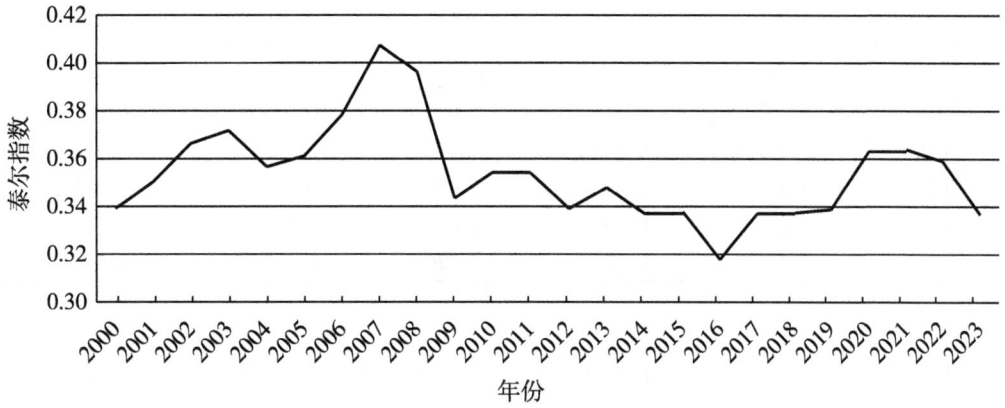

图 4-4　2000—2023 年中国农业碳排放泰尔指数趋势

农业劳动力转移、土地流转存在差异，进而引起各区域内农业碳排放呈非均衡发展特征。在区域间差异上，总体地区间差异变动呈上升—下降趋势，由 2000 年的 0.123 3 缓慢上升至 2007 年的 0.149 2，随后波动式下降至 2023 年的 0.122 0 （表 4-5）。

表 4-5　2000—2023 年中国东、中、西部农业碳排放泰尔指数

年份	T_w	T_B	T_d	T_z	T_x
2000	0.215 8	0.123 3	0.077 4	0.015 6	0.356 5
2001	0.221 9	0.128 5	0.079 8	0.015 4	0.364 6
2002	0.231 1	0.135 2	0.075 8	0.018 4	0.377 4
2003	0.232 2	0.139 4	0.079 4	0.015 9	0.378 9
2004	0.223 4	0.133 2	0.072 8	0.018 8	0.367 7
2005	0.224 4	0.136 7	0.065 6	0.020 6	0.368 6
2006	0.235 0	0.143 3	0.063 8	0.018 3	0.386 4
2007	0.258 2	0.149 2	0.055 1	0.021 8	0.426 1
2008	0.270 9	0.125 2	0.057 4	0.029 0	0.460 4
2009	0.228 6	0.114 9	0.056 2	0.029 2	0.391 8
2010	0.226 7	0.127 5	0.039 5	0.030 8	0.386 5
2011	0.225 2	0.128 8	0.041 7	0.030 6	0.382 4
2012	0.214 5	0.124 5	0.041 1	0.030 1	0.366 6
2013	0.220 6	0.127 3	0.043 0	0.028 9	0.375 7
2014	0.210 7	0.126 3	0.044 6	0.028 8	0.358 3
2015	0.212 1	0.125 6	0.044 6	0.029 2	0.361 3
2016	0.199 1	0.118 6	0.046 1	0.029 4	0.340 7
2017	0.213 9	0.123 1	0.062 2	0.043 9	0.355 7
2018	0.214 0	0.123 3	0.070 2	0.043 8	0.353 7

(续表)

年份	T_w	T_B	T_d	T_z	T_x
2019	0.2133	0.1254	0.0854	0.0455	0.3457
2020	0.2299	0.1332	0.0933	0.0463	0.3684
2021	0.2304	0.1335	0.0904	0.0442	0.3705
2022	0.2265	0.1325	0.0928	0.0440	0.3629
2023	0.2146	0.1220	0.0965	0.0423	0.3463

从农业生产功能区来看，在区域内差异上，碳排放差异呈现上升—下降趋势。从2000年的0.2153上升至0.2709，然后下降至2023年的0.2350（表4-6）。其中，东部地区间差异呈下降—上升趋势，从2000年的0.0774下降到2010年的0.0395，随后上升到2023年的0.0965；中部地区间差异呈缓慢上升趋势，从2000年的0.0156上升到2023年的0.0423；西部地区间差异呈上升—下降趋势，从2000年的0.3565上升到2008年的0.4604，然后下降到2023年的0.3463。各区域内部农业碳排放发展存在差异的原因可能在于，由于经济发展水平、工业化水平等经济发展各异，进而引起农业资本、农业劳动力转移、土地流转存在差异，进而引起各区域内农业碳排放呈非均衡发展特征。在区域间差异上，总体地区间差异变动呈上升—下降趋势，由2000年的0.1233缓慢上升至2007年的0.1492，随后波动式下降至2023年的0.1220。

表4-6　2000—2023年中国农业功能区农业碳排放泰尔指数

年份	T_w	T_b	T_{zc}	T_{zx}	T_{ph}
2000	0.2153	0.1238	0.0398	0.0331	0.3395
2001	0.2194	0.1310	0.0401	0.0288	0.3436
2002	0.2317	0.1346	0.0420	0.0264	0.3622
2003	0.2332	0.1384	0.0409	0.0282	0.3644
2004	0.2251	0.1315	0.0407	0.0259	0.3554
2005	0.2266	0.1346	0.0421	0.0236	0.3549
2006	0.2393	0.1390	0.0424	0.0247	0.3739
2007	0.2709	0.1366	0.0466	0.0316	0.4255
2008	0.2804	0.1158	0.0532	0.0301	0.4512
2009	0.2379	0.1055	0.0539	0.0306	0.3844
2010	0.2428	0.1114	0.0564	0.0316	0.3873
2011	0.2413	0.1127	0.0562	0.0344	0.3837
2012	0.2300	0.1090	0.0564	0.0347	0.3665
2013	0.2364	0.1115	0.0557	0.0393	0.3755

(续表)

年份	T_w	T_b	T_{zc}	T_{zx}	T_{ph}
2014	0.226 7	0.110 3	0.056 3	0.041 5	0.358 8
2015	0.228 4	0.109 3	0.057 4	0.043 8	0.361 3
2016	0.214 7	0.103 0	0.056 8	0.048 3	0.340 1
2017	0.232 4	0.104 5	0.078 6	0.073 5	0.354 2
2018	0.232 8	0.104 5	0.079 0	0.088 4	0.352 5
2019	0.233 1	0.105 6	0.082 4	0.118 7	0.345 4
2020	0.251 2	0.111 8	0.087 3	0.133 0	0.367 7
2021	0.251 0	0.112 9	0.085 2	0.128 4	0.368 2
2022	0.247 6	0.111 4	0.085 6	0.133 3	0.361 5
2023	0.235 0	0.101 6	0.084 5	0.140 6	0.342 7

4.3.3 农业碳排放预测

首先,对2000—2023年农业碳排放量原始数列进行准指数规律检验,其光滑比小于0.5的数据占比均大于90%,表明该数据可以通过GM(1,1)模型进行预测。然后,对各省市2025—2030年农业碳排放量进行预测。需要特别说明的是,由于年鉴数据的滞后性,2024年农业碳排放暂时无法测算,将其作为预测年份固然有些不妥。但是,GM(1,1)模型预测需要数据连续,若避开2024年,可能导致模型无法对后续年份的农业碳排放量进行准确估计,影响预测科学性。为此,在进行GM(1,1)模型预测时将从2024年开始,但预测结果(表4-7)展示起始于2025年终于2030年。

从表4-7的预测结果来看,尽管全国农业碳排放会小幅度增长,但有一半的省份农业碳排放在下降。2030年农业碳排放量位居前3位的省份依次为湖南、湖北和江西,其农业碳排放量分别为8 754.88万t、7 503.75万t和7 066.11万t。其中,在样本考察期和预测期内,湖南农业碳排放量始终位居首位,且2025—2030年年均增长率为0.63%,预估2029年其农业碳排放量超过8 700万t;宁夏、海南、上海、天津和北京则依次排在后5位,其农业碳排放量分别为1 121.35万t、669.34万t、236.15万t、202.96万t和56.30万t。值得注意的是,在样本考察期和预测期内,虽然农业碳排放量有不同程度的增减变化,这5个省份农业碳排放量排名始终位于末位。进一步,按照农业碳排放量时序演变差异,将31个省份划分为3种类型。①"持续下降型"地区,即农业碳排放量在预测期内呈下降态势,包括北京、天津、河北、辽宁、上海、江苏、福建、山东、广西、海南、四川、西藏等省区;②"持续增长型"地区,即农业碳排放量在预测期内呈增长态势,包括山西、内蒙古、吉林、黑龙江、浙江、安徽、江西、湖北、湖南、广东、重庆、贵州、云南、陕西、甘肃、青海、宁夏、新疆等省区;③"先降后增型"地区,仅含河南一地,从预测数据来看,河南省2025—2029年农业碳排放量逐年下降,2030年后农业碳排放量又上升,上升幅度为0.41%。进一步推动农业减排固碳,有助于加快实现碳达峰、碳中和。

表4-7 中国农业碳排放2025—2030年预测数据　　　　（单位:万t）

省区市	2025年	2026年	2027年	2028年	2029年	2030年
北京	86.03	79.28	72.70	67.29	61.87	56.30
天津	227.49	219.53	211.46	207.18	204.88	202.96
河北	3 495.86	3 426.56	3 358.64	3 292.05	3 226.79	3 162.82
山西	1 362.02	1 375.76	1 392.01	1 413.57	1 444.03	1 487.26
内蒙古	5 578.24	5 655.72	5 740.86	5 857.47	5 988.97	6 140.21
辽宁	2 863.02	2 828.49	2 797.52	2 778.79	2 761.96	2 747.20
吉林	3 016.08	3 033.17	3 050.35	3 067.63	3 085.01	3 102.49
黑龙江	5 412.96	5 488.93	5 556.54	5 632.37	5 706.41	5 795.22
上海	267.23	260.70	254.33	248.12	242.06	236.15
江苏	6 422.92	6 390.77	6 323.65	6 291.51	6 276.04	6 265.28
浙江	2 041.88	1 990.17	1 924.61	1 869.10	1 819.33	1 770.68
安徽	6 672.32	6 731.12	6 775.31	6 838.70	6 911.55	6 977.20
福建	1 937.80	1 910.69	1 874.95	1 845.91	1 823.01	1 797.23
江西	6 706.63	6 777.04	6 848.18	6 920.07	6 992.71	7 066.11
山东	4 601.87	4 496.09	4 400.71	4 337.82	4 313.39	4 294.23
河南	5 955.49	5 814.66	5 688.21	5 607.28	5 569.58	5 592.40
湖北	7 192.60	7 253.78	7 315.48	7 377.71	7 440.46	7 503.75
湖南	8 484.00	8 537.50	8 591.33	8 645.50	8 700.02	8 754.88
广东	4 091.59	4 071.12	4 043.35	4 033.87	4 034.29	4 028.39
广西	3 746.74	3 677.08	3 608.72	3 541.63	3 475.79	3 411.17
海南	741.03	722.95	706.23	692.88	680.07	669.34
重庆	1 760.34	1 764.06	1 770.09	1 782.23	1 801.54	1 819.26
四川	5 688.43	5 633.93	5 579.95	5 526.50	5 473.55	5 421.11
贵州	2 354.35	2 359.15	2 382.56	2 428.56	2 503.68	2 602.10
云南	4 857.83	4 925.83	4 994.79	5 064.71	5 135.60	5 207.49

(续表)

省区市	2025年	2026年	2027年	2028年	2029年	2030年
西藏	1 525.77	1 512.96	1 500.25	1 487.65	1 475.15	1 462.76
陕西	2 052.10	2 058.68	2 073.63	2 098.45	2 130.35	2 167.22
甘肃	3 089.31	3 145.83	3 203.38	3 262.00	3 321.68	3 382.46
青海	1 904.70	1 948.01	1 992.77	2 034.23	2 081.53	2 126.65
宁夏	956.15	987.12	1 019.09	1 052.09	1 086.17	1 121.35
新疆	4 738.92	4 904.21	5 090.00	5 299.47	5 535.54	5 793.79
全国	109 831.7	109 980.9	110 141.7	110 602.3	111 303.0	112 165.5

最后，对GM（1,1）结果进行检验（表4-8）。平均级比偏差、平均相对残差均小于0.1，残差检验表明对原数据的拟合程度非常不错。

表4-8 GM（1,1）检验结果

省区市	平均级比偏差	平均相对残差	省区市	平均级比偏差	平均相对残差
北京	0.069 1	0.155 2	湖北	0.027 7	0.023 0
天津	0.058 7	0.084 6	湖南	0.023 2	0.025 4
河北	0.046 9	0.063 4	广东	0.021 9	0.028 8
山西	0.042 1	0.086 0	广西	0.035 3	0.045 5
内蒙古	0.038 8	0.055 2	海南	0.036 9	0.055 2
辽宁	0.038 0	0.086 7	重庆	0.033 2	0.046 6
吉林	0.043 2	0.053 8	四川	0.032 6	0.038 6
黑龙江	0.023 6	0.044 6	贵州	0.063 5	0.126 8
上海	0.037 8	0.040 7	云南	0.042 5	0.050 3
江苏	0.016 8	0.027 1	西藏	0.040 8	0.060 4
浙江	0.021 4	0.041 5	陕西	0.040 1	0.057 7
安徽	0.019 5	0.023 8	甘肃	0.047 2	0.063 5
福建	0.020 7	0.033 5	青海	0.035 4	0.052 8
江西	0.023 2	0.023 0	宁夏	0.034 7	0.052 4
山东	0.034 5	0.045 5	新疆	0.039 7	0.082 0
河南	0.044 3	0.056 9			

4.4 农业碳排放强度分析

4.4.1 农业碳排放强度变化趋势

为分析农业碳排放强度的动态变化趋势，又因篇幅限制，本研究仅给出2000年、2005年、2010年、2015年、2020年及2023年农业碳排放强度指数（表4-9）。

中国农业碳排放强度从2000年5.8791 t/万元下降至2023年2.2500 t/万元，下降幅度达38%。从空间维度来看，大部分省份农业碳排放强度下降幅度超过50%，仅内蒙古、上海、宁夏农业碳排放强度下降程度低于50%；究其原因是，地区间存在发展不平衡问题，人才、资金等生产要素的流动成为促进区域优势和平衡人口规模与资源异质性的重要途径。特别是，中国农业市场是由被分割的局部构成，而各个地区农业的差异是由不同农户行为模式构成，这导致各地区碳排放强度差距显著。我们需要加强各个地区间产业、就业方式、消费结构等的交流与互动，打破区域间以及城乡隔离关系的界限，加快后发地区学习先发地区先进减排生产技术，才能逐步缩小地区间碳减排的差距。

进一步从东、中、西部地区和农业生产功能区来看，农业碳排放强度的平均值下降幅度分别为35%、43%、37%、41%、40%和37%。这个数字基本表明农业可以提前在2030年实现碳减排承诺，基本扭转了二氧化碳排放快速增长的局面。在未来，各地应因地制宜地积极探索绿色低碳农业发展模式，加强农业碳减排固碳技术的引进，增加政策环境的适宜性，从而全面达成农业碳减排目标。

表4-9 中国农业碳排放强度　　　　　　　　　　（单位：t/万元）

省区市	2000年	2005年	2010年	2015年	2020年	2023年
北京	1.4983	1.1452	0.8672	0.7416	0.4447	0.5185
天津	1.7765	1.8448	1.3082	1.0815	0.7319	0.7150
河北	3.2218	3.0184	1.6967	1.4886	1.0365	0.9409
山西	4.7121	4.0950	2.4485	2.2710	1.9603	1.8463
内蒙古	4.7787	4.5784	4.0105	3.6458	3.2589	3.0801
辽宁	2.1509	1.9594	1.6811	1.4180	1.0691	0.9750
吉林	3.8005	3.0246	2.3246	2.0484	1.5361	1.4997

（续表）

省区市	2000年	2005年	2010年	2015年	2020年	2023年
黑龙江	4.850 9	3.673 9	3.307 6	2.744 2	2.375 8	2.131 8
上海	2.725 9	2.077 0	2.051 2	1.945 6	2.367 6	2.400 2
江苏	3.534 3	2.918 7	2.321 0	1.989 2	1.724 4	1.548 6
浙江	3.037 0	2.505 3	2.014 5	1.710 0	1.248 7	1.107 8
安徽	5.284 8	4.768 0	3.493 3	2.978 7	2.588 3	2.216 4
福建	2.534 3	2.070 4	1.544 2	1.262 6	0.877 1	0.776 5
江西	6.805 6	5.977 1	4.692 1	3.974 6	3.542 0	3.035 1
山东	3.058 7	2.686 2	1.689 5	1.408 4	0.966 4	0.822 1
河南	3.769 8	3.338 0	2.129 5	1.841 3	1.213 2	1.082 7
湖北	5.258 6	4.691 2	3.590 9	2.936 9	2.500 2	2.105 9
湖南	5.780 7	5.229 4	3.906 6	3.443 1	2.913 5	2.502 8
广东	3.291 2	2.457 5	1.769 9	1.553 8	1.172 5	1.028 4
广西	6.906 9	5.280 2	2.977 1	2.452 3	1.795 4	1.583 6
海南	3.124 8	2.170 0	1.511 3	1.035 8	0.674 5	0.611 6
重庆	4.414 9	3.655 3	2.568 7	2.256 0	1.686 5	1.506 3
四川	4.846 9	3.977 6	2.649 6	2.309 7	1.760 0	1.552 1
贵州	7.023 4	6.786 4	3.577 7	2.981 5	2.374 9	1.976 0
云南	5.509 0	4.377 9	3.187 7	2.642 7	1.992 3	1.696 0
西藏	33.257 6	30.780 2	20.922 0	17.167 8	12.017 5	9.795 7
陕西	3.886 2	3.205 6	2.166 1	1.815 0	1.433 9	1.257 0
甘肃	5.702 2	5.280 1	4.237 7	3.714 2	2.734 0	2.460 3
青海	24.799 4	20.732 8	15.806 9	12.999 3	13.042 7	11.325 3
宁夏	5.631 8	5.155 7	3.753 3	3.248 4	3.255 2	3.210 1
新疆	5.278 1	4.846 6	2.910 3	2.891 2	2.604 0	2.442 9
全国	5.879 1	5.106 7	3.648 9	3.096 7	2.545 1	2.250 0
东部地区	3.071 7	2.511 1	1.786 0	1.507 3	1.175 7	1.085 7
中部地区	5.004 6	4.375 1	3.322 6	2.876 0	2.432 0	2.166 8
西部地区	10.034 9	8.879 9	6.178 0	5.202 6	4.290 1	3.722 2
粮食主产区	4.395 5	3.833 9	2.884 1	2.479 0	2.037 3	1.807 2
粮食主销区	2.569 7	2.038 6	1.580 9	1.333 0	1.073 8	1.022 6
粮食平衡区	9.738 3	8.563 3	5.868 7	4.949 1	4.081 5	3.554 5

4.4.2 农业碳排放强度的分布动态演进分析

通过泰尔指数对中国农业碳排放强度的地区差异及其来源进行了细致分析，但反映的仅是相对差异。而使用 Kernel 密度估计考察中国农业碳排放强度的分布动态演进，则可以刻画其分布整体形态，而且通过不同时期的比较，还可以把握区域农业碳排放强度分布的动态特征。

图 4-5 可看出，全国农业碳排放强度 Kernel 密度分布曲线存在多个主峰，出现极化、左移现象，但仍有"右拖尾"呈现，这意味着农业碳排放强度的绝对差异有扩大的趋势，但较高的农业碳排放强度的省域在减少。这也说明较高的农业碳排放强度的省份减排任务还比较艰巨。进一步分区域来看，第一，东部地区农业碳排放强度 Kernel 密度分布曲线存在多个主峰，出现极化现象，东部地区农业碳排放强度水平非同步发展。同时，分布曲线峰值也在不断升高，宽度也在逐渐减小，这意味着农业碳排放强度差异逐渐减小，且较低的农业碳排放强度的省域在增多是由于东部地区不仅有北京、上海等直辖市，也有江苏、山东等农业强省，农业碳排放强度存在不同的发展趋势。第二，中部地区农业碳排放强度 Kernel 密度分布曲线只有一个主峰，说明没有出现极化现象，在东部区域农业碳排放强度同步降低；同时，分布曲线峰值在降低，中心曲线宽度也在逐渐减小、左移，这意味着农业碳排放强度的绝对差异有降低的趋势，且较低的

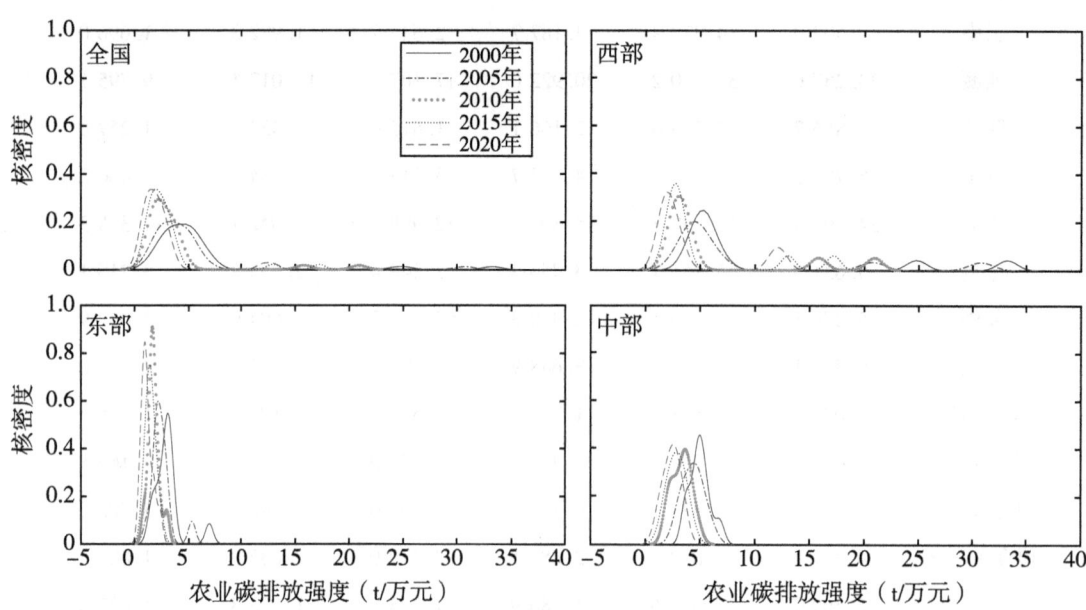

图 4-5 中国东、中、西部地区农业碳排放强度 Kernel 密度分布曲线

农业碳排放强度的省域在增加。第三，西部地区农业碳排放强度 Kernel 密度分布中心曲线向左移，尽管存在多个主峰、出现极化现象，说明西部区域农业碳排放强度水平非同步发展。同时，分布曲线峰值也在不断升高，宽度也在逐渐减小，这意味着农业碳排放强度的绝对差异有扩大的趋势，也说明较高的农业碳排放强度的省域仍有较高比重。

从农业生产功能区来看（图 4-6），第一，粮食主产区农业碳排放强度 Kernel 密度分布曲线只有一个主峰，说明没有出现极化现象，在粮食主产区农业碳排放强度同步降低；同时，分布曲线峰值也在不断升高，分布中心曲线宽度也在逐渐减小、左移，这意味着农业碳排放强度差异逐渐减小，且较低的农业碳排放强度的省域在增多。第二，粮食主销区农业碳排放强度 Kernel 密度分布曲线只有一个主峰，并未产生极化现象，说明在主销区农业碳排放强度同步降低；同时，分布曲线峰值也在不断升高，宽度也在逐渐减小，这意味着农业碳排放强度的绝对差异有扩大的趋势，且较高的农业碳排放强度的省域在减少。第三，粮食平衡区农业碳排放强度 Kernel 密度分布中心曲线向左移，尽管存在多个主峰、出现极化现象，但仍有"右拖尾"呈现，这意味着农业碳排放强度的绝对差异有扩大的趋势，说明平衡区农业碳排放强度水平非同步发展。同时，分布曲线峰值也在不断升高，宽度也在逐渐减小，这意味着农业碳排放强度的绝对差异有扩大的趋势，且较高的农业碳排放强度的省份仍有较高比重。

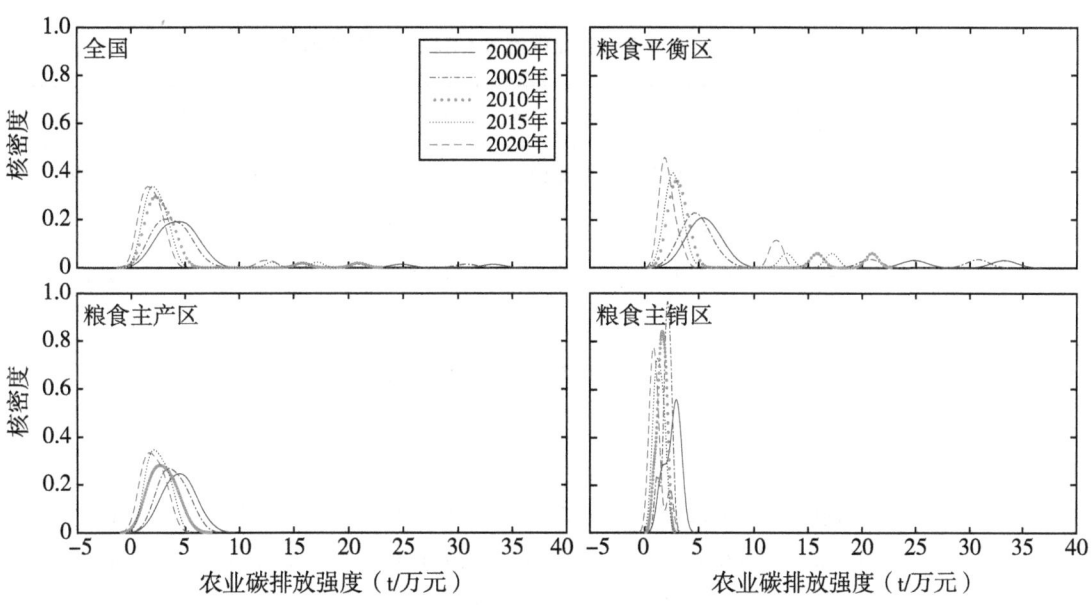

图 4-6 中国农业生产功能区农业碳排放强度 Kernel 密度分布曲线

4.5 产业集聚与农业碳排放的 EKC 关系

4.5.1 EKC 系数估计

首先对式（4-8）至式（4-10）分别作 Hausman 检验，以对面板数据采取固定效应或是随机效应模型进行选择。Hausman 检验结果显示，中国农业产业集聚与碳排放应选择随机效应模型，且农业产业集聚与碳排放之间存在倒"U"形 EKC 曲线关系。

由表 4-10 可知，式（4-8）中农业产业集聚在 0.05 水平上显著，式（4-9）中农业产业集聚、平方项均在 0.01 水平上显著，式（4-10）中农业产业集聚、平方项、立方项均不显著。因此农业产业集聚也与碳排放之间存在倒"U"形或"U"形关系，这与胡中应等（2016）的分析结果相同。总体而言，中国农业产业集聚一方面尚处在较低水平，由于不能很好地利用机械、灌溉、农药、人力等生产资料，会带来集聚情况下的拥挤效应，导致环境状况恶化；另一方面，中国农业产业集聚已经达到一定程度，形成了合理的工作机制，农户在农业种植、养殖等生产活动中会合理利用基础设施、公共资源，提高内外部规模经济，降低农业环境污染水平。

表 4-10　产业集聚与农业碳排放 EKC 关系回归结果

变量	式（4-8）		式（4-9）		式（4-10）	
	固定效应	随机效应	固定效应	随机效应	固定效应	随机效应
lq	0.577**	0.605**	5.414***	5.245***	1.649	2.017
	(0.281)	(0.302)	(1.333)	(1.226)	(3.458)	(2.988)
lq^2			-1.362***	-1.331***	0.963	0.745
			(0.363)	(0.339)	(2.004)	(1.783)
lq^3					-0.424	-0.389
					(0.359)	(0.328)
_cons	3.060***	3.027***	-0.279	-0.132	1.365	1.207
	(0.416)	(0.853)	(0.981)	(1.163)	(1.703)	(1.630)
Hausman 检验			0.000		0.159	

进一步，根据式（4-8）至式（4-10）对各省份农业产业集聚与农业碳排放量关

系进行检验，由此可以得出各省份农业碳排放的 EKC 曲线形状（表 4-11）。结果表明，中国各省份农业产业集聚与碳排放存在不同曲线关系：第一，内蒙古、山东、宁夏农业产业集聚与碳排放不存在线性关系；第二，天津、江苏、安徽、江西、河南、湖南、广东农业产业集聚与碳排放存在单调递增型线性关系，河北、山西、辽宁、广西、云南、陕西、青海、新疆农业产业集聚与碳排放存在单调递减型线性关系；第三，北京、吉林、四川、贵州农业产业集聚与碳排放存在倒"U"形曲线关系，上海、福建、湖北、海南、甘肃农业产业集聚与碳排放存在"U"形曲线关系；第四，黑龙江、浙江、重庆、西藏农业产业集聚与碳排放存在"N"形曲线关系。

表 4-11 中国各省份农业碳排放的 EKC 曲线

省区市	lq	lq²	lq³	_cons	EKC 关系
北京	9.702***	-15.009***		0.109*	倒"U"形
	(1.073)	(4.302)		(0.058)	
天津	5.187***			0.213	单调递增型
	(1.194)			(0.248)	
河北	-7.102***			11.191***	单调递减型
	(1.315)			(1.726)	
山西	-4.412**			5.669***	单调递减型
	(2.122)			(1.372)	
内蒙古	0.062			3.785***	—
	(0.542)			(0.706)	
辽宁	-2.212***			3.769***	单调递减型
	(0.234)			(0.237)	
吉林	26.516***	-9.590***		-15.675**	倒"U"形
	(8.096)	(2.891)		(5.634)	
黑龙江	-6.445***	2.483***	-0.333***	8.385***	"N"形
	(1.137)	(0.614)	(0.101)	(0.636)	
上海	-32.374***	213.203***		3.156***	"U"形
	(6.492)	(43.881)		(0.217)	
江苏	7.467***			-2.651***	单调递增型
	(0.803)			(0.538)	
浙江	-136.970**	271.932**	-167.571**	23.127**	"N"形
	(58.809)	(108.857)	(65.825)	(10.390)	

（续表）

省区市	lq	lq²	lq³	_cons	EKC 关系
安徽	4.194***			-2.269***	单调递增型
	(0.500)			(0.701)	
福建	-18.184**	11.892***		7.736**	"U"形
	(7.446)	(3.867)		(3.550)	
江西	5.551***			-2.868***	单调递增型
	(0.387)			(0.532)	
山东	4.441			-2.47	—
	(4.500)			(4.328)	
河南	7.028***			-7.644***	单调递增型
	(0.825)			(1.165)	
湖北	-53.828*	20.902**		37.862**	"U"形
	(26.010)	(10.024)		(16.810)	
湖南	4.412***			(2.435)	单调递增型
	(1.059)			(1.547)	
广东	9.227**			-3.272	单调递增型
	(4.303)			(2.400)	
广西	-6.301***			15.921***	单调递减型
	(1.727)			(3.414)	
海南	-76.914**	13.669**		109.415**	"U"形
	(28.325)	(5.107)		(39.231)	
重庆	-606.171***	583.515***	-183.790***	208.975***	"N"形
	(177.903)	(167.944)	(52.539)	(62.449)	
四川	82.690***	-23.901***		-67.645***	倒"U"形
	(26.947)	(8.271)		(21.808)	
贵州	105.719***	-31.660***		-82.805***	倒"U"形
	(30.145)	(8.767)		(25.607)	
云南	-7.085***			15.622***	单调递减型
	(0.561)			(0.990)	
西藏	-497.911**	358.554**	-79.710**	233.229**	"N"形
	(195.648)	(130.059)	(28.315)	(96.226)	

(续表)

省区市	lq	lq²	lq³	_cons	EKC 关系
陕西	-11.513***			14.286***	单调递减型
	(3.185)			(3.328)	
甘肃	-23.898***	5.942**		26.460***	"U" 形
	(7.222)	(2.288)		(5.642)	
青海	-17.950***			36.620***	单调递减型
	(3.776)			(4.321)	
宁夏	2.031			1.863	—
	(3.021)			(3.089)	
新疆	-4.033***			10.787***	单调递减型
	(0.546)			(1.000)	

注：***、**、*分别代表在1%、5%、10%的显著性水平，下同。

4.5.2 平稳性检验和协整分析

为了避免伪回归的出现，需对 EKC 模型中所涉及的时间序列变量进行平稳性检验，在此基础上对各变量之间是否存在协整关系进行检测。

(1) 变量的平稳性检验。采用 ADF 检验方法对各变量及其一阶差分、二阶差分形式进行平稳性检验，以确保检验的稳健性。从表 4-12 可知，部分原始数据为平稳的 I (0) 过程，部分原始数据经过一阶差分、二阶差分后也拒绝了原假设。鉴于所有变量在差分之后均保持平稳状态，可进一步进行协整关系检验。

表 4-12 单位根检验结果

省区市	碳排放强度			产业集聚水平		
	统计值	临界值	I (n)	统计值	临界值	I (n)
北京	-5.552	-3.657	2	-7.263	-3.636	0
天津	-3.875	-3.646	1	-3.784	-3.646	1
河北	-4.048	-3.657	2	-4.102	-3.646	1
山西	-4.846	-3.646	1	-4.980	-3.646	1
内蒙古	-4.013	-3.646	1	-4.351	-3.646	1
辽宁	-4.615	-3.646	1	-5.390	-3.646	1
吉林	-5.609	-3.646	1	-4.442	-3.657	2

(续表)

省区市	碳排放强度			产业集聚水平		
	统计值	临界值	I (n)	统计值	临界值	I (n)
黑龙江	-5.188	-3.646	1	-4.584	-3.646	1
上海	-4.265	-3.636	0	-4.568	-3.646	1
江苏	-5.135	-3.646	1	-4.451	-3.646	1
浙江	-5.342	-3.646	1	-6.355	-3.657	2
安徽	-4.120	-3.646	1	-4.645	-3.646	1
福建	-4.253	-3.646	1	-6.490	-3.646	1
江西	-3.707	-3.646	1	-4.176	-3.646	1
山东	-4.847	-3.657	2	-6.218	-3.646	1
河南	-5.868	-3.657	2	-3.656	-3.636	0
湖北	-5.250	-3.646	1	-4.228	-3.636	0
湖南	-5.260	-3.657	2	-4.284	-3.646	1
广东	-5.512	-3.657	2	-7.913	-3.636	0
广西	-5.141	-3.646	1	-4.858	-3.646	1
海南	-4.873	-3.646	1	-4.335	-3.646	1
重庆	-3.897	-3.646	1	-3.839	-3.646	1
四川	-4.603	-3.646	1	-3.739	-3.646	1
贵州	-4.164	-3.657	2	-5.598	-3.657	2
云南	-3.663	-3.646	1	-5.742	-3.646	1
西藏	-4.361	-3.657	2	-4.672	-3.646	1
陕西	-4.174	-3.657	2	-5.529	-3.636	0
甘肃	-4.353	-3.646	1	-4.655	-3.646	1
青海	-5.801	-3.646	1	-5.189	-3.657	2
宁夏	-3.574	-3.022	2	-6.436	-3.014	1
新疆	-4.990	-3.657	2	-6.583	-3.646	1

(2) 变量的协整检验。单位根检验已证明各单位变量是同阶单整序列，故而可通过 Engle-Granger 协整检验，验证变量之间是否存在长期稳定关系。从表 4-13 中不难发现，各省份在 5%的显著性水平上均可拒绝"最大秩为 0"的原假设，表明非平稳序列之间具有协整关系；虽然无法全部拒绝"最大秩为 1"的原假设，但考虑到农业碳排放强度与产业集聚如果存在稳定的长期关系，那么这种均衡关系必定是唯一的，即各变量之间协整关系成立。各变量均通过平稳性及协整检验，因此各省份 EKC 系数估计及曲线走向判断可信。

表 4-13 Johansen 检验结果

省区市	最大秩	迹统计量	5%临界值	省区市	最大秩	迹统计量	5%临界值
北京	0	18.325	18.17	湖北	0	26.288	18.17
	1	4.836	3.74		1	6.569	3.74
天津	0	19.197	18.17	湖南	0	23.082	18.17
	1	0.419	3.74		1	7.283	3.74
河北	0	18.269	18.17	广东	0	23.967	18.17
	1	5.048	3.74		1	4.459	3.74
山西	0	19.730	18.17	广西	0	20.624	18.17
	1	5.407	3.74		1	3.388	3.74
内蒙古	0	20.148	18.17	海南	0	18.589	18.17
	1	1.952	3.74		1	3.512	3.74
辽宁	0	19.853	18.17	重庆	0	21.153	18.17
	1	5.040	3.74		1	1.416	3.74
吉林	0	19.472	18.17	四川	0	18.441	18.17
	1	3.577	3.74		1	2.259	3.74
黑龙江	0	20.567	18.17	贵州	0	24.699	18.17
	1	6.183	3.74		1	4.580	3.74
上海	0	31.187	18.17	云南	0	27.160	18.17
	1	13.194	3.74		1	8.473	3.74
江苏	0	18.598	18.17	西藏	0	20.175	18.17
	1	4.017	3.74		1	1.155	3.74
浙江	0	19.945	18.17	陕西	0	24.709	18.17
	1	1.974	3.74		1	10.454	3.74
安徽	0	26.888	18.17	甘肃	0	21.459	18.17
	1	4.779	3.74		1	6.160	3.74
福建	0	18.370	18.17	青海	0	18.331	18.17
	1	6.101	3.74		1	0.928	3.74
江西	0	20.931	18.17	宁夏	0	19.111	18.17
	1	2.750	3.74		1	2.223	3.74
山东	0	20.461	18.17	新疆	0	21.911	18.17
	1	2.203	3.74		1	2.672	3.74
河南	0	23.139	18.17				
	1	3.508	3.74				

4.5.3 EKC 检验及其结果分析

基于表 4-10 所得到的 EKC 系数绘制各省市农业产业集聚与碳排放强度的拟合曲线图。由图 4-7 可知，内蒙古、山东与宁夏农业碳排放强度与农业产业集聚度并未表现出显著的线性关系特征。由图 4-8 可知，天津、江苏、安徽、江西、河南、湖南与广东农业产业聚集与碳排放存在单调递增型线性关系特征。究其原因，这些省份城镇化发展进程较快，或者为粮食主产功能区，农业人口大量转向非农就业，随着产业集聚度的提高进一步加强了化肥、农业机械等高碳排放投入品增加，提高了农业碳排放强度。由图 4-9 可知，河北、山西、辽宁、广西、云南、陕西与青海农业产业聚集与碳排放存在单调递减型线性关系特征。究其原因，这些省份在促进农业产业集聚提高的同时，加强改造中低产田及高标准农田建设，完善灌溉体系、优化产业结构与提高农业社会化服务水平，注重农业产业绿色发展以提高应对气候变化能力，有效减少了农业碳排放量。

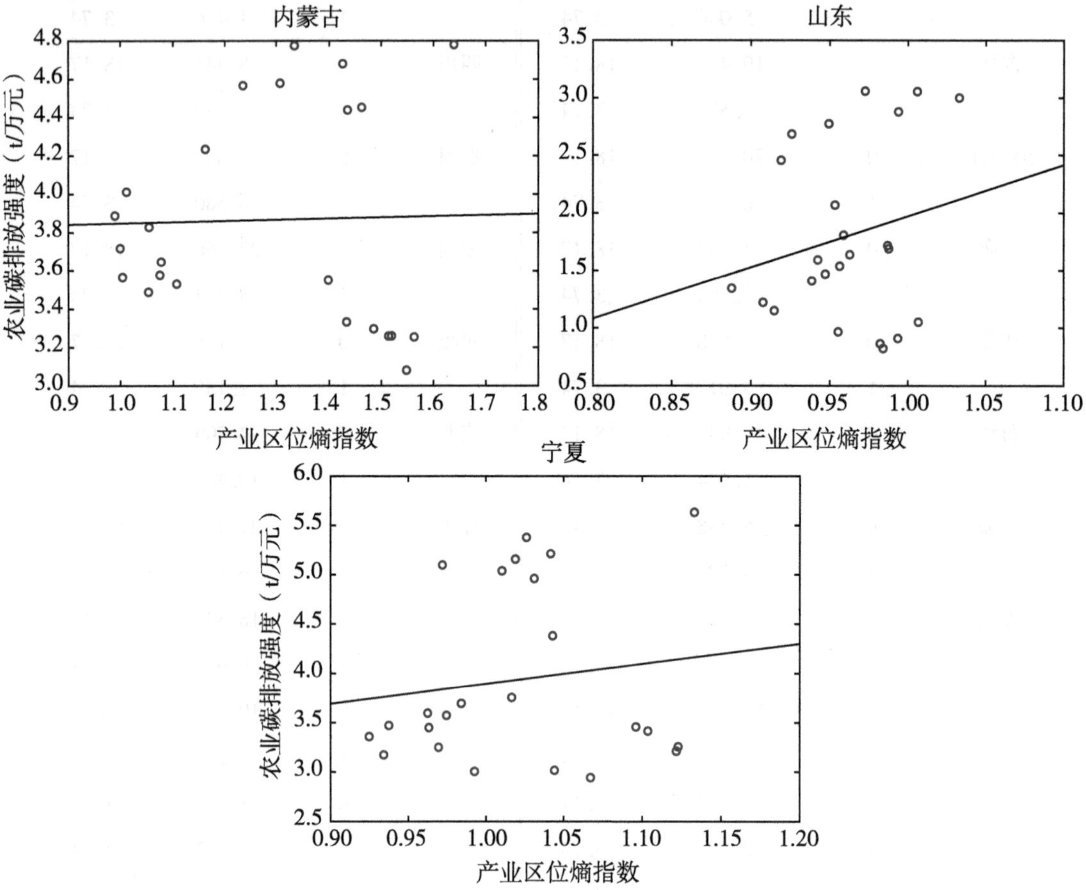

图 4-7 产业聚集与碳排放不存在线性关系省份

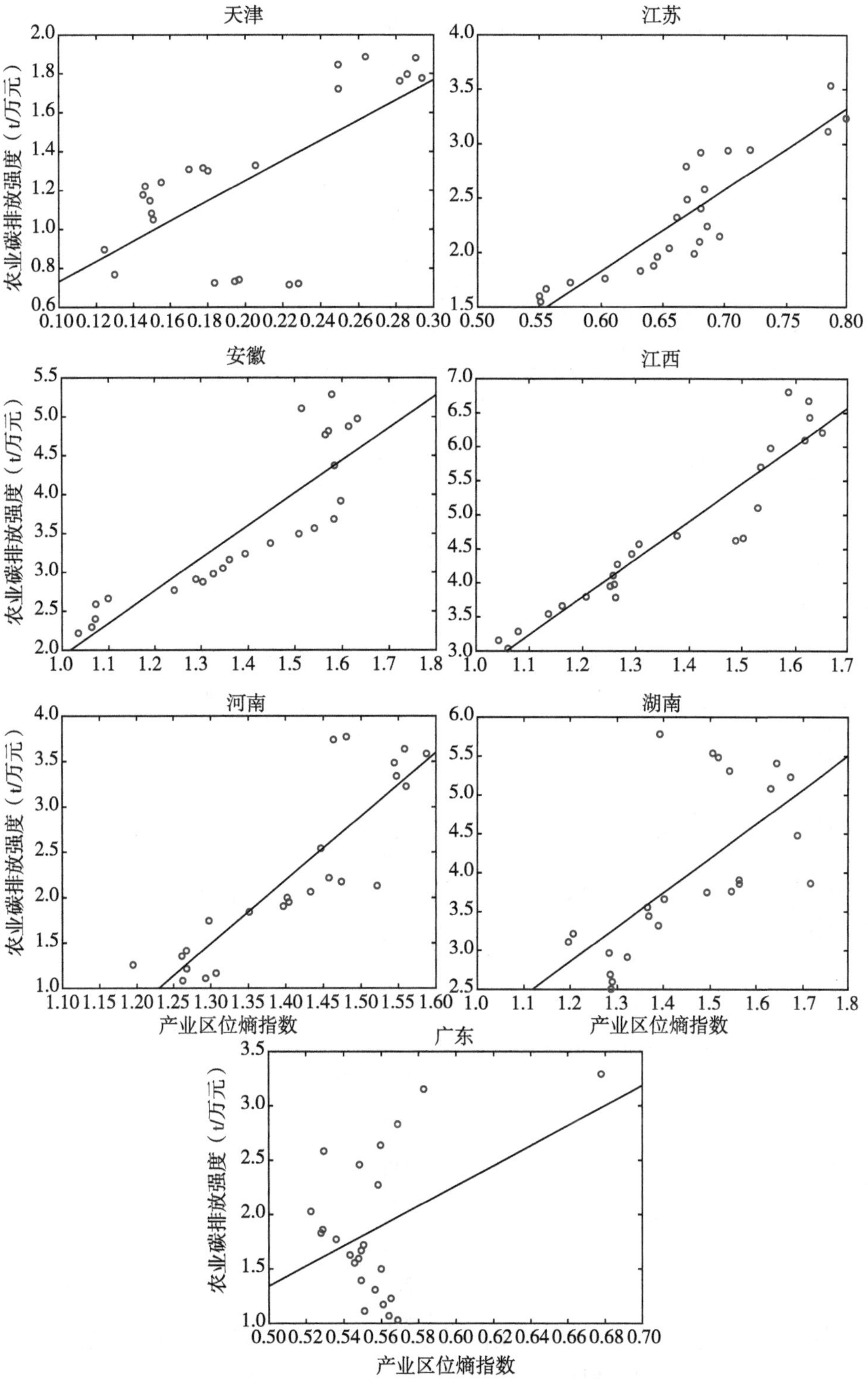

第4章 农业产业集聚、碳排放演进及其 EKC 关系研究

图 4-8 产业聚集与碳排放存在单调递增型线性关系省份

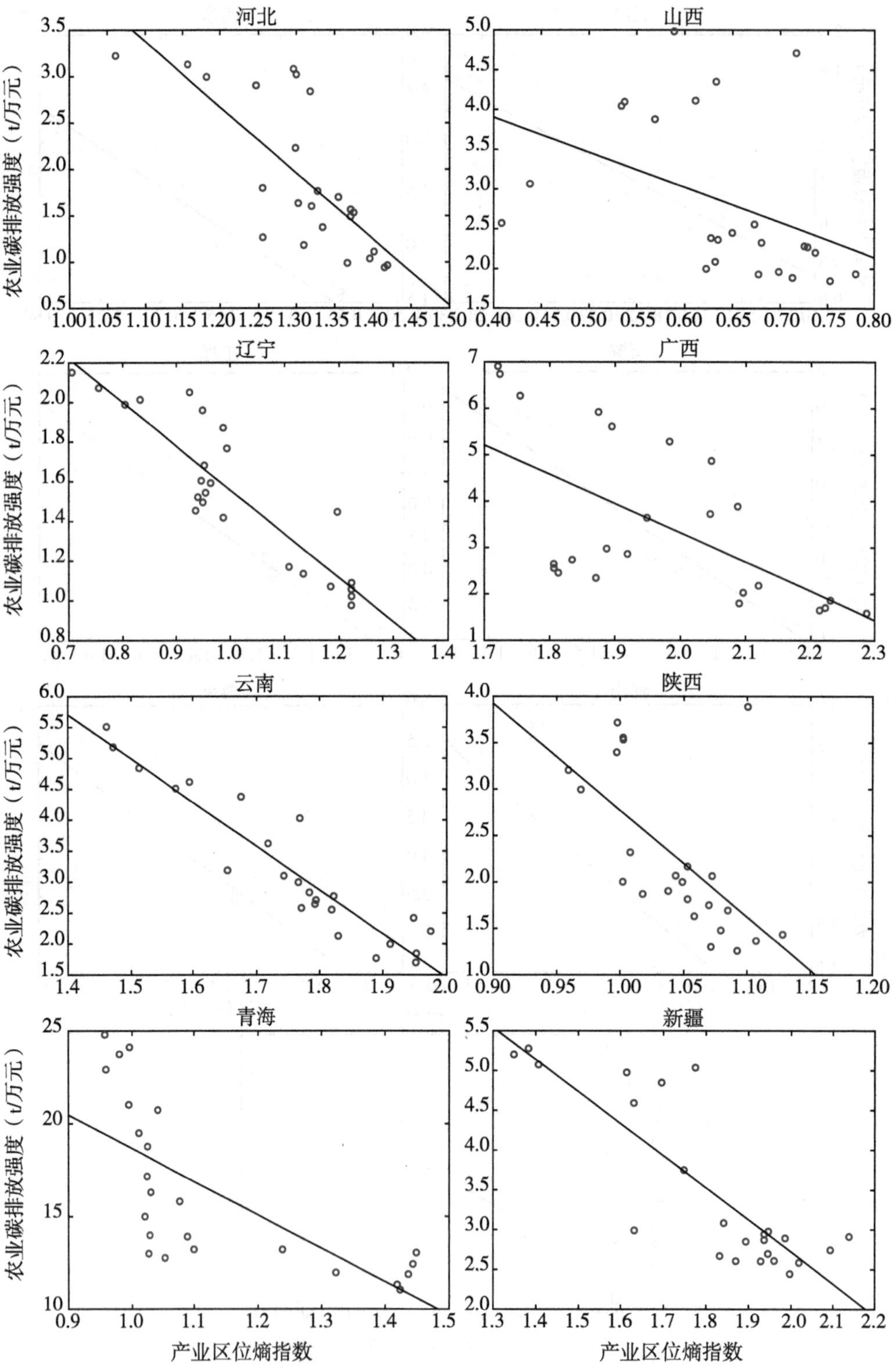

图 4-9 产业聚集与碳排放存在单调递减型线性关系省份

由图 4-10 可知，北京、吉林、四川和贵州农业产业聚集与碳排放存在倒"U"形关系特征。究其原因，这些省份积极发挥农田、草地、湿地等生态系统碳汇功能，同时推广生态农业，进一步降低了农业碳排放量。由图 4-11 可知，上海、福建、湖北、海南与甘肃农业产业聚集与碳排放存在"U"形关系特征。究其原因，这些省份注重发展绿色低碳农业，农业碳排放量一直保持平稳且缓慢下降趋势；而由于低碳试点工作、生态文明试点工作等多种政策叠加，提出推广生态循环农业技术，提高农业资源利用率，从施肥、耕作两方面增强农田土壤有机质和固碳能力，农业减排固碳工作成效明显。由图 4-12 可知，黑龙江、浙江、重庆和西藏农业产业聚集与碳排放存在"N"形关系特征。究其原因，中央一号文件多次强调农民增收问题，农民为了提高自身农业收入水平，不断加大农业生产要素投入力度，从而大大提高农业碳排放量；而这些省份也更加重视生态文明建设，尤其是农业领域采取恰当措施控制农田和畜禽温室气体排放，农业碳排放量开始下降。

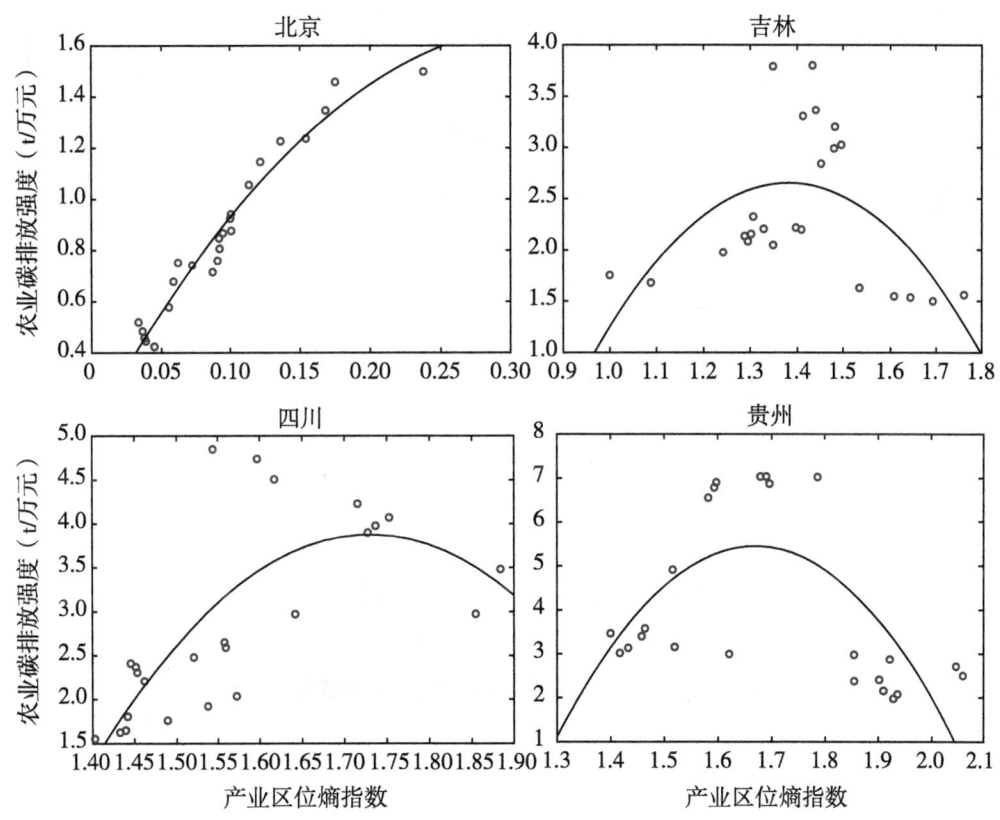

图 4-10　产业聚集与碳排放存在倒"U"形曲线关系省份

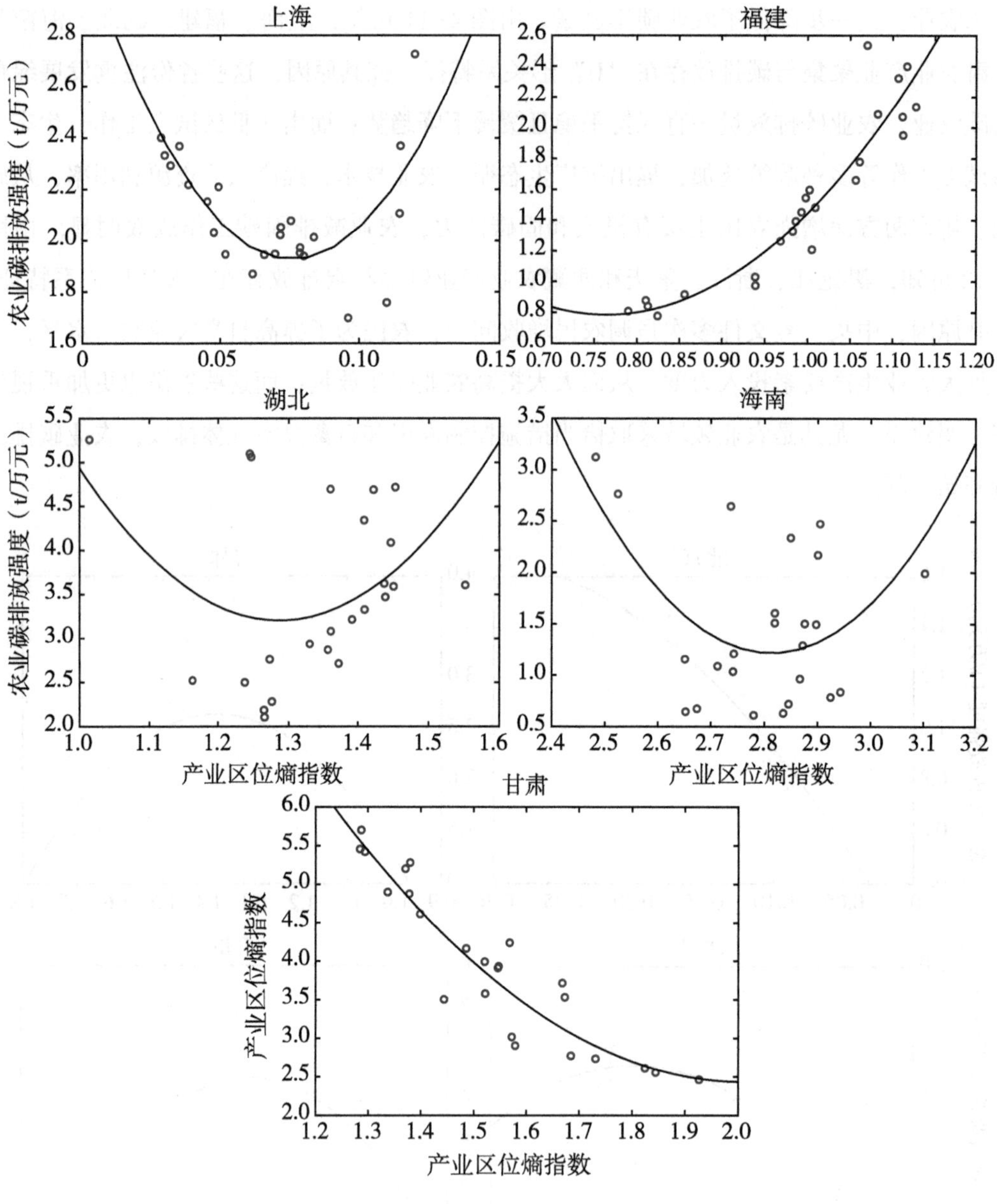

图 4-11 产业聚集与碳排放存在"U"形曲线关系省份

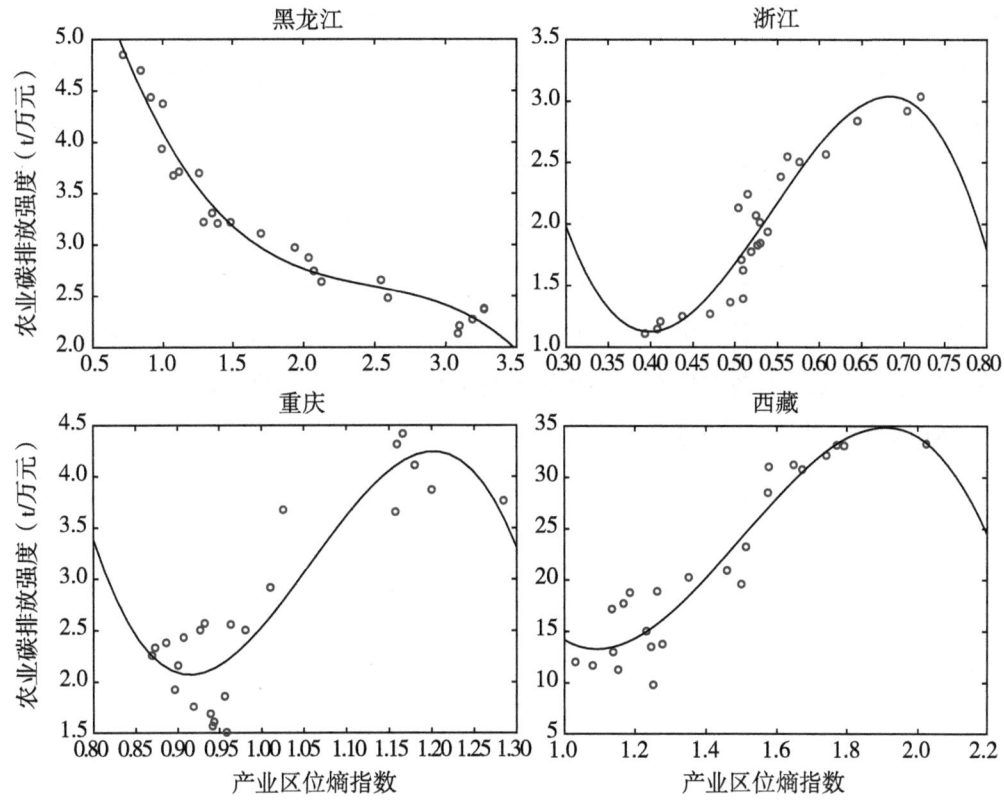

图 4-12 产业聚集与碳排放存在 "N" 形曲线关系省份

4.6 本章小结

第一，中国农业碳排放量从 2000 年的 10.700 亿 t 略微上升至 2023 年的 11.047 亿 t。从产业排放结构上看，2006 年以来种植业碳排放超过畜牧业成为主要排放源；从排放来源上看，甲烷排放最大，平均超过 50%；其次是氧化亚氮排放，稳定在 20% 左右。中国农业碳排放总体区域差异呈现上升—下降—上升—下降趋势，东、中、西部地区内碳排放差异呈现上升—下降趋势，农业生产功能区内碳排放差异也呈现上升—下降趋势。从时间维度来看，一半省份农业碳排放在下降，进一步推动农业减排固碳工作将有助于实现碳达峰、碳中和承诺。

第二，中国农业碳排放强度从 2000 年的 5.879 t/万元下降至 2023 年的 2.250 t/万元。从空间维度来看，大部分省份农业碳排放强度下降幅度超过 50%；从东、中、西部地区和农业生产功能区来看,农业碳排放强度的平均值下降幅度分别为35%、43%、37%、41%、40%和37%;中国农业碳排放强度Kernel密度分布曲线存在多个主峰,出现极化、左移现象,但仍有"右拖尾"呈现。这也说明较高的农业碳排放强度的省份减排任务还比较艰巨。

第三,中国农业产业集聚与碳排放之间存在倒"U"形EKC曲线关系,但不同省份曲线关系主要分为六类:不存在线性关系、单调递增型线性关系、单调递减型线性关系、倒"U"形曲线关系、"U"形曲线关系与"N"形曲线关系。平稳性检验和协整分析结果均显示,中国各省份农业产业集聚与碳排放均是同阶单整序列,且大部分省份存在长期稳定关系。对各省份农业产业集聚与碳排放曲线关系的EKC检验进一步验证了其EKC系数估计及曲线走向判断可信。

第5章 "双碳"目标下农业绿色发展历程与水平分析

5.1 文献回顾

5.1.1 农业绿色发展水平测算方法概述

自1978年中国改革开放以来，受农村人口转移、农业技术进步等多重因素共同影响，大量农药、化肥、农业机械等高碳型生产资料投入驱动农业碳排放量不断增加。在2020年第七十五届联合国大会一般性辩论上，中国承诺二氧化碳排放力争于2030年前达到峰值、碳强度比2005年下降60%~65%的自主贡献目标，努力争取2060年前实现碳中和。2021年，中国化肥使用量占世界化肥使用量的32%，农药使用量超过70万t，农业碳排放绝对水平不断提高成为不争事实。随着中国对粮食特别是畜产品需求的增加，中国农业在控制碳排放和满足食物安全需求方面面临严峻的挑战与压力（Zhao et al.，2022）。"双碳"目标下中国农业发展问题引起了学术界的广泛关注，学者开始考虑环境问题约束下的农业全要素生产率问题。农业绿色全要素生产率指在给定农业投入要素的前提下，将农业碳排放或面源污染纳入农业全要素生产率的测算框架中，实现农业最大产出的同时尽可能减少农业污染排放的生产效率，揭示了环境压力下超出投入要素的可持续增长部分。

纵观学界日臻成熟的全要素生产率测算方法大体可分为两大类。一是参数估算法，主要通过设定生产函数形式来实现。最常见的测度方法包括随机前沿法（SFA）、索洛残差法（SRA）等。二是非参数估计法，一般无须预设函数形式。最常见的代表性估算方法是数据包络法（DEA），可用于单产出、多投入多产出评价，还可通过实物形式测算前沿生产函数。绿色全要素生产率增加考量了"绿色"要素、纳入了资源环境损耗等负外部因素影响，使得既有全要素生产率核算体系更加科学完善、更贴近生产发展真实境况。然而，传统DEA的Malmquist指数无法计算包含非期望产出的全要素生产率，

Chung 等（1997）提出的 Malmquist-Luenberge（ML）指数提供了解决方案，一些学者进一步采用全局 ML 指数（Oh，2010）、基于松弛变量的非径向 SBM 模型（Mei，2015）、基于修正松弛变量的 Super-SBM 模型（Tone，2002）来模型测算绿色全要素生产率。这些方法的共性不足在于：随机误差可能使效率均值会因样本量增加而降低，进而可致总体效率偏误于实际水平（Kneip，2003）。

已有文献构建农业全要素生产率指标的主要区别在于投入要素、期望和非期望产出要素指标选择的不同，以及模型设定上的区别，主流文献有两种处理农业资源环境因素的方法。一是将其作为"特殊"投入指标纳入生产函数，视资源环境损耗等同于"一种具有影子价格的投入要素"。二是将资源环境因素作为一种负产出指标，认为资源环境是生产过程中被损耗、污染的，是产出中无可避免的"不良副产品"。因研究对象和数据可得性约束，上述各指标构成差异较大，不同学者间亦存争议。刘晗等（2015）运用超越对数型随机前沿生产函数模型对 1990—2013 年中国农业全要素生产率进行测算，结果表明农业全要素生产率增长呈现递增趋势，要素配置效率是影响农业全要素生产率增长的主要因素。甘天琦等（2022）基于 2000—2019 年中国 2 098 个县域的面板数据，运用随机前沿模型测算县域农业全要素生产率，结果表明县域农业全要素生产率的增长率总体呈现出"涨跌互现"的波动情形且波动较为剧烈，技术变化是农业全要素生产率的增长率逐年下降的主要原因，技术效率和规模效率的提升空间巨大。从既有文献来看，绝大部分学者倾向选用非参数估计法，其中尤以 ML 指数为代表的 DEA 技术，应用最为集中和频繁。李周等（2005）利用 DEA 方法分析了西部地区县域层面上农业生产的效率，并分析了规模效率、技术效率及全要素生产率与农业可持续性的关系。周端明（2009）运用 DEA 的 Malmquist 指数法测算了 1978—2005 年中国农业全要素生产率，结果表明中国农业全要素生产率保持了快速和健康的增长，中国农业增长与发展的动力已经由投入为主转变为全要素生产率的进步为主。此后，为了克服传统 DEA 方法无法区分环境因素等缺点，非径向非角度的 SBM 模型被提出。潘丹（2014）以非径向、非角度 SBM 方向性距离函数模型分析发现，我国农业绿色发展水平约低于传统 TFP 指数 12.1%。同时期的崔晓、张屹山（2014）以 Malmquist 指数核算 1990—2011 年的农业绿色发展水平，也得出了估算偏低的相似结论。刘战伟（2015）通过 ML 指数估算 2001—2012 年 30 省份的农业绿色发展水平及其分解项显示，技术进步是主推力量，东、中、西部呈逐减态势。

为进一步进行动态效率分析，SBM 模型与 ML 指数结合已成为衡量全要素生产率动态变化的最常用方法。叶初升、惠利（2016）综合 SBM 方向性距离函数模型、GML 指数法，测度发现如果忽略环境因素，农业绿色发展水平将被高估近一倍，不可避免地导致政策偏误。杜江等（2016）以 GML 指数法测算 1991—2013 年农业绿色发展水平及其分解项，发现农业绿色发展水平、技术进步和农业经济增长间的关系是倒"U"形，但影响因素有别。陈宇峰等（2021）通过 DDF-GML 模型，动态测算 2000—2017 年农业绿色发展水平时空演变、区域特征及其内在动力，发现总体呈波动式上升，并以技术诱导型增长为主，区域异质特征明显。胡莉莉等（2024）采用超效率 SBM-GML 模型测算 1990—2020 年中国农业绿色全要素生产率及其变化指数，研究表明中国绿色全要素生产率呈现缓慢上升趋势，其中技术进步是主要推动力，而技术效率指数增速为负。由于超效率 EBM 模型包含径向与非径向两类距离，EBM-GML 方法结合超效率 DEA 模型将 EBM 超效率化，既考虑了全局的 GML 指数，又克服了 ML 指数无可行解的问题。因此，EBM-GML 成为绿色发展水平测度的较为有效的方法。尹朝静等（2024）运用 EBM-GML 模型测算和分解中国农业生态全要素生产率，结果显示中国农业生态全要素生产率年均增长 3.08%，表现出阶段性的波动式增长和明显的空间非均衡性特征，中国农业生态全要素生产率增长主要由农业生态技术进步驱动。

5.1.2 "双碳"目标下农业绿色发展转向

实现"碳达峰""碳中和"是我国未来一段时期内的重大战略目标，农业绿色低碳发展是推进"双碳"目标实现必须关注的重要领域，是深入贯彻习近平生态文明思想的内在要求。中国已初步形成以政府、市场和社会组织为治理主体与农户作为实施主体的农业碳减排治理框架，但政策目标有待明确和细化。当前，我国农业绿色发展仍存在耕地数量质量压力较大、要素减量增效有待加强、科技创新潜力仍需释放、生产经营方式需要转型、相关制度规范亟待健全等现象，引发了各界对实现农业碳排放"双碳"目标的关注和思考。高鸣和张哲晰（2022）指出要统筹考虑供给安全和减排效果、环境保护与经济发展、经济效率和社会公平，通过提高耕地质量、推动要素减量增效、加强人才队伍建设、夯实低碳科技供给基础、优化农业产业结构、构建绿色低碳农业产业链、深化农业绿色低碳发展政策体系、强化部门区域协同、加速形成农业碳排放交易市场等举措助力"双碳"目标实现。张俊飚和何可（2022）认为应聚焦于农业在减缓和适应气候变化上的作用识别、农业碳排放和碳汇测算体系的科学构建、低碳农业认证体系的建立健全以及低碳发展价值的多元实现机制等。面对资源利用与污染治理问题，要进一步提高资源利用效率、污染综合治理率、产业链绿色率和科技化水平（王学婷 等，2022），同时强化农业集约化生产、资源再生化模式（郑玉雨 等，2022），并从财税制度、金融制度、土地与经营制度、生态产品价值实现机制、约束激励机制等层面构建推进农业绿色低碳发展的制度体系。

农业减排固碳和绿色发展在理论上是协同一致的，协同推进减污与降碳是其发展的核心内容，重点领域包括：化肥减量增效、稻田甲烷减排、畜牧业高质量发展、农机节能减排、废弃物循环利用和农地固碳扩容等。为实现碳中和目标，可进一步推动低碳、零碳、负碳三种目标（赵敏娟 等，2022），通过直接和间接手段推动治理主体和实施主体的协作互动（林斌 等，2022），并实施合理的农艺管理和经济政策措施以减少农田利用碳排放，加强源头农业碳减排、过程控制和末端处理等措施以降低畜禽养殖碳排放，优化粪便管理模式和农业秸秆利用以减少农业废弃物处置碳排放，以及优化土地利用结构和建设高标准农田以减少土地利用碳减排（周昕彦等，2024）。针对农业绿色发展政策目标冲突和农户经营顾虑等难题，可采取由技术路线、区域路线和制度路线构成的农业农村碳中和路线图，即大力发展和广泛应用固碳减排技术、建立权责明确的区域生态补偿机制和探索促进农业农村实现碳中和的多层次法规和政策（罗浩轩，2023）。针对更加严峻的气候变迁，可重点围绕农业碳达峰的科学预测与差异化减排路径设计、农业减碳固碳潜力的科学评估与实现路径探讨、农业碳市场的构建与碳汇价值变现的思路探索以及农户低碳生产技术供需匹配探究与制度优化（田云 等，2024），以便实现我国农业"双碳"目标顺利实现。赵敏娟等（2024）提出应加强多部门跨区域合作，优化多目标协同路径；发挥多主体参与优势，构建多元协同治理格局；聚焦减排固碳前沿技术，完善农业绿色低碳科技体系；构建减排固碳测度标准，配套农业绿色低碳发展制度。刘学侠和徐文哲（2023）指出"双碳"目标下农业绿色发展的创新路径需在区域规划、产业规划和统筹规划三个方面进行重点突破，同时要加强农业绿色发展的战略认知，并做好新型优质农业绿色发展主体培育、绿色低碳农业全产业链打造、构建农业绿色发展的标准化设计体系构建、农业绿色发展相关政策支持及科学技术创新等工作。张康洁和于法稳（2023）指出今后应聚焦农业绿色发展中产前、产中、产后等各环节在碳减排方面存在的问题，综合考虑农业绿色生产、农业资源可持续利用、农业生态产品价值实现、农产品质量提升、绿色农产品精深加工及绿色农产品现代化营销等方面的现实问题与未来发展重点，并从完善服务推广和市场价格机制、绿色发展导向及促进经营体系创新来推进农业绿色发展。熊素和罗蓉（2023）指出为缓解"碳达峰、碳中和"压力，应积极践行"绿水青山就是金山银山"理念，应以完善绿色发展约束激励机制为要点，激发农业绿色发展全新动能；以强化耕地保护与质量建设为靶向，提升耕地系统固碳减排能力；以构建绿色技术创新体系为抓手，强化农业绿色发展科技支撑。

5.2 农业绿色发展演变历程

农业发展的"绿色"演变是一场综合性变革，蕴含着发展理念、生产经营方式和资源利用方式等一系列绿色化转变。农业绿色发展概念也不断深化、扩展，延续着我国农业发展实际，不同学者对农业绿色发展作出了不同的阶段划分。李学敏等（2020）根据支持政策的演变将农业绿色发展划分为三个阶段。一是农业绿色发展支持政策孕育阶段——聚焦数量兴农（1949—2001年）：主要集聚于粮食增产，推动从经营体制改革到推动生产提效，并初步建立农业资源与农业环境保护政策法规体系。二是农业绿色发展支持政策体系初建阶段——聚焦质量兴农（2002—2015年）：聚焦农产品质量提升，建立农产品质量监督管理体系，并逐步探索农业直接补贴促进农民增收及多措并举推进低碳生产。三是绿色导向的农业绿色发展支持政策体系化阶段——聚焦绿色兴农（2016年至今）：主要聚焦于创新驱动与约束激励机制不断完善，持续实施资源保护和生态修复的措施。中国自古以来就注重人与自然和谐共生、强调发展的可持续性，冯丹萌等（2021）将农业绿色发展分为四个阶段。一是中国共产党建党后生态环境保护思想的萌芽：主要开展了"绿化祖国"运动、建设大规模水利工程、禁止毁林开荒，初步搭建农业绿色科技支撑体系与制定保护性政策。二是农业绿色发展的初步"探水"（1978—2000年）：初步构建农业绿色发展的工作机制与法律政策支撑体系，农业绿色发展的科技技术水平得到增强。三是"量""质"并重的调整转变期（2000—2012年）：主要完善了农产品质量监督管理的法律体系，并加强了低碳生产新模式的探索，同时推进农业绿色发展的财政、项目支持政策不断落地。四是党的十八大以来农业绿色发展新理念的创新突破：其间农业绿色发展概念不断充实，首先是"五位一体"总布局中的农业生态文明建设，其次是"两山"理论下农业绿色发展的新腾飞，再次是乡村振兴下新发展理念的绿色驱动。此外，王俊芹等（2023）根据政策文本分析将农业绿色发展政策演进历程归纳为探索起步阶段（2004—2011年）、初步形成阶段（2012—2016年）、快速发展阶段（2017年至今）。由于不同学者对农业绿色发展认识差异，本研究尝试划分如下三个阶段。

5.2.1 农业绿色萌芽探索阶段（1984—2000年）

新中国成立以来，党中央先后实施土地改革、合作化政策以及家庭联产承包责任制改革，并通过加大高标准农业生产基地建设的投入与加强农业科技与农业教育的法律保障，促进了农业经济增长。这一时期的农业正在经历农药、化肥等生产要素投入和粮食产量的双线快速增长，由于粮食产量的增长而忽视粗放式农业生产对生态环境的影响。虽然公众对农业发展对环境的负面影响认识不足，但相关政策的制定和实施，在一定程度上缓解了农业对生态环境造成的不良影响。但在此阶段，环境保护的重点是针对污染和生态保护问题，政策治理开始重视对农业生态、农业资源的关注，而对气候变化的关注相对偏少。其一，农业生态环境保护相关的政策法规陆续出台。1984年国务院《关于环境保护工作的决定》提出要保护农业生态环境，积极推广生态农业，防止农业环境的污染和破坏；1989年《中华人民共和国环境保护法》首次在法律中使用农业环境概念。其二，生态农业试点工作初步开展。在20世纪80年代初生态农业试点村的试验示范基础上，农业部在1994年和2000年主导开展两期全国范围内的生态农业县试点工作，探索生态农业在全国更大范围的推广。其三，通过农业综合开发项目建设水土保持工程、防治荒漠化和草原沙化、天然林资源保护工程、退耕还林还草工程、防沙治沙工作等生态工程，并逐步开展森林生态效益补偿试点，逐步增加对农业生态环境保护的财政投入。

5.2.2 农业绿色快速发展阶段（2001—2010年）

发展高产、优质、高效、生态、安全农业是农业绿色发展快速阶段的核心内容。2002年修订的《中华人民共和国农业法》首次将提高农产品质量写入法律。首先，出台系列规定，建立农产品质量监督管理体系。先后建立无公害农产品认证制度、畜禽产品检疫、"菜篮子"工作、农药使用管理的规定，并陆续出台了系列与保障农产品质量安全相关的法律。如2004年修订的《中华人民共和国传染病防治法》、2006年《中华人民共和国农产品质量安全法》、2009年《中华人民共和国食品安全法》等。在逐步健全农产品质量安全相关法律的同时，提升农副产品质量，加强高质量农产品认证体系建设以及农产品质量安全检测等方面的管理规定不断得到补充，建立起了科学、严格、系统的农产品质量监督管理体系。

促进农民增收、推进低碳生产是农业绿色快速发展阶段的重要内容。2002年修订的《中华人民共和国农业法》增加农民权益保护作为独立一章，将提升农业经济效益的重点转为促进农民增收。此后，农业绿色发展支持政策的经济性目标逐步从保供给转向保供给促增收兼顾。国家通过取消农业税、增加对农民的直接补贴等政策措施，在保持粮食供给稳定的基础上，有效提高了农业产量，调动了农民生产积极性。同时，国家财政资金持续投入农业资源与环境保护工作，在推动森林和草原生态保护工程的基础上，继续扩大沃土工程、乡村清洁工程、农作物秸秆综合利用、农村沼气建设、循环农业促进行动与农业面源污染防治行动等农业生态环境工程提升项目内容，有效推进了农业低碳生产的进程。2005 年中国首次提出资源节约型、环境友好型社会，并作为经济与社会长期发展的一项战略任务，同时要求在循环农业的基础上更加强调对高效、环保的农业新技术的使用（陈文胜 等，2016）。另外，陆续出台了防治水污染、促进循环经济、农用薄膜回收利用和秸秆焚烧区域划定等法律法规，并于 2006 年颁布《全国生态农业建设技术规范》，中国生态农业走向制度化规范化发展（朱文玉，2008）。

5.2.3 农业绿色全面发展阶段（2011 年至今）

2003 年英国政府《我们能源的未来：创建低碳经济》首次提出了"低碳经济"概念，2009 年伦敦 G20 峰会对经济复苏与低碳化转型的承诺以及哥本哈根气候大会的争议促进了低碳经济概念在全世界的广泛传播。2009 年根本哈根会议后中国才开始真正将低碳经济推向台前，提出到 2020 年中国单位国内生产总值二氧化碳排放量要比 2005 年降低 40%~45%。低碳农业发展是破解国内资源环境约束、转变农业发展方式的重要机遇，是使农业经济发展与生态环境高度融合、满足粮食安全和农产品供给、优化农业经济发展的必要途径。

2011 年国务院发布的《中国应对气候变化的政策与行动（2011）》白皮书进一步强调"加快畜牧业生产方式转变""启动实施土壤有机质提升补贴项目"及"提高农田和草地碳汇"。由于大气污染物与温室气体同根同源，因此 2015 年修订通过的《中华人民共和国大气污染防治法》也将控制农业源的排放纳入减污降碳治理中。2015 年《全国农业可持续发展规划（2015—2030 年）》对未来农业的可持续发展进行了整体的宏观设计与布局，是中国农业可持续发展的纲领性文件。2016 年《"十三五"控制温室气体排放工作方案》针对农业领域提出"要大力发展低碳农业，坚持减缓与适应协同，降低农业领域温室气体排放"，并对控制农田和畜禽温室气体排放提出了相关措施要求。2016 年《"十三五"节能减排综合工作方案》中农业领域主要从"推进农业农村节能"和"重视农业污染排放治理"方面提出了具体落实方案。2017 年《关于创新体制机制推进农业绿色发展的意见》，这是以党中央、国务院名义印发的第一个以农业绿色发展为主题的文件，绿色发展理念从此正式植入农业现代化进程。2021 年《关于完整准确全面贯彻新发展理念做好碳达峰碳中和工作的意见》和《2030 年前碳达峰行动方案》，在农业方面行动方案提出要"推进农业农村减排固碳"。2021 年《"十四五"全国农业绿色发展规划》是中国首部农业绿色发展专项规划，对"十四五"期间加快农业全面绿色转型和低碳发展作出了系统部署。规划提出"三加强、一打造"重点任务，即"加强农业资源保护利用，加强农业面源污染防治，加强农业生态保护修复，打造绿色低碳农业产业链",为未来农业碳中和实现提供了有力指导与保障。2024年《关于加快农业发展全面绿色转型促进乡村生态振兴的指导意见》提出要促进资源节约和投入品减量使用、促进废弃物资源化利用、推进农业生态系统稳定多样及促进全产业链绿色低碳转型,加快构建人与自然和谐共生的现代化。截至目前,我国已建立相对完善的农业绿色发展体系。

第一,建立了以绿色生态为导向的农业补贴制度。逐步重视土壤质量,并将耕地质量保护纳入补贴政策的主要政策目标,随后持续开展湿地保护修复制度、以耕地轮作休耕为主的农业资源休养生息制度,进一步完善生态修复制度和资源节约利用措施;2016年《建立以绿色生态为导向的农业补贴制度改革方案》,正式提出到2020年建成以绿色生态为导向,促进农业资源合理利用与生态环境保护的农业补贴政策体系和激励约束机制的目标;其后,2017年《农业资源及生态保护补助资金管理办法(修订)》《农业生态环境保护项目资金管理办法》出台,对耕地质量提升、草原生态修复、渔业资源保护、农业污染防治等补助资金的管理办法作出具体规定,进一步推进农业绿色补贴体系的构建。

第二,加强农业绿色发展技术支撑,健全绿色标准体系。2017年《"十三五"农业农村科技创新专项规划》涵盖了与农业碳排放源和碳汇相关的主要技术,并着力推进技术示范项目,为农业技术领域的减排固氮提供了重要指导。2018年《农业绿色发展技术导则(2018—2030年)》,提出农业绿色发展技术体系的改革方向为更加注重质量和数量双重效益,更加注重生产和生态双重功能,更加注重全要素生产率的提高,与此同时建立与完善了包括从产地环境、生产过程、产品质量等全过程的评估技术标准。2016年中央一号文件提出推动农业绿色发展,"绿水青山就是金山银山"的理念更深刻地融入农业领域,随后农业绿色发展连续7年成为中央一号文件的重要内容。2017年《关于创新体制机制推进农业绿色发展的意见》提出创新体制机制,推进农业绿色发展,将保障国家食物安全、资源安全和生态安全联系在一起,以探求保供给、保收入、保生态的协调统一。2022年中央一号文件倡导加强研发应用减碳增汇型农业技术,探索建立碳汇产品价值实现机制。

第三,发展生态低碳农业。坚持绿色是农业的底色、生态是农业的底盘。必须摒弃竭泽而渔、焚薮而田、大水大肥、大拆大建的老路子,实现农业生产、农村建设、乡村生活生态良性循环,生态农业、低碳乡村成为现实,做到资源节约、环境友好,守住绿水青山、赓续农耕文明。2014年《畜禽规模养殖污染防治条例》提出要统筹考虑环境承载能力进行合理布局,鼓励和支持采取种养结合的方式促进废弃物利用。同年,提出

"一控两减三基本"目标,并在次年发布的《到 2020 年化肥使用零增长行动方案》。2018 年《关于开展秸秆气化清洁能源利用工程建设的指导意见》指出,在坚持农用优先,秸秆饲料化、肥料化利用相对稳定的基础上,实施秸秆气化清洁能源利用工程。2021 年开展绿色种养循环农业试点工作,加快畜禽粪污资源化利用,打通种养循环堵点,促进粪肥还田,推动农业绿色高质量发展。2022 年《农业农村减排固碳实施方案》出台,通过加快推进农业农村减排固碳,提高农田土壤固碳能力,发展生态循环农业生产和绿色低碳生活方式,并把发展生态低碳农业作为农业强国建设的重要任务。2024 年《关于加快经济社会发展全面绿色转型的意见》提出推动农业农村绿色发展,实施农业农村减排固碳行动,建立健全农业废弃物收集利用处理体系,深入推进农村人居环境整治提升,培育乡村绿色发展新产业新业态。

5.3 研究方法与数据选择

5.3.1 EBM 模型与 GML 指数相结合法

GTFP 静态效率测算模型。当存在非期望产出时,资源消耗与污染排放是"不可分的""径向"关系,而劳动力、资本等传统投入要素与产出之间是"可分的""非径向"关系。但无论是 DEA 还是 SBM 模型均无法处理同时具有径向和非径向的投入与产出变量特征。为弥补这一缺陷,Tone 等(2010)提出了一种混合距离函数 EBM 模型。该模型兼容了包含径向因素的 CCR 模型和包含松弛变量的非径向 SBM 模型,可以消除考虑单一距离函数导致测算结果的偏误,进一步提升了模型的测度精度。EBM 模型的具体形式如下:

$$r^* = \min_{\theta, \lambda, s^-} \theta - \varepsilon_x \sum_{i=1}^{m} \frac{w_i^- s_i^-}{x_{io}}$$

$$s.t. \begin{cases} \theta x_{io} - \sum_{j=1}^{m} \lambda_j x_{ij} - s_i^- = 0, i =, \cdots, m \\ \sum_{j=1}^{n} \lambda_j x_{rj} \geq y_{ro}, r = 1, \cdots, s \\ \lambda_j \geq 0 \\ s_i^- \geq 0 \end{cases} \quad (5-1)$$

式中:γ^* 表示 EBM 模型测度的最优效率值;θ 表示径向效率值;(x_{io}, y_{io}) 表示第 o

个 DMU 的投入产出向量；λ 表示投入要素的相对权重；s_i^- 表示非径向的第 i 个投入要素的松弛变量；w_i^- 表示第 i 个投入要素的权重，且满足 $\sum_{i=1}^{m} w_i^- = 1$；ε_x 是结合径向变动和非径向松弛向量的关键参数，且 $0 \leq \varepsilon_x \leq 1$。测算 EBM 效率值前需确定参数 w_i 和 ε_x 的取值。

由于绿色高质量发展涵盖经济、资源、能源、环境之间的复杂关系，既包含期望产出又包含非期望产出，径向和非径向因素同时存在。因此本研究构建了引入非期望产出的 EBM 模型，以此测算农业 GTFP，模型表达式为：

$$r^* = \min_{\theta, \lambda, s^-} \frac{\theta - \varepsilon_x \sum_{i=1}^{m} \frac{w_i^- s_i^-}{x_{io}}}{\varphi + \varepsilon_y \sum_{r=1}^{s} \frac{w_r^+ s_r^+}{y_{ro}} + \varepsilon_h \sum_{p=1}^{q} \frac{w_p^{h-} s_p^{h-}}{h_{po}}}$$

$$s.t. \begin{cases} \theta x_{io} - \sum_{j=1}^{n} \lambda_j x_{ij} - s_i^- = 0, \ i = 1, \cdots, M \\ \varphi y_{ro} - \sum_{j=1}^{n} \lambda_j y_{rj} - s_r^+ = 0, \ r = 1, \cdots, N \\ \varphi h_{po} - \sum_{j=1}^{n} \lambda_j h_{pj} - s_p^{h-} = 0, \ p = 1, \cdots, P \\ s_i^- \geq 0, \ s_r^+ \geq 0, \ s_p^{h-} \geq 0, \ \lambda_j \geq 0 \end{cases} \quad (5-2)$$

式中：h_{po} 表示第 o 个 DMU 的第 p 种非期望产出；(s_r^+, s_p^{h-}) 表示第 r 种期望产出和第 p 种非期望产出的松弛向量，若其值大于 0，说明实际投入和产出低于生产前沿边界水平，效率存在提升空间；w_r^+ 和 w_p^{h-} 分别表示第 r 种期望产出和第 p 种非期望产出的权重；其他符号含义同式（5-1）。

GTFP 动态效率测算模型 EBM。模型基于静态生产效率思想，无法刻画 GTFP 的动态变化。为更好反映效率变化状态，本研究在 EBM 模型基础上，利用 GML（Global Malmquist-Luenberger）指数测度 GTFP 的增长率。基于全局生产可能性集的 GML 指数拥有循环累加性，在比较决策单元相邻时期 GTFP 变动的同时，还能反映 GTFP 的长期变动趋势。其具体公式为：

$$GML_t^{t+1} = \frac{1 + \overline{D_0^G}(x^t, y^t, b^t; y^t, -b^t)}{1 + \overline{D_0^G}(x^{t+1}, y^{t+1}, b^{t+1}; y^{t+1}, -b^{t+1})} \quad (5-3)$$

测算 GTFP 的 GML 指数，可以反映前期 GTFP 与当期的比值，指数大于 1 说明生产率提升，小于 1 则表示生产率下降。GML 指数可以进一步分解为全局绿色技术效率变动指数（GEFFCH）和全局绿色技术进步变动指数（GTECH），分解公式如下：

$$GML_t^{t+1} = GEFFCH_t^{t+1} \times GTECH_t^{t+1} \tag{5-4}$$

$GEFFCH$ 测量的是跨期全局技术效率变化，即当期 DMU 与生产前沿面的距离较上期的变动程度，$GEFFCH>1$ 表示效率相较上期更靠近生产前沿面，$GEFFCH<1$ 则意味着与之背离。$GTECH$ 测量的是跨期全局技术进步变化，即与生产前沿面的距离靠近或远离的程度，$GTECH>1$ 表示生产前沿面沿着期望产出增加、非期望产出减少的方向外移，技术水平提高，$GTECH<1$ 则意味着生产前沿面反方向内陷，表明技术退步。

5.3.2 Dagum 基尼系数及其分解方法

Dagum 基尼系数及其分解方法（Dagum，1998）既可以对样本总体差异进行分解，又可解决样本之间的交叉重叠问题，弥补了传统区域差异衡量方法的局限性。本研究采用该方法测度中国农业绿色发展水平区域差异及来源。

Dagum 总体基尼系数测算如式（5-5）：

$$G = \frac{\sum_{j=1}^{k}\sum_{h=1}^{k}\sum_{i=1}^{n_j}\sum_{r=1}^{n_h}|y_{ji} - y_{hr}|}{2n^2 \bar{y}} \tag{5-5}$$

式中：j、h 代表不同区域，k 为区域个数，n 为样本内省级数量，n_j、n_h 是 j、h 所属区域内省级个数，y_{ji}、y_{hr} 为 j、h 所属区域包含的各省级的农业碳排放强度，$\bar{y}$ 是中国省级农业绿色发展水平均值。

Dagum 将总体基尼系数 G 分解为三部分：

$$G = G_w + G_{nb} + G_t \tag{5-6}$$

$$G_w = \sum_{j=1}^{k} G_{jj} p_j s_j \tag{5-7}$$

$$G_{nb} = \sum_{j=2}^{k}\sum_{h=1}^{j-1} G_{jh}(p_j s_h + p_h s_j) D_{jh} \tag{5-8}$$

$$G_t = \sum_{j=2}^{k}\sum_{h=1}^{j-1} G_{jh}(p_j s_h + p_h s_j)(1 - D_{jh}) \tag{5-9}$$

式中：G_w 为 j 所属区域内农业绿色发展水平的差异，G_{nb} 为 j 和 h 所属区域间农业绿色发展水平的差异，G_t 为超变密度贡献，$p_j = \dfrac{n_j}{n}$ 为 j 区域内省级个数在全国占比，$s_j = \dfrac{n_j \bar{y}_j}{n \bar{y}}$。

D_{jh} 为 j 和 h 所属区域间农业绿色发展水平的相对影响,如式(5-10)所示:

$$D_{jh} = \frac{d_{jh} - p_{jh}}{d_{jh} + p_{jh}} \quad (5-10)$$

式中:d_{jh} 为区域间农业绿色发展水平差值,是 j、h 所属区域中所有 $y_{ji} - y_{hr} > 0$ 的样本值加总的数学期望,计算如式(5-11);P_{jh} 为超变一阶矩,计算如式(5-12);F_j、F_h 为 j、h 所属区域的累积密度分布函数,计算如式(5-12)。

$$d_{jh} = \int_0^\infty dF_j(y) \int_0^y (y - x) dF_h(x) \quad (5-11)$$

$$P_{jh} = \int_0^\infty dF_h(y) \int_0^y (y - x) dF_j(x) \quad (5-12)$$

5.3.3 收敛性分析方法

收敛性分析描述落后经济体向发达经济体追赶的趋势特征,主要用于地区经济增长差异及其动态变化过程。根据 Barro 等(1991,1992)的相关研究,可将收敛性分析类型分为 σ 收敛和 β 收敛。σ 收敛是对经济发展存量水平的描述,它反映的是区域内各经济体经济水平的离差随时间变化而减小的趋势。β 收敛是对经济增速的描述,反映的是初期经济水平对后期经济增速的影响。

标准差是检验 σ 收敛的主要方法之一,指的是不同地区农业绿色发展水平的差异随时间推移而呈现下降的趋势。计算公式如下:

$$v = \sqrt{\frac{1}{n} \sum_{i=1}^n (AGD_{it} - \overline{AGD})^2} \quad (5-13)$$

式中:v 为标准差;AGD_{it} 表示 i 地区 t 期的农业绿色发展水平;$\overline{AGD}$ 为 t 期农业绿色发展水平的平均值。如果 $v_{t+1} < v_t$,表明农业绿色发展水平的差异随时间推移在缩小,存在 σ 收敛。反之,则说明农业绿色发展水平存在发散现象。

β 收敛主要包括绝对 β 收敛和条件 β 收敛,可以采用 Miller 和 Upadhyay(2002)提供的方法进行考察。绝对 β 收敛以其他地区为参照,反映农业绿色发展低水平地区对高水平地区的"追赶效应"。条件 β 收敛以自身为参照,考察农业绿色发展水平能否收敛于自身的稳定状态。模型如下:

$$\ln(AGD_{it}/AGD_{i0})/T = a + b\ln(AGD_{i0}) + \varepsilon \quad (5-14)$$

式中:如果 b 系数显著小于 0,表明农业绿色发展水平存在"追赶效应";反之,则表示不存在绝对 β 收敛。

$$d(AGD_{it}) = \ln AGD_{it} - \ln AGD_{it-1} = a_{it} + b\ln(AGD_{it-1}) + \varepsilon_{it} \quad (5-15)$$

式中：如果 b 系数显著小于0，表明农业绿色发展水平存在条件 β 收敛；反之，则说明随着时间的推移，农业绿色发展水平并未收敛于自身的稳态水平。此外，本研究采用双向固定效应模型对条件 β 收敛进行检验，尽量避免遗漏变量等问题（Miller et al., 2002；Gong, 2020）。

5.3.4 数据选择

投入变量。主要包括土地、劳动力、化肥、农药、柴油、农膜、机械投入，其中以农作物播种面积衡量土地投入（单位：千公顷，$1\,000\ hm^2$）；以第一产业从业人员来表示劳动投入（单位：万人）；以农用化肥折纯量表示化肥投入（单位：万t）；以农用柴油使用量表示柴油投入（单位：万t）；以农药施用量表示农药投入（单位：万t）；以农用塑料薄膜表示农膜投入（单位：万t）；以农业机械总动力表示机械投入（单位：万kW）（表5-1）。

产出变量。①期望产出：以农林牧渔业总产值表示（单位：亿元）。②非期望产出：见4.3节农业碳排放量（万t）。

以上各变量数据来自2001—2024年《中国统计年鉴》《中国农村统计年鉴》。

表5-1 主要变量的描述性统计

	变量	均值	中位数	标准差	最小值	最大值
投入变量	劳动力	927.14	717.01	1 720.69	21.00	44 030.00
	土地	5 207.45	4 707.45	3 718.61	88.60	15 304.22
	农药	4.91	4.36	4.10	0.05	17.35
	农膜	6.89	5.14	6.37	0.01	34.35
	化肥	168.93	136.50	137.07	2.50	716.10
	柴油	61.22	46.50	61.69	0.70	487.00
	机械	2 864.17	2 140.00	2 735.80	94.00	13 353.00
产出变量	总产值	1 426.12	1 219.71	1 132.50	51.20	5 907.13
	碳排放	3 510.09	2 966.59	2 263.05	74.79	9 017.28
GTFP	GTFP	1.03	1.02	0.06	0.67	1.60

5.4 结果与分析

5.4.1 农业绿色发展水平分析

2001—2023年全国农业绿色发展水平变化趋势见图5-1。中国农业绿色发展水平由2001年1.014增长至2023年1.065，呈波动上升趋势，表明农业绿色发展向好。2001—2023年农业绿色发展水平上升下降交叉进行，在2005年、2010年与2020年处于较低水平，这可能与农业生产的外部环境密切相关。21世纪以来，中国实施粮食直补、生态农业专项等改革措施，调动了农业生产者的积极性，使得农业绿色发展水平不断提升。随后，中国对化肥、农药减量化做出了细致安排，对农膜、秸秆等资源化利用作出了约束性要求，这些举措促进了农业绿色发展。但受2004年农业税费改革、2008年金融危机及2019年新冠疫情的影响，部分年份农业绿色发展出现退化。

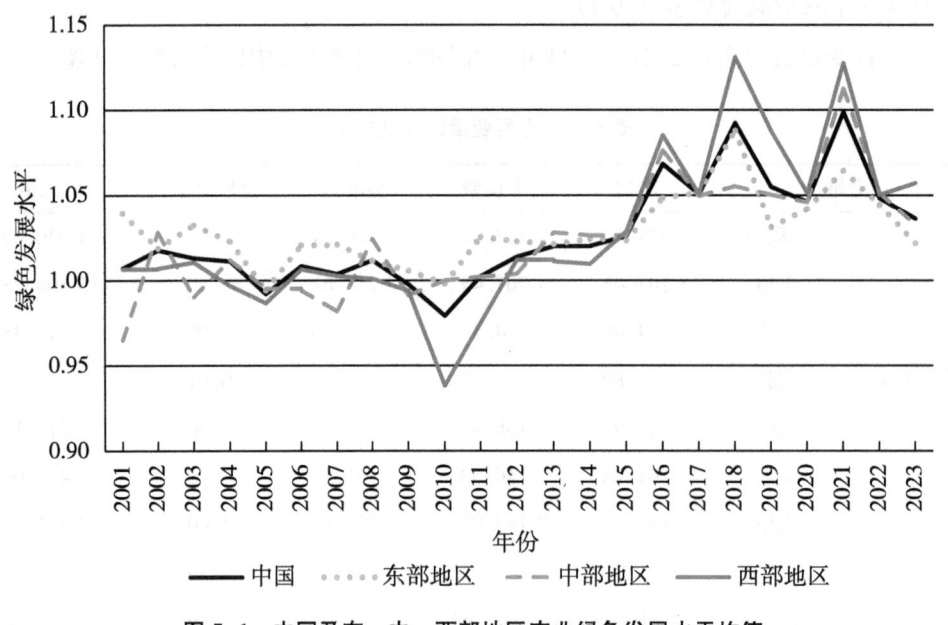

图5-1 中国及东、中、西部地区农业绿色发展水平均值

由图5-1可知，东部地区农业绿色发展水平年均增长率最高，农业绿色发展水平由2001年的1.056波动到2023年的1.021，并在2013年前处于绝对的"领头羊"地位，而之后则处在末位。中部地区农业绿色发展水平年均增长率最低，农业绿色发展水平由2001年的0.965波动式上升至2023年的1.032，其作为粮食重要生产功能区，农

业生产面临"增产"和"增绿"的双重压力。西部地区农业绿色发展水平年均增长率次之，农业绿色发展水平由2001年的1.000上升至2023年的1.057，其在2013年前与全国农业绿色发展水平相比仍存在很大的差距，而之后成为农业绿色发展的"领头羊"。

由图5-2可知，从农业生产功能区来看，在2010年前，粮食主销区、主产区、平衡区农业绿色发展水平依次降低；2011年后，粮食平衡区、主产区、主销区农业绿色发展水平依次降低。这表明农业绿色发展在不同的农业生产定位及发展阶段上存在差异性。分功能区看，粮食平衡区农业绿色发展水平平均值为1.028，略高于粮食主产区农业绿色发展水平平均值1.027，而粮食主销区农业绿色发展水平平均值为1.025。这主要是随着人们对绿色食品的追求，粮食平衡区在保障给定粮食自给率前提下，其农业产业结构上有更大的调节空间，进而推动了农业绿色发展水平提升。这也表明，尽管国家大力推行粮食绿色高产高效创建，但粮食主产区仍面临粮食增产与绿色发展的困境选择。粮食主销区可能过于追求经济价值作物，忽视了绿色低碳技术应用，导致其绿色发展水平有所下降。

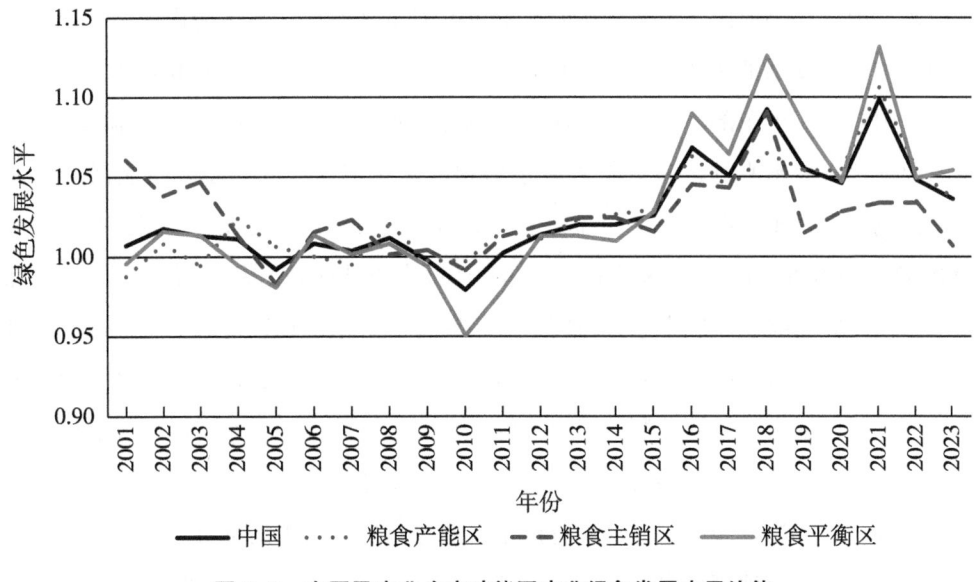

图5-2 中国及农业生产功能区农业绿色发展水平均值

5.4.2 农业绿色发展水平的地区差异分析

由图5-3可知，中国农业绿色发展水平总体差异表现出波动式下降—上升—下降趋势，基尼系数介于0.015~0.037，均值为0.024，这表明农业绿色发展不平衡问题依然严峻。具体来看，2001年农业绿色发展水平总体差异为0.030，2007年下降至

0.019，至2011年又持续上升到0.032，随后持续下降至2016年的0.016，而后在2019年上升至最高水平0.037，2023年下降至0.015。农业发展正由投入粗放型模式向绿色发展模式转变，加之当前农业绿色技术推广体系逐步完善，农业绿色发展水平地区差异逐渐缩小。

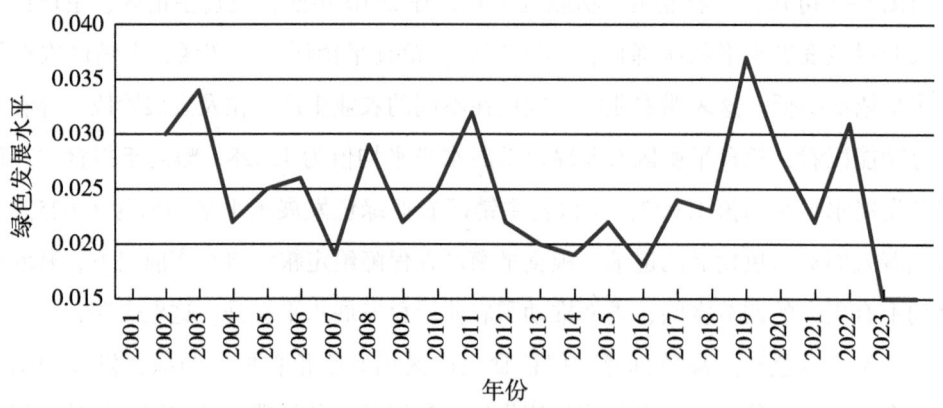

图5-3 中国农业绿色发展水平总体差异

按东、中、西部地区来考察中国农业绿色发展水平差异。从区域内部看，西部、东部和中部差异程度逐渐递减，基尼系数均值分别为0.0234、0.0230和0.0206。其中，西部区域内差异高于东部、中部。可能的原因是，西部地域辽阔，各省资源禀赋迥异，使得农业绿色发展水平地区差异扩大。东部和中部区域内差异较小，明显低于总体差异。从区域间看，东—西、中—西部和东—中部区域间差异程度逐渐递减，基尼系数分别为0.027、0.026、0.023。这可能是东部和西部在农业生产环境、经济发展等方面差异悬殊，使得农业绿色发展水平区域间差异不断扩大。东部地区地理位置优越、基础设施较为完善、科技水平高，为农业绿色发展提供了有力的支撑，而西部地区自然环境比较恶劣、经济发展水平较低，制约了农业绿色发展水平的提升。东—中部农业绿色发展水平区域间差异最小，基尼系数均值为0.023。主要原因是，东部地区经济较为发达，而中部地区土地资源较为丰富，这些有助于农业绿色发展水平的提升。从贡献率变化趋势来看，超变密度、地区内和地区间的贡献率逐渐降低。整体看，2001—2023年农业绿色发展水平地区差异主要来源于超变密度，均值高达40.17%。地区内和地区间差异对农业绿色发展地区差异的贡献相对较小，均值分别为31.34%和28.49%。从演变趋势来看，农业绿色发展水平地区差异来源发生了明显变化，大致可划分为两个阶段。第一个阶段为2001—2016年，超变密度对农业绿色发展水平地区差异的贡献最大，并呈显著下降趋势，下降了24个百分点，也就是说不同地区间的交叉重叠对农业绿色发展水平地区差异的影响较为明显。第二个阶段为2017—2023年，虽然超变密度对农业绿色发展水平地区差异的贡献最大，但表现出波动下降态势，地区间差异的贡献逐渐变大。综上表明，促进农业绿色协调发展不仅要着力缩小区域间差异，还要注重地区间农业绿色发展的交叉重叠问题（表5-2）。

表5-2 中国东、中、西部地区农业绿色发展水平Dagum基尼系数及其分解

年份	总体	地区内差距			地区间差距			贡献率（%）		
		东部	中部	西部	东—中部	东—西部	中—西部	地区内	地区间	超变密度
2001	0.030	0.032	0.015	0.027	0.041	0.027	0.028	29	54	17
2002	0.034	0.032	0.032	0.033	0.034	0.034	0.035	33	13	54
2003	0.022	0.022	0.016	0.022	0.027	0.021	0.021	31	42	27
2004	0.025	0.016	0.034	0.023	0.028	0.022	0.031	31	23	47
2005	0.026	0.018	0.026	0.029	0.023	0.029	0.025	33	7	60
2006	0.019	0.017	0.019	0.017	0.020	0.019	0.019	32	31	37
2007	0.029	0.015	0.040	0.023	0.026	0.032	0.035	29	30	41
2008	0.022	0.031	0.016	0.016	0.026	0.018	0.028	31	22	47
2009	0.025	0.015	0.046	0.008	0.014	0.033	0.031	31	13	56
2010	0.032	0.017	0.020	0.050	0.019	0.041	0.040	30	44	26
2011	0.022	0.013	0.009	0.037	0.015	0.030	0.026	30	51	19
2012	0.020	0.018	0.023	0.015	0.019	0.022	0.020	32	21	47
2013	0.019	0.024	0.016	0.017	0.021	0.017	0.022	32	18	50
2014	0.022	0.015	0.015	0.033	0.016	0.026	0.026	32	16	52
2015	0.018	0.017	0.016	0.017	0.016	0.019	0.017	33	7	60
2016	0.024	0.019	0.019	0.028	0.025	0.027	0.021	32	33	35
2017	0.023	0.027	0.016	0.024	0.026	0.024	0.021	33	2	66
2018	0.037	0.060	0.030	0.011	0.024	0.047	0.043	32	40	29
2019	0.028	0.031	0.017	0.026	0.023	0.035	0.028	31	44	26
2020	0.022	0.030	0.007	0.024	0.017	0.028	0.022	33	9	58
2021	0.031	0.033	0.022	0.024	0.033	0.037	0.031	28	43	29
2022	0.015	0.013	0.015	0.016	0.015	0.016	0.014	33	10	56
2023	0.015	0.014	0.006	0.017	0.013	0.020	0.013	30	53	17

按农业生产功能区来考察中国农业绿色发展水平差异。从区域内部看，平衡区、主

产区和主销区差异程度逐渐递减,基尼系数均值分别为 0.025、0.023 和 0.021。其中,平衡区内差异高于主产区、主销区及总体差异。可能的原因是,平衡区各省土地资源禀赋较为匮乏,使得农业绿色发展水平地区差异扩大。主销区和主产区域内差异较小,低于总体差异。从区域间看,主销—平衡、主产—平衡和主产—主销区域间差异程度逐渐递减,基尼系数分别为 0.030、0.025、0.024。这可能是主销区和平衡区在经济发展、土地资源等方面差异悬殊,使得农业绿色发展水平区域间差异不断扩大。主销区一般拥有优越的地理区位、完善的基础设施、较好的技术投入,为农业绿色发展提供了有力的支撑,而平衡区一般处于较为恶劣的自然环境,制约了农业绿色发展水平的提升。从贡献率变化趋势来看,超变密度、地区内和地区间的贡献率逐渐降低。整体看,2001—2023 年农业绿色发展水平地区差异主要来源于超变密度,均值高达 40.35%。地区内和地区间差异对农业绿色发展地区差异的贡献相对较小,均值分别为 31.61% 和 28.09%。从演变趋势来看,农业绿色发展水平地区差异地区内贡献率较为稳定,地区间贡献率部分年份变动振幅较大,进而导致超变密度变动振幅也增大。综上表明,促进农业绿色协调发展不仅要着力生产功能区农业绿色发展水平差异,还要注重功能区间农业绿色发展的交叉重叠问题(表 5-3)。

表 5-3 中国农业生产功能区农业绿色发展水平 Dagum 基尼系数及其分解

年份	总体	地区内差距			地区间差距			贡献率(%)		
		主产区	主销区	平衡区	主产—主销	主产—平衡	主销—平衡	地区内	地区间	超变密度
2001	0.030	0.037	0.022	0.023	0.041	0.024	0.038	29	44	27
2002	0.034	0.034	0.038	0.024	0.036	0.033	0.039	32	17	51
2003	0.022	0.027	0.015	0.018	0.030	0.019	0.024	30	47	23
2004	0.025	0.029	0.015	0.023	0.024	0.029	0.021	35	27	39
2005	0.026	0.012	0.037	0.029	0.028	0.025	0.034	29	24	46
2006	0.019	0.021	0.017	0.017	0.020	0.019	0.020	33	19	48
2007	0.029	0.019	0.039	0.022	0.024	0.032	0.032	34	19	48
2008	0.022	0.026	0.020	0.016	0.023	0.024	0.019	35	18	46
2009	0.025	0.014	0.013	0.043	0.015	0.030	0.031	33	8	59
2010	0.032	0.016	0.021	0.052	0.019	0.038	0.040	32	35	33
2011	0.022	0.017	0.007	0.034	0.014	0.028	0.023	34	38	28
2012	0.020	0.023	0.021	0.015	0.020	0.019	0.023	33	8	59
2013	0.019	0.021	0.019	0.017	0.021	0.019	0.020	34	13	53

(续表)

年份	总体	地区内差距			地区间差距			贡献率（%）		
		主产区	主销区	平衡区	主产—主销	主产—平衡	主销—平衡	地区内	地区间	超变密度
2014	0.022	0.015	0.016	0.032	0.016	0.025	0.025	34	17	49
2015	0.018	0.014	0.016	0.024	0.020	0.016	0.022	33	14	54
2016	0.024	0.024	0.014	0.034	0.026	0.023	0.033	30	36	34
2017	0.023	0.022	0.031	0.018	0.026	0.022	0.029	32	20	48
2018	0.037	0.057	0.032	0.017	0.028	0.042	0.047	32	35	33
2019	0.028	0.031	0.015	0.030	0.029	0.026	0.039	29	45	26
2020	0.022	0.010	0.027	0.029	0.026	0.020	0.031	30	22	48
2021	0.031	0.032	0.021	0.012	0.037	0.028	0.046	27	54	19
2022	0.015	0.011	0.014	0.017	0.018	0.013	0.019	31	25	44
2023	0.015	0.014	0.006	0.020	0.017	0.012	0.025	26	61	13

5.4.3 农业绿色发展水平的收敛性分析

5.4.3.1 σ收敛分析

由图 5-4 可知，中国农业绿色发展水平的标准差随时间推移呈下降趋势，虽然个别年份标准差有所上升，但总体上仍表现为收敛趋势，年均增长率为-0.01%。按东、

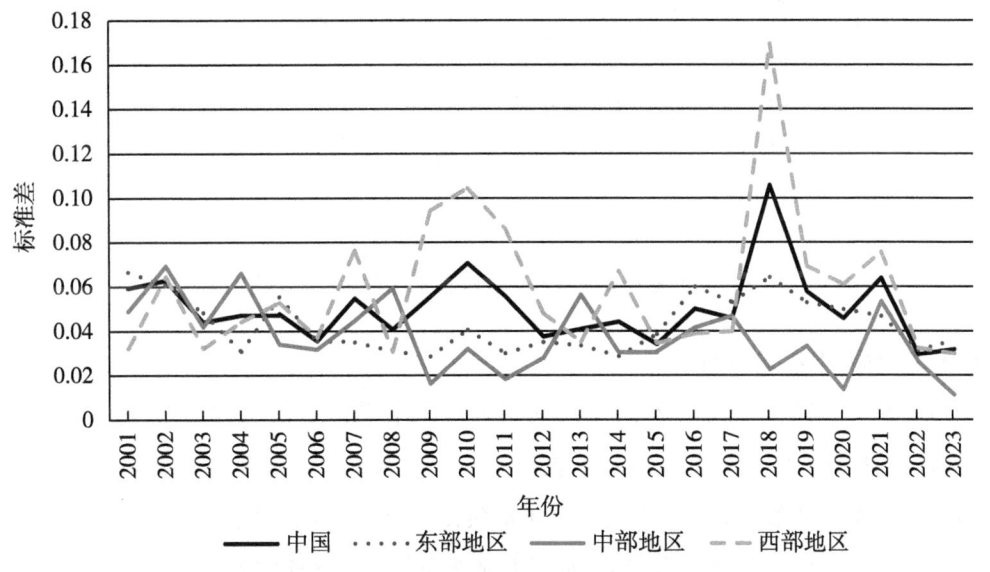

图 5-4 中国及东中西部地区农业绿色发展水平标准差

中、西部地区来考察，东部地区农业绿色发展水平的标准差与全国走势保持一致，呈波动下降趋势，年均增长率为-0.01%，表明东部地区农业绿色发展水平的地区差异有缩小趋势，具有σ收敛特征。中部地区农业绿色发展水平地区差异也日渐缩小，标准差由2001年的0.086下降至2023年的0.050，年均增长率为-0.12%，σ收敛特征比较明显。西部地区农业绿色发展水平标准差由2001年的0.034扩大到2023年的0.113，年均增长率为0.06%，不存在σ收敛特征。

由图5-5可知，粮食主产区、主销区、平衡区分别与东部、中部、西部地区农业绿色发展水平的标准差趋势具有相似性。粮食主产区呈波动下降趋势，年均增长率为-0.08%，表明主产区农业绿色发展水平的地区差异有缩小趋势，具有σ收敛特征。粮食主销区农业绿色发展水平地区差异也日渐缩小，年均增长率为-0.03%，具有σ收敛特征。粮食平衡区农业绿色发展水平标准差波动幅度较大，年均增长率为0.04%，不存在σ收敛特征。

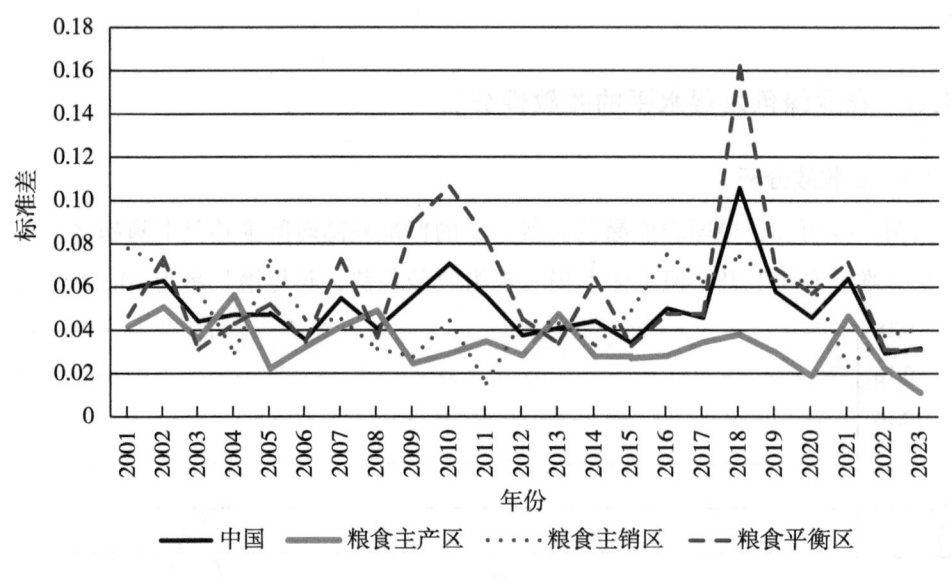

图 5-5 中国及农业生产功能区农业绿色发展水平标准差

5.4.3.2 绝对β收敛分析

由表5-4可知，中国农业绿色发展水平的绝对β收敛系数在1%显著为负。这表明随着时间的推移，农业绿色发展水平收敛于同一稳态水平，存在绝对β收敛趋势。分区域来看，无论是东、中、西部地区，还是粮食主产区、主销区、平衡区，农业绿色发展水平的绝对β收敛系数也均在1%水平上显著为负，考察期内农业绿色发展水平的地区差异在逐渐缩小，低水平地区正在向高水平地区靠拢。这可能与各地区人力资本、绿色技术应用等因素密切相关，随着农业绿色政策的实施，各区域农业生产者也逐渐注重生产的可持续性，促使农业绿色发展低水平地区发挥对高水平地区的"追赶效应"。

表 5-4 中国农业绿色发展水平绝对 β 收敛检验结果

变量	中国	东部地区	中部地区	西部地区	粮食主产区	粮食主销区	粮食平衡区
Lngml0	-0.144***	-0.120***	-0.211***	-0.121***	-0.173***	-0.112***	-0.185***
	(0.012)	(0.012)	(0.039)	(0.041)	(0.025)	(0.017)	(0.031)
常数项	0.147***	0.122***	0.212***	0.122***	0.175***	0.113***	0.187***
	(0.012)	(0.012)	(0.038)	(0.041)	(0.024)	(0.018)	(0.031)
N	682	264	198	220	286	154	242

5.4.3.3 条件 β 收敛分析

由表 5-5 可知，中国农业绿色发展水平的条件 β 收敛系数均在 1%水平下显著为负，说明这些地区农业绿色发展水平存在显著的条件 β 收敛特征，也意味着各省份农业绿色发展朝着自身的稳态水平收敛。分区域来看，无论是东、中、西部地区，还是粮食主产区、主销区、平衡区，农业绿色发展水平的条件 β 收敛系数也均在 1%水平上显著为负。但由于各地的地理位置、经济环境、受教育水平和城镇化水平等地区差距（李善同 等，2019），导致各地农业绿色发展的稳态水平并不相同，农业绿色发展水平的地区间不平衡现象才会一直存在，短时期内难以有效扭转。不过，各地要实现真正意义上的协调、平衡发展，未来可以通过加强技术创新、提高农业绿色补贴和增加人力资本投资等措施促进农业绿色发展水平地区差异的缩小。

表 5-5 中国农业绿色发展水平条件 β 收敛检验结果

变量	中国	东部地区	中部地区	西部地区	粮食主产区	粮食主销区	粮食平衡区
lggml	-0.965***	-0.749***	-1.068***	-1.091***	-1.016***	-0.759***	-1.094***
	(0.039)	(0.061)	(0.075)	(0.073)	(0.061)	(0.084)	(0.068)
常数项	0.015*	0.008	0.023*	0.006	0.007	0.022	0.013
	(0.009)	(0.011)	(0.013)	(0.021)	(0.009)	(0.018)	(0.020)
N	682	264	198	220	286	154	242

5.5 本章小结

第一，我国农业绿色发展政策可分为农业绿色萌芽探索阶段（1984—2000年）、农业绿色快速发展阶段（2001—2010年）及农业绿色全面发展阶段（2011年至今）三个阶段。

第二，中国农业绿色发展水平由2001年的1.014增长至2023年的1.065，呈波动上升趋势。东部、西部和中部农业绿色发展水平均值依次降低；在2010年前粮食主销区、主产区、平衡区农业绿色发展水平依次降低，2011年后粮食平衡区、主产区、主销区农业绿色发展水平依次降低。

第三，中国农业绿色发展水平总体差异表现出波动式下降—上升—下降趋势。按东、中、西部地区来考察，西部、东部和中部差异程度逐渐递减，东—西、中—西部和东—中部区域间差异程度逐渐递减。按农业生产功能区来考察，粮食平衡区、主产区和主销区差异程度逐渐递减，主销—平衡、主产—平衡和主产—主销区域间差异程度逐渐递减。

第四，中国农业绿色发展存在σ收敛特征。按东、中、西部地区来考察，东部、中部地区农业绿色发展存在σ收敛特征，西部地区农业绿色发展不存在σ收敛特征。按农业生产功能区来考察，粮食主产区、主销区农业绿色发展存在σ收敛特征，平衡区农业绿色发展不存在σ收敛特征。

第五，中国农业绿色发展同时存在条件β收敛特征和绝对β收敛特征，同时各省份农业绿色发展会朝着自身的稳态水平收敛，且会收敛于同一稳态水平。无论东部、中部地区，还是粮食主产区、主销区、平衡区，各区域农业绿色发展也同时存在条件β收敛特征和绝对β收敛特征。

第6章 产业集聚对农业绿色发展的影响机制研究

6.1 文献回顾

农业绿色发展是政府、农户和消费者共同参与的演变过程，其中政府激励有助于推动参与主体的绿色生产行为，消费者绿色偏好对绿色生产具有正向影响，合理的经营组织有利于促进绿色生产的推广（张笑寒 等，2021）。农业绿色发展需要构建绿色生产、绿色消费相适应的制度环境（许秀川 等，2022），融入农业绿色发展的不同主体与其内生动力、政策优化、技术创新、全产业链纵向一体化程度等相关（焦翔 等，2021；乔玉辉 等，2019）。适合与灵活的政府规制手段在促进农业绿色发展和农业绿色转型方面具有积极的作用，不仅可激励农户提高绿色技术的采纳动机（苑甜甜 等，2021），还能有效发挥绿色农业发展的溢出效应（何艳秋 等，2021）与价值转化作用（梁睿，2020）。综合来看，促进农业绿色发展提升的影响因素可归纳为内在和外在因素方面。

内在因素包括要素属性和政策制度层面。在要素属性层面上，学者们多考虑机械、劳动力、土地等投入要素规模、质量等对农业绿色发展水平的影响。多年来我国农业机械化发展对推进农业现代化作出了巨大贡献，但机械动力投入的无效率是中国各省农业绿色无效率的主要来源（葛鹏飞 等，2018），且传统的农业机械化增长方式导致燃油消耗快速增长，加剧了温室气体排放，最终无助于农业绿色全要素生产率的提高（王翌秋 等，2023）。劳动力因素上，劳动力数量是农户采取绿色技术的重要考量因素（黄炎忠 等，2019），其人力资本对农业绿色全要素生产率产生正影响（吴传清 等，2018），尤其是以技术培训、职业教育等为主体的素质提升更能直接促进一个地区农业绿色生产率的提升（杨芷晴，2019），但劳动力老龄化对农业绿色生产行为存在显著的抑制作用（杜建国 等，2023；杨志海 等，2020）。为破解耕地细碎化问题，我国推动多种形式适度规模经营。经营规模的扩大确实有助于采用绿色技术行为（赵昶 等，2021），但土地规模经营与服务规模经营对农业绿色全要素生产率影响存在先扩大后缩小的倒"U"形非线性关系，两种规模经营和农业绿色全要素生产率之间均存在适度规模效应（宋燕平 等，2024）。有研究指出农地规模经营对农业绿色全要素生产率产生"先促进后抑制"的非线性效应（宋燕平 等，2024）。还有研究指出，土地流转尽管并未显著促进规模化经营（史常亮，2024），经营规模对粮食主产区农业绿色全要素生产效率有显著负向影响（郭永奇 等，2020）。为此，在"大国小农"的基本国情农情下推动农业经营规模需要因地制宜。技术进步作为附着在要素上的"质量"，是农业全要素生产率增长的重要源泉（梁俊 等，2015），亲环境的农业绿色生产技术能够有效提升农业绿色发展水平（王学婷 等，2021）。此外，农业服务作为农业投入要素的有效补充，农机跨区作业（白子明 等，2024）、数字农技推广服务（温素悦 等，2024）、农业金融服务（尹子擘 等，2021）及服务环节外包（郑旭媛 等，2023）会对农业绿色发展水平产生不同程度的影响。在政策制度层面，学者们研究了政策制度农业绿色生产的影响方向，并对影响程度和影响机理进行了研究。不同于以前文献强调农户绿色生产遵循"效率机制"，陈卫平和王笑丛（2018）认为农户受制度环境约束要服从"合法性机制"，采用在制度环境下广为接受的行为和做法，而不管其是否有效率。这种制度环境来自环境规制，且命令控制型环境政策规制对农业绿色全要素生产率产生正向影响，激励性碳排放交易规制对农业绿色全要素生产率产生负向作用，自愿性环保投资规制对农业绿色全要素生产率产生显著正向影响（展进涛 等，2019）。农户绿色生产技术高采纳程度的影响路径可以分为社会风气引导、非正式制度激励和非正式制度约束3种模式，村规民约等非正式制度在影响采纳程度时具有重要作用（蒋琳莉 等，2021），但正式制度中的激励规制和约束规制可以互相替代（罗岚 等，2021）。此外，农业绿色补贴政策（李守伟 等，2019）、产权制度（郑沃林 等，2022）等也会对农业绿色发展产生不同程度的影响。

外在因素包括市场环境和地理气候层面。在市场环境层面，主要研究了市场价格、不确定性、经济发展等因素对农业绿色发展的影响。经济发展水平直接影响了农业绿色发展政策与导向，研究发现地区经济发展对不同地区农业绿色发展的影响程度不同，人均地区生产总值对欠发达地区农业绿色发展的影响弹性较大（李兆亮 等，2017）。农户作为理性经济人，农产品市场价格比处罚约束、技术培训更能激励农业经营主体采用绿色发展技术（沈昱雯 等，2020），且农产品市场越开放越能倒逼农业绿色发展（银西阳 等，2022），尤其是对于风险感知能力高的农户更加倾向采纳绿色耕种技术进而实现农业绿色生产（程琳琳 等，2019）。在地理气候层面，地形地貌、自然气候因素也是影响农业发展的主要因素之一。平原地区的农户更愿意对农业绿色生产技术进行投资

（张童朝 等，2017），地形因素被证明可显著影响农户绿色生产的投资意愿，而自然灾害的频发抑制了农业绿色发展水平（崔宁波 等，2022）。

6.2 理论构建

6.2.1 农业生产集聚的直接效应

经济集聚对农业环境效率具有双重影响。从农业生产效率来看，新古典学派认为，经济集聚水平的不断提高将带来大规模的要素流动和涌入（曾伟平 等，2023），在一定程度上打破了区域间经济活动的初始均衡状态，有效发挥劳动池效应（王硕 等，2021），实现农业生产整体的帕累托改进（卢华 等，2016）。在农业产业集聚过程中，生产集聚吸引土地、资本等要素集中并产生规模化效应，进一步降低农业主体的边际生产成本，提升农业生产效率。这不仅可以减少单位面积上农资的投入成本，降低化肥、农药施用强度，还可以促进更多农业经营主体加入农业生产横向分工，带动了农业产业链发展，提高了农产品价值，从而正向影响农业绿色发展水平。同时，农业生产集聚带来生产同类农产品的生产技术集聚，而这些要素的地理集中有助于发挥知识溢出效应。农业生产集聚区不仅创造农户间交流机会、加快技术信息传播速度，还降低农户信息搜寻成本和技术推广成本，实现绿色生产技术的加速扩散。这有助于通过共享生产资源的方式提高农户绿色生产技术信息获取能力，强化农民之间的技术交流，提高农业经营水平，促进绿色农业生产技术推广与使用，进而可能对农业绿色发展产生积极影响。由于产业集聚内部规模经济和区域化经济的形成，最终体现为降低单位产品的能源量消耗和提升产业的竞争优势，进而促进农业绿色发展。

然而，农业生产集聚具有一定的生命周期阶段，一定区域内的农业发展空间与资源是有限的，伴随农业产业集聚，区域内农业生产规模逐渐扩大，一旦超过规模临界水平，农药、化肥等要素投入也不断增加，导致地区农业生态环境压力增加，产生拥挤效应（Scotchmer，2002），引发各个农业生产主体之间的恶性竞争（唐荣 等，2023），导致农业生产效率下降。农业生产集聚也可能消耗大量能源与资源，增加二氧化碳排放，并产生大量农业生产废弃物，导致资源错配，造成碳排放总量上升。此外，农业生产的过度集中易争夺公共基础设施和社会化服务等公共资源，推高土地、劳动力等农业生产要素价格，产生挤出效应，并在农户间产生恶性竞争，降低技术创新的持续性，从而降低服务质量、增加农业生产成本、导致资源低效供给，不利于农业减排。此外，农业产业集聚还具有禁锢效应，即由于农业产业前期土地、农业机械、基础设施等投入较大，部分生产效率低和效益较低的农业经营主体难以轻易退出农业生产经营，只能持续低效率地消耗农业生产资源以维持农业生产，从而阻碍农业产业集聚区绿色全要素生产率的提升（任阳军 等，2021）。

但也有文献认为产业集聚会大大提高产量，但农用化学污染物、秸秆废弃物的积累加重了农业面源污染，导致生态丧失和环境质量恶化，使得农民面临着增加产量和减少对环境影响的巨大压力。部分学者综合了他们的观点，认为产业集聚对农业能源效率的影响是非线性的。Liu 等（2022）发现农业产业集聚与环境效率之间存在倒"U"形的非线性关系，即随着产业集聚度的不断提高，会使得能源效率得到改善，但当该集聚度超过某一阈值时，则会引起能源效率的降低。Lu 等（2024）则认为产业集聚与农业环境效率之间存在"U"形结构，即在临界点的左边会因劳动力短缺和生产方式过时而限制现代农业生产，导致要素利用率低，降低能源效率；在临界点右侧则可以通过合理分工和现代化生产实现要素投入集约化和科学管理，从而提高能源效率。当前学者们不仅关注能源总体效率测量，而且不少文献指出能源无效率的探究对于选择最佳能源政策具有更重要的意义。

因此，在产业集聚初期，集聚程度较低，其正外部性大于负外部性，将有利于提高农业生产效率；而当产业集聚到达其临界值时，拥挤效应将会不断增强，其负外部性将超过正外部性，产业集聚会抑制农业生产效率的提升。从农业生产环境来看，产业集聚对农业环境也呈现倒"U"形影响。一方面，产业集聚所带来的设施共享、知识溢出和技术更新促使农业生产者减少土地、能源等各种生产要素的使用，极大降低农业生产过程中的污染排放（师博 等，2013）。另一方面，产业集聚水平一旦超过区域的污染自净能力和资源储备，产出规模的扩张会导致单位空间内污染强度的上升，进而加剧环境污染（He et al.，2014），导致农业绿色发展水平的下降。

6.2.2 农业生产性服务的中介作用

根据古典经济学中的分工理论，生产性服务外包是分工深化与专业化程度提高的表现。农业生产全过程被分成若干不同的环节，西奥多·舒尔茨指出农户如同企业一样（传统改造农业），应该聚集优势资源投入自身核心环节的发展中，而将非核心环节转移至其他具有专业化优势的承包者，实现家庭自身资源的合理利用并增加收入。生产性服务可以通过渗透到具体经营活动中，提高运作效率从而转化为现实生产力，从而提高农业生产效率。

一方面,农业生产性服务通过纵向分工将人力资本、知识与技术导入农业生产领域中,改变要素投入结构,加快了先进技术与生产手段的推广与使用,进而增强农业生产的迂回程度、专业化水平。社会化服务组织能够凭借大规模、批量采购农资提升市场议价能力,获取优质低价化肥、农药、有机肥等绿色生产资料,也相应降低了农户的农资投入成本,赋予了小农户参与农业绿色发展的动力。此外,服务组织还会向农户推荐优质化肥、有机肥等生产资料,并告知农户具体使用方式、用量以及使用配比,农户通过改善要素投入结构实现要素边际产量递增。进一步,社会化服务通过发挥人力资本、资金以及信息渠道优势,补足农户劳动力、资金以及信息不足的障碍,通过大规模机械应用以及专业人员对生产要素、技术进行甄别,从而带动农户采纳绿色生产技术。社会化服务组织通过机械装备与化肥、农药等化学投入品配施,整合生产要素,弥补了人工投入随机性特点,实现生产集约化。同时,社会化服务多为知识以及资本密集型服务,相较于小规模农户,服务组织中的专业技术人员具有较强人力资本,技术、生产知识信息掌握充分,能够有效甄别化学要素用量。

另一方面,农业生产性服务通过横向专业化有利于农户专用性人力资本与专业性资产积累,将生产过程与产品市场相结合,缓解了土地细碎化经营的现状,实现了农户、消费者、服务组织三者互动。首先,受市场竞争驱动服务组织会带动农户实现标准化生产。随着土地经营规模扩大,农户化肥农药投入量合理的概率显著增加,投入要素配置效应逐步增强,农业生产性服务有助于降低化肥、农药等致污投入使用量。生产性服务主体采用诸如"联耕联种""统防统控"等先进的知识、技术引导农户种养集约化、专业化,对降低农业碳强度至关重要。此外,先进技术引入效应和外部学习效应明显,极大地缓解了单个农户在采纳绿色技术时常常会面临的资金障碍、信息不对称、技术风险等问题。随着收入增长、消费转型升级,居民对绿色、优质、健康农产品需求也在不断提升。其次,通过化肥、农药等化学投入品减量,服务组织不仅能够压缩生产成本,还能够拓宽利润空间。除承担生产功能外,社会化服务还具有市场性职能,能够为小农户提供销售服务。为获取农产品溢价,服务组织会选择在生产过程中通过绿色生产提升农产品附加值,获取更高收益、提升产品市场份额。最后,受声誉积累驱动影响服务组织会在生产过程中更加注重食品安全。服务商利润来源除农产品收益外还包含服务费用,通过在服务市场、消费市场积累良好声誉能够获取更高利润,从而在服务供应市场获得良好口碑,增加服务市场份额,增强谈判能力、提升服务利润。因此,随着生产性服务逐步被更多农户接受,生产性服务业内生出服务规模经济与范围经济,不仅降低了服务主体在服务环节上的成本，而且也降低了农户在生产外包环节的成本。

6.2.3 环境规制的调节作用

环境规制是指个体或政府为保护环境，通过环保意识或行政法规、经济手段直接或间接干预企业对资源利用的约束性力量。在农业领域，环境规制则意味着对农业生产方式加以干预，影响农业生产集聚区布局，以实现保护环境的目的。从环境规制对化学品投入强度的影响来看，环境规制会显著降低化学品的投入强度，如化肥使用量零增长行动就旨在通过科学施肥、推广生态农业等措施，控制化肥使用量，降低农业生产对环境的负面影响。从对种植结构的影响来看，环境规制同样会对农户种植结构产生引导作用，环境规制政策的实施会加强对农药、化肥、种子等使用的限制和规范，促使农民更加谨慎地选择种植方式，避免使用有害物质，并且鼓励农民通过实行多样种植、轮作套作等方式，达到农业生产的可持续发展目标，从而引导种植结构向更加环保、健康的方向发展。从对经营规模的影响来看，环境规制中对土地使用和灌溉水源开发限制会提高农业污染治理成本，并抑制农业规模的扩大，进而影响农业污染的排放。

从影响机制来看，具有创新补偿与遵循成本效应。一方面，环境规制有创新补偿效应，适当的环境规制会刺激技术创新，改变农业生产方式和布局，提高农业科技创新效率，对农业环境产生正外部性。具体而言，集聚区内各农业经营主体为抵消环境规制成本，会寻求更加绿色环保的生产方式，减少农药、化肥等生产资料的过量使用，增加绿色农业生产技术使用，实现绿色农业生产要素代替污染要素、消极减排向主动减排转变，从而改善农业环境。此外，在产业集聚区内，农户通过分工合作分摊农业绿色生产成本，共享农村环境保护基础设施建设，降低了农业生产成本，从而扩大区域内农业专业化生产规模，进一步提升农作物种植集中程度，激发集聚经济效应，促进环境改善。另一方面，环境规制存在遵循成本效应。环境规制可能挤压区域内农业生产成本、污染治理成本，降低全要素生产率，挤占农业生产投资，加大集聚区内各农业经营主体生产难度，从而降低对集聚区外的农业经营主体的吸引力，使集聚的规模和数量停滞不前或下降，无法发挥集聚经济效应，从而对农业环境产生负向影响。此外，环境规制可能存在"相对性制度失灵"现象，政策限制相对宽松，在约束农户生产行为方面效果欠佳，限制了集聚经济效应的发挥。

6.3 研究方法与数据选择

6.3.1 基准模型

构建产业集聚水平对农业绿色发展水平的面板模型：

$$AG_{i,t} = \varphi + \varphi_1 cj_{i,t} + \lambda_s \sum cv_s + \gamma_t + \mu_i + \varepsilon \qquad (6-1)$$

其中，下标 i 和 t 分别表示省份和时间；AG 表示农业绿色发展水平；cj 表示产业集聚水平；cv 是一系列的控制变量；φ 和 λ 为方程回归系数；μ_i 为个体效应，即某个区域不随年份变化的区域固定效应；γ_t 为时间效应，即某个年份不随区域变化的时间固定效应；ε 为随机误差项，且 $\varepsilon \sim N(0, \sigma_\mu^2)$。

6.3.2 中介效应模型

为了进一步探究生产性服务对农业产业集聚与农业绿色发展的作用路径和机制，采用中介效应检验处理方法，构建中介效应模型来研究农业产业集聚对农业绿色发展的作用机制。

$$scx_{i,t} = \varphi + \varphi_1 cj_{i,t-1} + \lambda_i \sum cv_s + \lambda_t + \mu_i + \varepsilon \qquad (6-2)$$

$$AG_{i,t} = \eta_0 + \eta_1 cj_{i,t-1} + \eta_2 scx_{i,t-1} + \lambda_i \sum cv_s + \lambda_t + \mu_i + \varepsilon \qquad (6-3)$$

式中，scx 为中介变量；η_2 衡量的是农业产业集聚对农业绿色发展的直接影响程度，$\eta_2 \times \varphi_1$ 表示通过中介变量传导的中介效应；其他变量含义同式（6-1）。

本研究使用逐步检验方法检验中介效应。第一步，解释变量与中介变量、中介变量与被解释变量至少包含一组非线性关系；第二步，中介变量在解释变量与被解释变量之间的中介作用是否成立。

6.3.3 调节效应模型

为考察环境规制对产业集聚影响农业绿色发展的调节作用，构建如下调节效应模型：

$$AG_{it} = \gamma_0 + \gamma_1 cj_{it} + \gamma_2 er_{it} + \gamma_3 (cj_{it} \times er_{it}) + \gamma_4 \sum cv_s + \lambda_t + \mu_i + \varepsilon \qquad (6-4)$$

式中，er 表示环境规制；$cj \times er$ 表示环境规制与产业集聚的交互项；其他变量含义同式（6-1）。环境规制对农业产业集聚与农业绿色发展水平影响的直接效应为 $\gamma_1 + \gamma_3 er_{it}$。在均显著情况下，若 γ_3 与 γ_1 的符号相同，环境规制会正向调节产业集聚对农业绿色发展的影响，反之则是负向调节。

6.3.4 面板分位数回归模型

传统的回归分析方法得到的结果为条件均值回归结果，它描述的仅是解释变量对被解释变量的平均影响，无法反映模型变量之间关系的全貌。为了解决这一问题，Koenker 和 Bassett（1978）提出了分位数回归理论，分位数回归在每个特点分位点上都有特定的回归曲线，能够提供模型变量间关系的更多信息，具体来说，利用解释变量的不同分位数得到被解释变量的条件分布的分位数方程。而面板分位数的研究方法兼具面板数据模型和截面分位数模型的共同优势：一方面能控制个体差异；另一方面可分析在被解释变量不同分位点上变量间的关系（丁一兵 等，2018）。此外，分位数回归结果不易受极端值影响，更为稳健（邢春冰，2006）。因此，利用分位数回归也可以进行异质性分析。

因此，在式（6-1）的基础上，构建对应的面板分位数回归模型：

$$AG_{i,t}(\tau \mid cj_{it}, cv_s) = \varphi(\tau)cj_{i,t-1} + \lambda_i(\tau)\sum cv_s + \gamma_t + \mu_i + \varepsilon_{i,t} \qquad (6\text{-}5)$$

其中 $\varphi(\tau)$、$\lambda_i(\tau)$ 为模型估计系数，其他变量含义同式（6-1）。

6.3.5 数据选择

（1）被解释变量：农业绿色发展水平，具体见 5.4.1 节。

（2）核心解释变量：产业集聚水平，具体见 3.4.2 节。

（3）中介变量：农业生产性服务。参考张恒等（2021）的做法，采用农林牧渔服务业产值作为评价指标，其定义是指对农林牧渔业生产活动进行的各种支持性服务活动的价值，虽然仍稍有欠缺，但其概念和包含内容与农业生产性服务业的概念和包含内容相接近。

（4）调节变量：环境规制。近年来，国内关于环境规制测度指标的选择主要有两种定量方法。一种是考虑污染治理投资总额和排放的污染物量，或者构建基于这些数据的指数指标；另一种是在省级层面讨论环境规制问题时，多数学者倾向于采用环境污染治理投资总额来表示环境规制的强度，反映各省政府治理环境问题的程度。本研究的环境规制水平用环境污染治理投资总额来表示。

(5) 控制变量：借鉴已有研究，本研究的控制变量包括经济发展水平、城镇化率、农业产业结构、农业专利、产业结构、财政支持、市场化水平、自然灾害。

以上各变量数据来自 2000—2023 年《中国统计年鉴》《中国农村统计年鉴》以及中国知网专利数据库。其中，农业专利检索限定在 IPC 代码 A01 大类。此外，农业生产性服务数据从 2003 年开始获取，故下文以 2003 年为起始年。具体变量定义如表 6-1 所示。

表 6-1　主要变量定义

变量类型	变量描述	定义
因变量	农业绿色发展水平	见 5.4.1 节
自变量	产业集聚	见 3.4.2 节
中介变量	农业生产性服务	农林牧渔服务业产值与农林牧渔业总产值之比
调节变量	环境规制	用环境污染治理投资总额来表示
控制变量	经济发展水平	人均国内生产总值的对数表示
	城镇化率	城镇人口数在总人口中的比重/%
	农业产业结构	农业和畜牧业在第一产业增加值中的比重
	农业专利	农业专利数与农业增加值之比（/项/万元）
	产业结构	第一产业产值占 GDP 比重
	财政支持	政府对农林水事务财政支出/总的财政支出
	市场化水平	以王小鲁等测算的市场化指数表示当地的市场化水平
	自然灾害	农作物受灾面积与播种面积的比值

6.4　结果与分析

6.4.1　基准估计

面板数据通常使用固定效应模型和随机效应模型进行估计，对式（6-1）进行 Hausman 检验，结果显示在 1% 统计显著性水平检验拒绝了原假设，说明应选取固定效应模型进行分析。同时，考虑到产业集聚与农业绿色发展之间互为因果的双向促进关系，即农业绿色发展水平的提高可能会促进农业经营者在空间上的集聚，促进产业集聚水平不断提升。故在此考虑以滞后一期的农业产业集聚水平为工具变量的两阶段最小二乘估计（IV-2SLS）以考察变量间的内生性问题。

表6-2中列2报告了个体固定效应估计结果,列3报告了随机效应估计结果,列4报告了个体时间双向固定效应估计结果,列5报告了加入产业集聚平方项的双向固定效应估计结果,列6报告了采用滞后一期农业生产集聚作为工具变量进行回归的结果。列5结果显示,产业集聚与农业绿色发展不存在"U"形关系;列6结果显示,IV-2SLS估计中工具变量恰好识别故不再进行过度识别检验,识别不足检验中 P 值为0.000,表明不存在识别不足问题;弱工具变量检验中,Cragg-Donald Wald F 统计量均大于10%水平的临界值,拒绝弱工具的假设,故工具变量选择较为合理。故本研究分析以列6结果为准。

农业生产集聚对农业绿色发展水平的影响系数在5%水平上为0.025,表明农业生产集聚程度的提高有利于改善农业绿色发展水平。产业集聚的提升加快了资源要素的集中、优化要素配置等,进而促进农业绿色发展水平的提升。在控制变量方面,城市化、产业结构、财政支持、市场化等有利于提升农业绿色发展水平,经济发展水平、农业专利数量、自然灾害不利于提升农业绿色发展水平。农业产业结构对农业绿色发展水平影响不显著。城市化水平的提高增加了对绿色农产品、良好生态环境的需求,进而促进农业绿色发展。产业结构调整会优化要素配置,加速农业剩余劳动力转移,进而促进农业绿色发展。财政支持推动了绿色肥料、生物农药等绿色低碳技术应用,会促进农业绿色发展。市场化进程加快了要素流动,进而促进农业绿色发展。经济发展水平的提升可能更加追求肉类食品,导致碳排放量的增加,进而降低农业绿色发展水平。由于更加追求产量提升,农业技术专利在减排固碳上发挥作用较小,而产量的提升会加大化肥农药的施用,进而降低农业绿色发展水平。农作物受灾情况越严重,其产出受损越大,则会造成农业绿色发展水平的明显下降。

表6-2 基准回归分析结果

变量	固定效应	随机效应	双固定效应1	双固定效应2	IV-2SLS
产业集聚	0.047**	0.049***	0.035***	0.067***	0.025***
	(0.022)	(0.016)	(0.003)	(0.019)	(0.008)
产业集聚平方				-0.008	
				(0.011)	
经济发展水平	-0.077***	-0.028***	-0.016	-0.008	-0.024**
	(0.021)	(0.009)	(0.038)	(0.039)	(0.010)
城镇化率	0.563***	0.134***	0.363***	0.348***	0.140***
	(0.106)	(0.042)	(0.120)	(0.122)	(0.042)

(续表)

变量	固定效应	随机效应	双固定效应1	双固定效应2	IV-2SLS
农业产业结构	-0.065	-0.012	0.007	-0.003	-0.010
	(0.081)	(0.028)	(0.079)	(0.080)	(0.028)
农业专利	0.001	-0.001*	0.000	0.000	-0.001**
	(0.001)	(0.000)	(0.001)	(0.001)	(0.000)
产业结构	0.234	0.618***	0.163	-0.177	0.361*
	(0.230)	(0.178)	(0.248)	(0.248)	(0.201)
财政支持	0.302**	0.214**	0.492***	0.488***	0.309***
	(0.135)	(0.108)	(0.153)	(0.153)	(0.113)
市场化水平	0.003	0.003*	0.009**	0.009**	0.003*
	(0.004)	(0.002)	(0.004)	(0.004)	(0.002)
自然灾害	-0.091***	-0.099***	-0.090***	-0.089***	-0.106***
	(0.021)	(0.019)	(0.020)	(0.020)	(0.019)
常数项	1.485***	1.242***	0.929***	0.853**	1.187***
	(0.178)	(0.095)	(0.345)	(0.360)	(0.096)
识别不足检验					491.431
Cragg-Donald Wald F 统计量					1 971.029
工具变量过度识别检验					0.000
Hausman 检验	0.000				

注：***、**、* 分别代表在1%、5%、10%的显著性水平，下同。

6.4.2 稳健性检验

本研究采用两种方法来检验稳健性。①替换核心解释变量。借鉴肖卫东（2012）计算农业产业集中率的方法（各行政区的农业总产值/全国农业总产值），将用区位熵计算出来的农业产业集聚度替换为农业产业集中率，并采用滞后一期的农业产业集中率作为工具变量进行估计，具体估计结果如表6-3第2列所示。从估计结果来看，农业生产集聚系数显著为正。②改变样本数量。直辖市的农业生产在经济发展中所占比重较低，在分析农业生产时可能影响估计结果的可靠性，故本研究剔除直辖市样本进行稳健性检验。继续使用滞后一期的核心解释变量作为工具变量，表6-3第3列为剔除北京、天津、重庆、上海四个直辖市样本后基准回归模型与调节效应模型估计结果。回归⑨的回归结果表明农业生产集聚系数对环境效率的影响显著为正。这次验证了产业集聚有助于提升农业绿色发展水平，进一步说明本研究结论稳健。

表 6-3 稳健性检验结果

变量	替换核心解释变量	改变样本数量
产业集中率	0.191***	
	(0.044)	
产业集聚		0.119***
		(0.019)
控制变量	Yes	Yes
N	651	567

6.4.3 异质性分析

为进一步检验产业集聚对农业绿色发展的异质性，采取两种不同分区以及分位数进行回归检验方法。

按不同角度进行分区来考察，农业产业集聚影响要素流动进而农业绿色发展水平在不同区域之间存在差异。由表 6-4 可知，由于西部较东、中部地区在要素流动、经济发展等方面具有相对劣势，所以西部地区农业绿色发展资源配置、政策配套等方面就显得比较弱势，进而阻碍农业绿色发展。由表 6-5 可知，农业生产功能区划分导致国家在资金、政策等方面不同的待遇，同时粮食主销区本身具备更多的财政支持能力，导致粮食主产区、主销区在要素配置、技术投入等方面比平衡区较有优势，进而促进粮食主产区、主销区农业绿色发展。

表 6-4 东、中、西部产业集聚对农业绿色发展的影响

变量	东部	中部	西部
产业集聚	0.021***	0.034**	0.017
	(0.001)	(0.014)	(0.054)
控制变量	Yes	Yes	Yes
N	252	189	210

表 6-5 粮食生产功能区对农业绿色发展的影响

变量	粮食主产区	粮食主销区	粮食平衡区
产业集聚	0.027***	0.012***	0.002
	(0.007)	(0.003)	(0.007)
控制变量	Yes	Yes	Yes
N	273	147	231

普通最小二乘属于均值回归，极易受极端值影响，无法得到不同分布下的回归关系。故需要考虑在不同分位数上，农业产业集聚对农业绿色发展的影响是否相同。为了考察这一问题，使用面板分位数回归分析不同分位数上产业集聚对农业绿色发展的影响。由表6-6可知，在25%、50%、75%、90%的分位数上，产业集聚对农业绿色发展的估计系数均显著为正，且回归系数逐次增加，分别为0.006、0.046、0.077、0.078，表明产业集聚对农业绿色发展水平高分位的促进效应更明显，可能的原因主要有两个：一是得益于产业集聚下知识与技术的外部性，使得集聚区内农业生产主体可学习进步；二是经济水平较高地区经济基础雄厚，居民更愿意支付绿色生态产品，包括绿色农产品、良好生态产品等，进而产业集聚对农业绿色发展的驱动效应更强。

表6-6 分位数回归结果

变量	10%分位	25%分位	50%分位	75%分位	90%分位
产业集聚	0.006	0.006**	0.046**	0.077***	0.078***
	(0.004)	(0.003)	(0.021)	(0.025)	(0.014)
控制变量	Yes	Yes	Yes	Yes	Yes

6.5 中介与调节机制分析

6.5.1 中介机制分析

如表6-7可知，生产性服务对于农业绿色发展有着显著的促进作用。第3列回归结果中，生产性服务与农业绿色发展的系数在1%水平上显著，说明在控制了生产性服务后，产业集聚对于农业绿色发展的作用仍然显著。由表6-8可知，Bootstrap检验结果显示中介效应成立。从表6-8可知，中介效应中直接效应、间接效应分别为0.004、0.021。因此，农业生产性服务通过改变农民要素投入结构，加快先进技术与生产手段的推广与使用，也将生产过程与产品市场相结合，缓解了土地细碎化经营、小农与大市场等问题，进而正向影响农业绿色发展水平。

表 6-7 中介机制分析结果

变量	农业绿色发展水平	生产性服务	农业绿色发展水平
产业集聚	0.025***	0.026***	0.046***
	(0.008)	(0.005)	(0.018)
生产性服务			0.025**
			(0.012)
经济发展水平	-0.024**	0.000	-0.077***
	(0.010)	(0.005)	(0.021)
城镇化率	0.140***	-0.082***	0.565***
	(0.042)	(0.026)	(0.107)
农业产业结构	-0.010	-0.352***	-0.057
	(0.028)	(0.020)	(0.099)
农业专利	-0.001**	-0.001***	-0.001***
	0.000	0.000	(0.000)
产业结构	0.361*	-0.006	0.302**
	(0.201)	(0.034)	(0.136)
财政支持	0.309***	0.003***	0.003***
	(0.113)	(0.001)	(0.001)
市场化水平	0.003*	0.008	-0.091***
	(0.002)	(0.005)	(0.021)
自然灾害	-0.106***	0.010*	0.008
	(0.019)	(0.005)	(0.021)
常数项	1.485***	0.365***	1.475***
	(0.178)	(0.044)	(0.187)

表 6-8 Bootstrap 检验结果

效应	系数	Bootstrap 标准误差	z	95%置信区间	
直接效应	0.004	0.002	2.000	0.003	0.014
间接效应	0.021	0.009	2.333	0.001	0.088
总效应	0.049	0.022	2.227	0.007	0.092

6.5.2 调节机制分析

为了探究环境规制对产业集聚在农业绿色发展中是否起到了调节作用,将环境规制与产业集聚交互项数值进行去中心化处理,得到的回归结果见表 6-9。环境规制与产业集聚交互项在1%的显著性水平上通过了检验,说明环境规制在产业集聚对农业绿色发展的直接效应中起到了正向调节作用。产业集聚的系数为正,加入调节变量环境规制后,产业集聚系数的绝对值增大,说明环境规制更好地促进了产业集聚对农业绿色发展的改善作用。值得关注的是,在环境规制调节下,农业专利对农业绿色发展的影响也改变了方向。

表 6-9 调节机制分析结果

变量	农业绿色发展水平	农业绿色发展水平	农业绿色发展水平
产业集聚	0.025***	0.055**	0.056***
	(0.008)	(0.025)	(0.022)
环境规制		0.616***	0.786***
		(0.099)	(0.142)
交互项			0.178***
			(0.092)
经济发展水平	-0.024**	-0.094***	-0.093***
	(0.010)	(0.024)	(0.024)
城镇化率	0.140***	0.670***	0.664***
	(0.042)	(0.124)	(0.124)
农业产业结构	-0.010	0.015 3	0.014
	(0.028)	(0.093 6)	(0.094)
农业专利	-0.001**	-0.001**	0.001***
	0.000	(0.000)	(0.000)
产业结构	0.361*	0.259*	0.232**
	(0.201)	(0.260)	(0.263)
财政支持	0.309***	0.150***	0.148***
	(0.113)	(0.055)	(0.055)
市场化水平	0.003*	0.009**	0.009*
	(0.002)	(0.004 2)	(0.004)
自然灾害	-0.106***	-0.085***	-0.086***
	(0.019)	(0.024)	(0.024)
_cons	1.485***	1.497 6***	1.482 8***
	(0.178)	(0.202 2)	(0.203 2)

进一步检验调节变量生产性服务在低和高水平下产业集聚与农业绿色发展水平的关系(表6-10),从而更加直观地了解调节因素对因变量与解释变量之间曲线关系的调节作用。图6-1支持了上述检验结果,结果显示,无论环境规制是低水平、中水平和高

水平，斜率直线均表现为上升态势。较低环境规制比较强环境规制的斜率更大，表明较强的环境规制可能挤压农业生产成本、污染治理成本。

表 6-10 调节机制边际效应分析

环境规制水平	边际效应	标准误	z	P>z	95%置信水平	
1	0.997	0.016	62.99	0.000	0.966	1.028
2	0.998	0.017	58.98	0.000	0.965	1.031
3	1.066	0.016	67.88	0.000	1.035	1.097
4	1.057	0.017	62.06	0.000	1.024	1.090

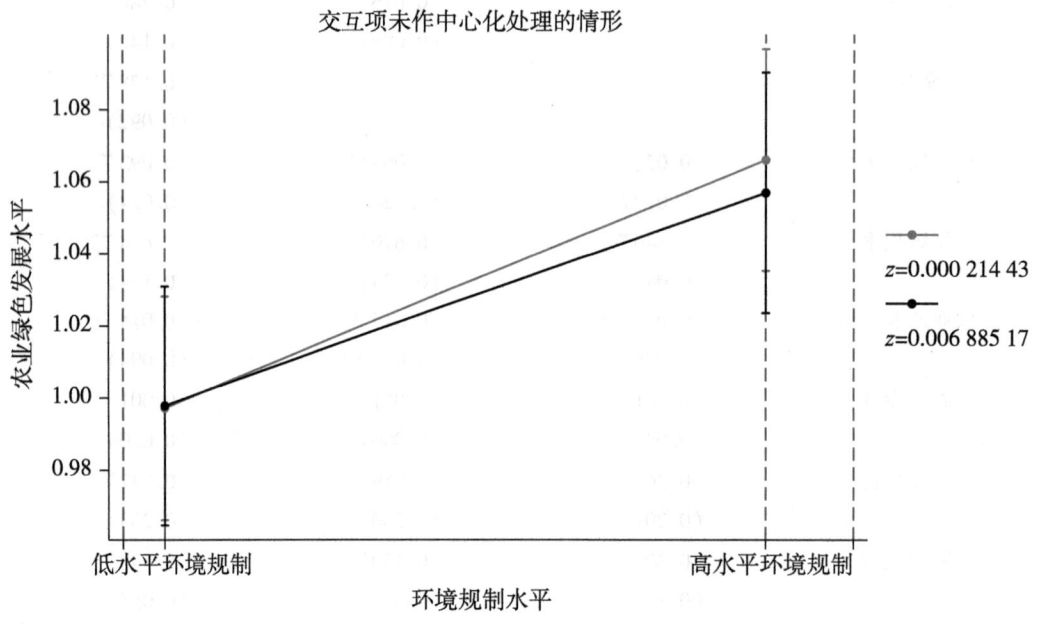

图 6-1 环境规制水平对农业绿色发展的调节作用

6.6 本章小结

第一，农业生产集聚水平的提高有利于改善农业绿色发展水平。在控制变量方面，城市化、产业结构、财政支持、市场化等有利于提升农业绿色发展水平，经济发展水平、农业专利数量、自然灾害不利于提升农业绿色发展水平。农业产业结构对农业绿色发展水平影响不显著。

第二，异质性检验表明产业集聚显著促进农业绿色发展。东、中部地区产业集聚显著促进农业绿色发展，西部地区则不显著。粮食主产区、主销区产业集聚能显著促进农业绿色发展，粮食平衡区则不显著。25%以上分位数上产业集聚能显著促进农业绿色发展，且产业集聚促进效应逐步提高。

第三，机制研究表明，农业生产性服务通过增强农业生产专业化水平、促进农户专用性人力资本与专业性资产积累，进而对农业绿色发展有着显著的促进作用；环境规制具有创新补偿效应、遵循成本效应，在产业集聚对农业绿色发展的直接效应中起到了正向调节作用。

第7章 产业集聚对农业绿色发展的空间效应分析

7.1 文献回顾

由于农业生产受地形、温度、日照等自然条件的影响，其生产更倾向于向优势区域集中（张哲晰 等，2018）。而邻近区域有相似的自然条件，因此相邻区域在农作物品种、农业生产模式、农业技术水平等方面存在相互影响（薛蕾 等，2020）。随着交通运输、互联网络、物流体系等基础设施的逐步完善，农业生产要素在邻近省份之间的流动日益频繁，导致邻近区域之间的农业生产联系日益紧密，进一步促进农业生产产生的毗邻效应。梁琦（2010）指出，空间毗邻效应不仅适用于自然地理学，同时适用于经济地理学。已有学者认为农业产业集聚会通过优势品种集中布局、专业化生产、基础设施共享、技术扩散而产生毗邻效应，这有助于农业绿色发展转型（何培培 等，2020；Liu et al.，2022）。同时，Koenig 等（2010）发现，毗邻效应的重要表现之一，即知识的溢出效应会随着地理距离的临近而逐渐增强。区域间农业碳排放控制与协同是应对气候变化的重要研究领域之一，尤其是探析产业集聚在溢出效应机制上对农业绿色发展的影响研究，为制定农业碳减排策略与实现农业绿色发展具有重要意义。综合现有文献结论，农业产业集聚主要通过三种机制影响区域间的农业绿色发展。

第一，农业产业集聚通过规模经济影响区域间农业绿色发展。一方面，经济集聚地区会通过规模经济对邻近地区产生正外部性（Li et al.，2018），且此时的正外部性将大于集聚初期所带来的负外部性，从而提高邻近地区的农业环境效率。产业集聚通过基础设施共享、生产成本降低，引导农业生产资源优化配置，成为农业产业结构调整升级的重要方向（张虎，2017）。同时，集聚区利用劳动力的专业化和快速流动（季书涵 等，2016），促进了农业产业内的专业化合作和产业链形成，也有助于实现农业绿色发展。另一方面，邻近地区受到中心地区"虹吸效应"和"拥挤效应"的影响（Huang et al.，2021），使得邻近地区的农业绿色发展水平下降。产业集聚带来的"虹吸效应"使大量人才、资本等生产要素由邻近地区向中心地区汇集，邻近地区很难在农业生产方式和农业生产技术上实现突破，绿色转型受阻。当地区经济集聚到达一定程度时，其集聚地区会产生"拥挤效应"，此时各农业生产主体在集聚地区获得的收益下降，大量先进生产要素向邻近地区转移，此时邻近地区也迎来了生产方式和生产技术突破拐点，农业生产也会由传统高投入、高污染和低产出向低投入、低污染和高产出转变，实现农业绿色发展转型。

第二，农业产业集聚通过技术扩散影响区域间的农业绿色发展（马海超 等，2017；何艳秋 等，2021；Jiao et al.，2018）。农业产业集聚区通过横向或纵向的产业协同，并以要素共享、产业融合模式，促进产业间具有替代性或互补性的技术产生相应的技术辐射，这会产生Jacobs外部效应，诱发有效的互动学习和创新（Frenken et al.，2007），进而产生区域间的产业捆绑效应。产业捆绑效应使技术快速在农业产业集聚中传播和共享，带动农业绿色发展（Liang et al.，2019）。而随着农业产业纵向分工加深，通过跨学科交流、打破路径锁定，激发突破性创新（Castaldi et al.，2017），农业经营主体通过生产体系的重新搭建降低了生产成本和风险，有助于推动不同产业跨界交流（Jacobs et al.，2014），加速了知识溢出或技术扩散（杨志青 等，2019），进一步提升农业绿色发展。

第三，农业产业集聚会产生模仿学习效应和竞争效应，进而影响区域间的农业绿色发展。产业集聚区农业经营主体为成为发展标杆，争取国家更多的优惠政策，会同时存在竞争关系和模仿关系（Kang et al.，2018；吴朝霞 等，2022）。一方面，通过模仿和学习先进的生产经验，实现绿色发展；另一方面，在竞争中产业集聚区不断有优秀的农业经营主体脱颖而出（宛群超 等，2021），成为集聚区内的标杆。模仿学习效应和竞争效应的叠加使区域间农业绿色发展空间效应不断加深。

此外，产业集聚区内农业资源禀赋、农业发展进程以及农业生产组织方式的差异（于丽艳 等，2022），农业产业集聚具有低级和中高级等阶段性之分（周新德，2009）。这意味着，农业产业集聚对农业绿色发展的影响可能并非一成不变。换言之，产业集聚虽然对提高碳效率存在积极作用，但这种积极作用或许仅限于一定的集聚度范围或一定时期内（原毅军 等，2015）。此外，农业产业集聚程度不同的区域对外经济和技术辐射力不同，且对农业绿色发展经验的吸收意愿也有所不同（王艳荣，2012），进而产业集聚对农业绿色发展存在非线性影响（田云 等，2021）。

7.2 研究方法与数据选择

7.2.1 Moran's I 检验

为了更好地明晰农业绿色发展所隐含的空间分布、空间模式与空间相互作用,本研究引入全局与局部空间自相关分析工具。全局空间自相关分析是基于整体视角研判不同区域的空间要素是相互关联还是相互独立,全局 Moran's I 指数公式表示为:

$$I = \frac{n \sum_{i=1}^{n} \sum_{j=1}^{n} w_{ij}(x_i - \bar{x})(x_j - \bar{x})}{\sum_{i=1}^{n} \sum_{j=1}^{n} W_{ij} \sum_{i=1}^{n} (x_i - \bar{x})^2} \tag{7-1}$$

其中,W_{ij} 表示空间权重矩阵。

局部空间自相关 Moran's I 指数可以用于检验农业绿色发展水平的具体位置和区域间的相关程度。其公式为:

$$I = \frac{(x_i - \bar{x}) \sum_{j \neq i}^{n} W_{ij}(x_i - \bar{x})}{\sum_{j \neq i}^{n} \frac{(x_i - \bar{x})^2}{(n-1) - \bar{x}^2}} \tag{7-2}$$

其中,$-1 \leq I \leq 1$。当 $I = 0$ 表示样本的分布是独立和随机的,不存在空间相关性;当 $-1 \leq I < 0$ 表示空间负相关;$0 < I \leq 1$ 则表示空间正相关。

已有空间计量研究文献表明,Moran's I 指数的计算依赖于空间权重矩阵。而空间计量模型的估计结果,也会受到空间权重矩阵 W 的影响。为了克服空间权重设置不当带来的估计偏误问题以及比较不同空间权重下的空间溢出效应大小,本研究采用了经济距离空间权重矩阵进行空间计量模型估计。

7.2.2 一般的空间计量模型

普通面板估计遵循地理单元相互独立且同质的假定,忽视了邻近区域的空间相互作用的影响,因此只表征了在平均意义下因变量和自变量的相关关系,而不能有效反映回归关系的空间异质性特征,同时忽略这种空间效应的影响,模型估计将是有偏的且缺乏解释力度。

基于上述理论分析可以看出,在产业集聚影响农业绿色发展的过程中,地区之间会发生密切的经济生产关系，所以不可避免地存在空间相关性。基于此，本研究将采用空间计量模型来分析产业集聚对农业绿色发展的影响效应。其一般的空间计量模型如下：

$$y_{it} = \rho W_{it} y_{it} + \beta X_{it} + \delta W_{it} X_{it} + \theta X_{it} + \varepsilon_{it} \qquad (7-3)$$

$$\varepsilon_{it} = \lambda W_{it} \varepsilon_{it} + \upsilon_{it} \qquad (7-4)$$

W_{ij} 表示空间权重矩阵，ρ 为空间滞后系数，$\sum_{j=1}^{n} W_{ij} y_{jt}$ 表示被解释变量空间滞后项；λ 表示空间误差系数，$\sum_{j=1}^{n} W_{ij} \varepsilon_{jt}$ 表示误差项空间滞后项；δ 表示空间滞后解释变量系数，$\delta w_{it} X_{it}$ 表示解释变量的空间滞后项；μ_i 和 λ_t 分别为个体固定效应和时间固定效应；ε_{it} 为随机扰动项。

当 $\lambda = 0$ 且 $\delta = 0$ 时，为空间自回归模型（SAR），即在一阶自回归基础上引入时间滞后矩阵，经济学意义为一个地区的农业绿色发展会受到其他地区的影响，相邻地区间的农业绿色发展可能相互依赖。当 $\rho = 0$ 且 $\delta = 0$ 时，为空间误差模型（SEM），即在扰动项中加入了空间权重矩阵，经济学意义为农业绿色发展的空间效应来自不可观测的随机冲击。当 $\lambda = 0$ 时，为空间杜宾模型（SDM），即在自变量上也加入空间权重矩阵，表示某地区的农业绿色发展不仅受到本地区自变量的影响，还会受到其他地区自变量的影响。为了更加准确检验产业集聚对农业绿色发展水平的影响效应，在进行空间计量分析之前，需要对模型的适用性进行选择和检验。

7.2.3 双区制空间自回归模型

为更好解决区域发展差异空间估计量偏误的问题，本研究利用两区制空间计量模型来研究不同区制下产业集聚水平对农业绿色发展溢出效应的差异。参照金刚等（2018）关于空间两区制误差模型的设定，得到以下两种具体模型设定：

$$gml_{it} = \rho_1 d_{ij,1} \sum_{j \neq i}^{n} W_{ij} \times gml_{it} + \rho_2 d_{ij,2} \sum_{j \neq i}^{n} W_{ij} \times gml_{it} + \beta X_{it} + \gamma_t + \mu_i + \varepsilon_{it} \quad (7-5)$$

式中，ρ_1、ρ_2 的差异反映了不同区制下农业绿色发展的空间互动关系；其他符号含义同上。

为体现不同区域对农业绿色发展反应差异，本研究从经济发展水平、粮食生产功能两个角度进行设置。首先，从经济发展水平上设置。东部和中西部区域在经济发展、财政支持及市场化等方面有所差异，基于两区制空间模型的空间权重矩阵设置如下：

$$d_{ij,1} = \begin{cases} 1, & i \text{ 和 } j \text{ 空间邻接，且两者均位于东部地区} \\ 0, & \text{其他} \end{cases} \qquad (7-6)$$

$$d_{ij,2} = \begin{cases} 1, & i \text{ 和 } j \text{ 空间邻接，且两者均位于中西部地区} \\ 0, & \text{其他} \end{cases} \quad (7-7)$$

其次，从粮食生产功能上设置。粮食生产是中国农业生产重要考量因素，其决定了要素流向、资源配置等因素，基于两区制空间模型的空间权重矩阵设置如下：

$$W_{ij,1} = \begin{cases} 1, & i \text{ 和 } j \text{ 空间邻接，且两者均位于粮食主产区} \\ 0, & \text{其他} \end{cases} \quad (7-8)$$

$$W_{ij,2} = \begin{cases} 1, & i \text{ 和 } j \text{ 空间邻接，且两者均位于粮食非主产区} \\ 0, & \text{其他} \end{cases} \quad (7-9)$$

7.2.4 面板时空地理加权回归模型

普通空间计量模型可以在全局上对变量进行参数估计，但无法准确刻画在时空推移的双重作用下系数的动态演变过程（玄海燕 等，2016）。相较于传统空间全局模型，地理加权回归模型（geographic weighted regression model，GWR）在考虑空间效应的基础上将研究对象的地理信息引入模型，但其仅能进行截面数据回归，当样本量较大时会损失模型估计精度；面板地理加权回归模型（panel geographic weighted regression model，PGWR）将时间维度引入模型，很好地解决了 GWR 模型存在的不足，提高了参数估计精度。而同时纳入时间和空间因素的时空地理加权回归模型（geographic and temporally weighted regression model，GTWR），其回归系数会因时间及空间的不同而随之变化，可反映产业集聚对农业绿色发展的影响在不同时期、不同地理位置的局部演变特征（Huang et al.，2010）。虽然时空地理加权回归模型现已得到广泛应用，但该模型仍存在诸多不足之处。①时空地理加权回归模型忽略了样本地区向目标分析地区映射的间接路径；②时空地理加权回归模型模糊了空间溢出效应随时间推移的传导路径；③时空地理加权回归模型所采用的自适应带宽存在一定缺陷，即容易忽略具有显著空间影响的非样本区域，而纳入无显著空间影响的样本区域。鉴于此，范巧等（2021）提出面板时空地理加权回归模型，通过采用全息时空权重矩阵、遴选最优带宽等方法克服了时空地理加权回归模型的既有缺陷，进一步提高了估计结果的准确度以及可信度。面板时空地理加权回归模型的基本公式如式（7-10）所示。

$$y_l = X_l \beta_l + \varepsilon_l \quad (7-10)$$

式（7-10）中，y、X、ε 分别为局部点分析中的被解释变量、解释变量和随机扰动项，β 为局部点分析中解释变量的外生参数。l 为局部点，$l \in L$；L 为把同一时期上所有地区作为整体，按照时间上由近到远堆积排列后形成的地区集合。由于单个局部点分析中，其样本数仅有自身一个点的数据，并不能直接完成对式（7-10）的估计。面板GTWR模型依据借点原理将对局部点 l 产生有效影响的空间局部点和时期局部点纳入对局部点 l 估计的样本集中来完成对式（7-10）的估计，设样本集为 $\{\in l\}$。在基于一定的准则确定样本集 $\{\in l\}$ 后，可以结合式（7-11）的时空权重矩阵将样本集的所有点映射到局部点上去，从而将式（7-11）转换成式（7-12）来完成模型的估计过程。

$$STW_{\{\in l\}} = STW_{l,direct} + \left[STW_{l,spillover} diag(STW_{l,direct}) \right] \times I_{Num_{\{\in l\}}} \quad (7-11)$$

$$STW_{\{\in l\}} y_{\{\in l\}} = STW_{\{\in l\}} X_{\{\in l\}} \beta_l + \varepsilon_{\{\in l\}} \quad (7-12)$$

式（7-11）中，$STW_{\{\in l\}}$ 为基于全息映射的时空权重矩阵；$STW_{l,direct}$ 表示样本集 $\{\in l\}$ 对局部点 l 产生直接时空影响的时空权重矩阵；$STW_{l,spillover}$ 表征样本集 $\{\in l\}$ 内两两之间时空溢出效应关系的时空权重矩阵；$diag(\cdot)$ 表示提取括号内矩阵的主对角线元素所形成的新向量，$I_{Num_{\{\in l\}}}$ 为 $Num_{\{\in l\}}$ 阶单位矩阵，$Num_{\{\in l\}}$ 为样本集 $\{\in l\}$ 的样本容量。式（7-12）中，$y_{\{\in l\}}$、$X_{\{\in l\}}$ 分别表示样本集 $\{\in l\}$ 中所有局部点的被解释变量和解释变量，$\varepsilon_{\{\in l\}}$ 为随机扰动项。

根据农业产业绿色发展的影响因素，其经验模型设定如式（7-13）所示。

$$gml(u_l, v_l, t_l) = \beta_0(u_l, v_l, t_l) + \beta_i(u_l, v_l, t_l) X + \mu(u_l, v_l, t_l) \quad (7-13)$$

式（7-13）中，gml 表示农业绿色发展水平，X 为影响农业绿色发展的影响变量；(u_l, v_l, t_l) 表示局部点，u_l、v_l、t_l 分别表示局部点 l 的经度、纬度和时间；$\beta_i(u_l, v_l, t_l)$ 表示局部点 l 的外生参数，$i = 0, 1, 2, \cdots, N$ 项；$\mu(u_l, v_l, t_l)$ 表示局部点的随机扰动项。

7.2.5 数据选择

（1）被解释变量：农业绿色发展水平，具体见5.4.1节。
（2）核心解释变量：产业集聚水平，具体见3.4.2节。
（3）控制变量：城镇化率、农业产业结构、农业专利、财政支持、市场化水平、自然灾害。具体见6.3.5节。

7.3 结果分析

7.3.1 空间相关性检验

本研究选择全局莫兰指数（Moran's I）作为衡量农业绿色发展水平是否存在空间相

关性的分析指标，检验结果如表 7-1 所示。以经济距离为基准计算的农业绿色发展水平全局莫兰指数均在 5% 以上水平显著为正，呈现出空间正相关性，这一定程度上体现了将空间因素引入模型的必要性。研究期内，农业绿色发展 Moran's *I* 均显著为正，并且 Moran's *I* 指数在逐渐减小。

表 7-1　中国 2003—2023 年农业绿色发展的全局莫兰指数

年份	Moran's *I*	年份	Moran's *I*	年份	Moran's *I*
2001	0.374**	2009	0.342**	2017	0.241**
2002	0.356**	2010	0.345**	2018	0.213**
2003	0.389***	2011	0.339***	2019	0.186**
2004	0.269**	2012	0.389**	2020	0.175***
2005	0.314**	2013	0.359**	2021	0.167**
2006	0.502***	2014	0.363*	2022	0.146***
2007	0.385***	2015	0.362**	2023	0.138**
2008	0.333**	2016	0.298**		

注：***、**、* 分别代表在 1%、5%、10% 的显著性水平。

全局 Moran's *I* 指数仅描述了空间自相关的平均水平，如果一些地区存在正向空间自相关，而另一些地区存在负向空间自相关，那么二者将会相互抵消，最终使得 Moran's *I* 指数会被低估。为此，进一步绘制农业绿色发展的局部 Moran's *I* 散点图（只展示 2001 年、2008 年、2015 年、2023 年），其中 X 轴表示农业绿色发展水平，Y 轴表示农业绿色发展水平的空间滞后项。通过观察图 7-1 可以发现，大多数样本值均分布于"高—高"与"低—低"象限，这进一步说明中国农业绿色发展水平存在明显的空间聚集效应。其中农业高集聚度区（如中、西部地区）农业绿色发展水平随产业集聚度的提高表现出"先升后降"的曲线特征，而在农业低集聚度区（如东部地区）提高产业集聚对农业绿色发展水平的改善作用明显。

7.3.2　空间计量模型回归结果

按照空间计量分析模型检验要求，进行 Pooled OLS 回归分析。通过 LM、Robust LM 检验发现空间面板滞后模型（SAR）比空间面板误差模型（SEM）更能准确检验产业集聚对农业绿色发展的空间溢出效应（表 7-2）。同时，LR 检验在 5% 置信水平上接受了空间面板杜宾模型（SDM）可以简化为空间面板滞后模型（SAR），但 Wald 检验不显著显示空间面板杜宾模型（SDM）不可以简化为空间面板误差模型（SEM）。综合上述检验结果，本研究考虑使用 SAR 模型进行后续的空间计量检验。在确定使用 SAR 模

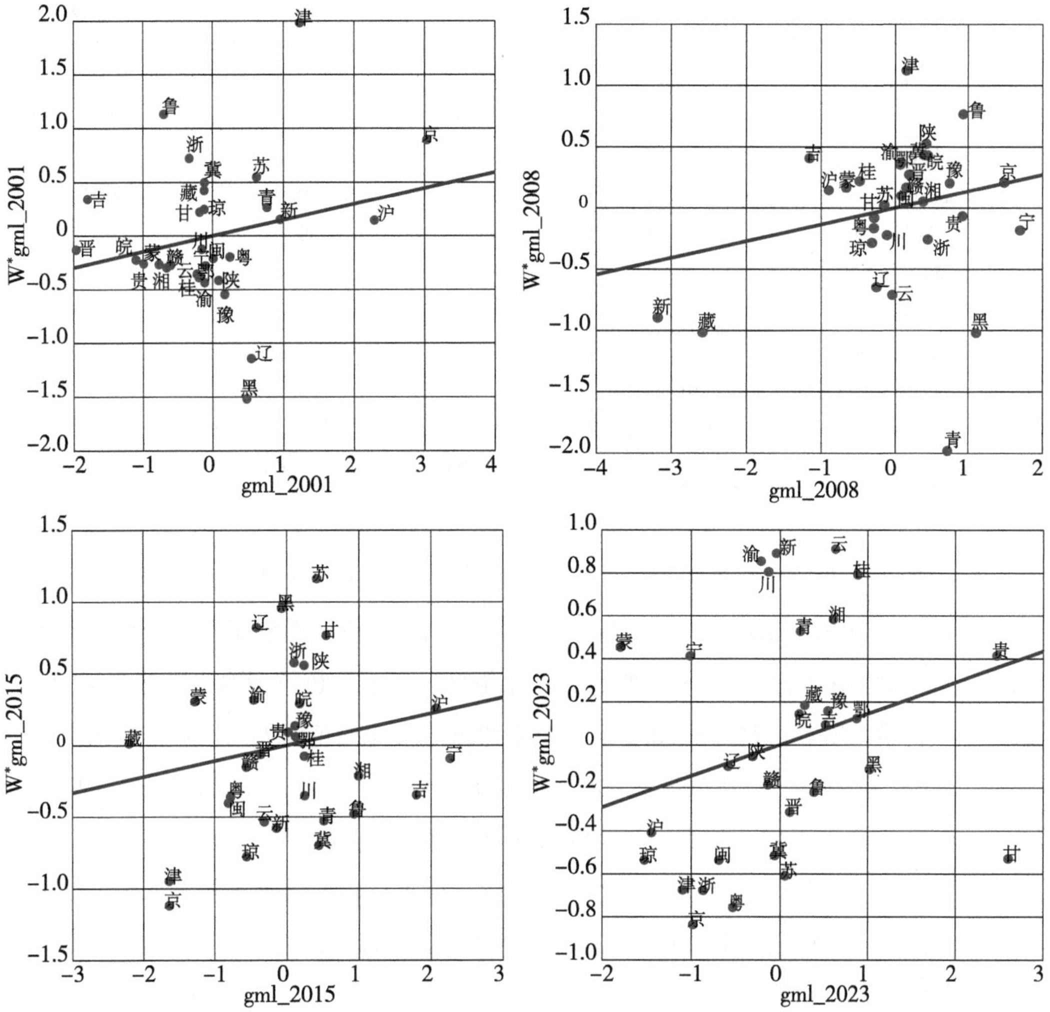

第 7 章 产业集聚对农业绿色发展的空间效应分析

图 7-1 代表年份农业 GTFP 的莫兰散点图

注：横坐标 gml 指农业绿色发展水平的标准化值；纵坐标 W^* 表示农业绿色发展水平。

型的基础上，Hausman 检验结果表明固定效应更适合模型估计，而时间、地区以及时间和地区双固定的 LR 检验结果则表明包含时间和地区双固定效应较优。综上所述，本研究最终选择基于地区时间双固定效应的 SAR 模型进行回归分析。

表 7-2 LM 检验、Wald 检验、LR 检验以及 Hausman 检验结果

统计检验	经济距离权重矩阵		地理邻接权重矩阵	
	统计量	P 值	统计量	P 值
LM_lag	9.811	0.002	24.723	0.000
Robust LM_lag	3.445	0.018	0.012	0.912

（续表）

统计检验	经济距离权重矩阵		地理邻接权重矩阵	
	统计量	P值	统计量	P值
LM_errou	11.675	0.001	25.669	0.000
Robust LM_error	4.309	0.038	0.958	0.328
Wald_lag	11.943	0.102	9.387	0.226
Wald_error	6.032	0.536	4.611	0.707
LR_lag	11.332	0.124	7.507	0.378
LR_error	5.944	0.546	4.284	0.747
Ind vs Mixed	76.973	0.000	76.973	0.000
Time vs Mixed	132.553	0.000	132.553	0.000
Ind vs Ind&Time	83.843	0.000	127.686	0.000

Lee和Yu（2010）指出传统的固定效应模型存在偏误，并进一步对偏误进行了校正。因此，文中给出的是基于Lee和Yu提出的双固定效应偏误校正空间滞后模型估计结果。从检验结果看出（表7-3列2），产业集聚对农业绿色发展水平的影响通过5%置信水平检验，影响系数为0.023，说明产业集聚对农业绿色发展的影响存在正向促进作用。此外，统计显示产业集聚的空间自回归系数为正，且通过1%的显著性检验，进一步说明产业集聚对农业绿色发展的影响存在正向空间溢出效应。空间自回归系数（0.387）通过1%的显著性检验，表明周边地区的农业绿色发展水平提升能够带动本地农业绿色发展，这也进一步证明省域存在空间相关性，且这种相关性可能与产业集聚产生的空间溢出效应相关。

为了进一步验证基于经济距离权重矩阵回归分析结果比传统空间邻近矩阵存在优势和更强的稳健性，本研究构建地理邻接权重矩阵，并在该矩阵下检验产业集聚对农业绿色发展的影响（表7-3列3）。基于地理邻接权重矩阵的空间回归分析结果，产业集聚回归系数（0.022）通过1%的显著性检验，但是空间自回归系数（0.191）、显著性水平均比基于经济距离权重矩阵的空间自回归系数（0.387）和显著性水平低。

表7-3 SAR模型双固定效应回归结果

变量	经济距离权重矩阵	地理邻接权重矩阵
产业集聚	0.023**	0.022**
	(2.112)	(2.131)
城镇化率	0.394***	0.404***
	(3.851)	(3.848)

(续表)

变量	经济距离权重矩阵	地理邻接权重矩阵
农业产业结构	0.030**	0.026**
	(3.197)	(3.330)
农业专利	0.001	0.001
	(−0.034)	(−0.060)
财政支持	0.542***	0.577***
	(3.771)	(3.911)
市场化水平	0.008**	0.009**
	(2.270)	(2.328)
自然灾害	−0.093***	−0.093***
	(−4.738)	(−4.595)
rho	0.387***	0.191**
	(3.855)	(2.709)
Sigma2_e	0.002	0.002
R-squared	0.417	0.394

注：括号内为渐近 t 统计量，***、**、* 分别代表 z 概率分布在 1%、5%、10%的显著性水平，下同。

由于式（7-4）退化为 SAR 模型存在空间滞后变量，则该模型的回归系数并不能反映产业集聚对农业绿色发展水平影响程度的大小，回归系数仅在方向上有效，而两者间的真实影响程度一般是利用偏微分对 SAR 模型进行分解，用分解后得到的直接效应和间接效应来表示。直接效应是指本地产业集聚对本地农业绿色发展水平影响的均值，它包含了反馈效应，反馈效应是指本地农业绿色发展水平通过影响周边地区农业绿色发展水平变化反向影响本地的农业绿色发展水平；间接效应是指本地农业绿色发展水平对周边地区农业绿色发展水平的影响，总效应为直接效应和间接效应之和。

从表 7-4 可以看出，产业集聚对农业绿色发展水平的直接溢出效应（0.023）和间接溢出效应（0.006）均为正，且分别通过 5%和 10%显著性检验。这表明产业集聚通过要素集聚、规模效应等提升了区域农业绿色发展水平，并通过空间溢出实现对周边地区的溢出和辐射。然而值得关注的是，相对于直接效应检验，间接效应的溢出系数明显低于直接效应，且直接效应通过了更为严格的显著性检验。表明产业集聚在一定程度上实现空间溢出，但是在当前阶段各省份的直接效应可能更为突出。可能的原因是农业产业集聚主要是围绕该区域土地资源进行的要素集聚，尽管劳动力、技术等可以在省份之间流动，而土地仅在省份内部村域间进行流转，仅有土地流转模式经验可在周边省份进行溢出,导致产业集聚的间接效应大大降低。在控制变量中,第一,城镇化率、财政支持和市场化水平总效应显著为正,自然灾害总效应显著为负。第二,农业产业结构总效应为正,但不显著;农业专利的总效应接近于零,且不显著。对上述空间溢出效应的实证检验也为前文关于产业集聚促进农业绿色发展路径的理论推导提供论据。

表 7-4 空间溢出效应检验结果统计

变量	直接效应	间接效应	总效用
产业集聚	0.023**	0.006*	0.029**
	(2.147)	(−1.810)	(2.052)
城镇化率	0.392***	−0.110**	0.282***
	(3.856)	(−2.432)	(3.607)
农业产业结构	0.031	−0.009	0.022
	(0.406)	(−0.395)	(0.400)
农业专利	0.000	0.000	0.000
	(−0.021)	(0.027)	(−0.019)
财政支持	0.546***	−0.152**	0.394***
	(3.865)	(−2.500)	(3.529)
市场化水平	0.008**	−0.002*	0.006**
	(2.343)	(−1.864)	(2.256)
自然灾害	−0.094***	0.026***	−0.068***
	(−4.666)	(2.654)	(−4.264)

7.3.3 两区制模型回归结果

表 7-5 中的模型(1)是从经济发展水平将 SAR 模型的空间滞后解释变量分为两个区制,区制 1 为经济发展水平较高的东部省份,区制 2 为经济发展水平较低的中西部省份。从回归结果可以看出,经济发展水平较高省份的农业绿色发展竞争系数 ρ_1 为 0.893,而经济发展水平较低省份的农业绿色发展竞争系数 ρ_2 为 0.284,显示均在 1% 的水平上高度显著,表明经济发展水平较高省份的农业绿色发展竞争系数显著高于经济发展水平较低省份。导致这种差异的根源是经济发展水平的不同。东部地区经济实力较强,对绿色生态农产品、良好环境等有较高追求,对农业绿色发展技术的投入较大,对农业绿色发展影响效应更大。中西部地区经济实力整体较弱,更多追求农产品产量增加,进而导致高投入、高消耗,对农业绿色发展影响较小。

表 7-5 中的模型(2)是从农业生产功能区角度将 SAR 模型的空间滞后解释变量

分为两个区制：区制 1 为粮食主产区，区制 2 为粮食非主产区。从回归结果可以看到，粮食主产区和非主产区的农业绿色发展竞争系数 ρ_1 和 ρ_2 分别为 0.275 和 0.884，分别在 1%、5% 的水平上显著，表明以粮食生产为主省份的农业绿色发展竞争系数显著低于粮食非主产区省份。究其原因主要是粮食主产区肩负着大部分粮食生产，在农业绿色发展与减排降碳上存在顾此失彼，进而对农业绿色发展效应较小；而非主产区则因农业产业结构较为丰富，产业间发展协调、农业生产压力较小，故在生产投入中会偏向绿色技术选择，进而促进农业绿色发展。

表 7-5 两区制回归结果

变量	东部与中西部地区	粮食主产区与非主产区
产业集聚	0.022**	0.032**
	(2.169)	(2.268)
城镇化率	−0.010	0.053**
	(−0.410)	(2.176)
农业产业结构	0.078***	0.029
	(2.921)	(1.184)
农业专利	−0.001**	−0.002
	(−2.075)	(−3.857)
财政支持	0.210***	0.488***
	(2.593)	(4.491)
市场化水平	0.005***	0.006***
	(2.964)	(3.464)
自然灾害	−0.048***	−0.082***
	(−3.201)	(−4.974)
rho1	0.893***	0.275***
	(28.678)	(−3.971)
rho2	0.284***	0.884**
	(3.529)	(−2.249)
Sigma^2	0.003	0.002
R^2	0.876	0.863

7.3.4 面板地理加权回归结果

结合面板时空地理加权回归模型方法，基 AICs 准则、GCV 准则和 RSS 准则的最优空间带宽和最优时间带宽分别为 31 和 21。由于基于 GCV 准则的最优带宽与基于 CV 准则的最优带宽遴选结果基本等价，本研究未考虑基于 CV 准则来优选最优空间或时间带宽。鉴于 AICs 准则、GCV 准则和 RSS 准则指向相同的最优空间带宽和最优时间带宽的事实，本研究在最优空间带宽为 31、最优时间带宽为 21 的条件下试算了面板时空地理加权回归模型的整体统计性质。

由表 7-6 可知，个体—时期双固定效应面板时空地理加权回归模型体现出了较好的整体统计性质。从对各种可能模型的整体统计性质试算结果来看，在最优空间带宽为 31、最优时间带宽为 21 的条件下，个体—时期双固定效应面板时空地理加权回归模型体现出了比较好的统计性质，其中局部系数的估计值显著性比率达到了 71.06%，修正的拟合优度达到了 0.985，F 统计量也能够通过显著性水平为 0.01 的假设检验。有鉴于此，在阐释中国省级层面农业绿色发展影响因素时，最优的空间带宽和时间带宽分别为 31 与 21。进一步估计所有局部点的相关参数及其统计性质，并对局部点参数的有效性进行诊断，如图 7-1 所示。

表 7-6 四种效应下地理加权回归模型的整体统计性质

统计性质	混合效应	个体固定效应	时间固定效应	个体—时间双固定效应
局部系数估计值的显著比率	38.42%	65.20%	56.99%	71.06%
样本容量	651	651	651	651
自由度	149	243	172	243
随机扰动项方差估计值	0.424	0.010	0.010	0.310
CV 准则值	63.174	2.461	1.696	75.215
GCV 准则值	0.000	0.000	0.000	0.000
AICc 准则值	1 310.349	−1 121.875	−1 141.823	1 104.461
修正的拟合优度	0.999	0.824 0	0.774	0.985
F 统计量值	601 310	3 348	800	17 758 238
F 统计量的概率	0.000***	0.000***	0.000***	0.000***
修正的概率临界值 (0.01, 0.05, 0.1)	0.050	0.082	0.026	0.048
	0.252	0.407	0.132	0.238
	0.503	0.815	0.264	0.476
对数似然值	−644.431	571.175	579.803	−542.009

注：***、**、* 分别表示在 1%、5% 和 10% 的显著性水平上通过假设检验。

从图 7-2 可以看出，产业集聚局部点参数估计值均在 0 和 1 之间。与空间计量全局模型效果类似，基于面板时空地理加权回归模型也可以对中国省级层面的农业绿色发展影响因素进行有效的估计。当然，相比较基于空间计量全局模型的分析而言，面板时空地理加权回归模型给予每个局部点以单独的分析，且在各自的分析过程中仅纳入对局部点真正产生有效影响的邻近局部点，从而使得农业绿色发展影响因素的估计更加精准。

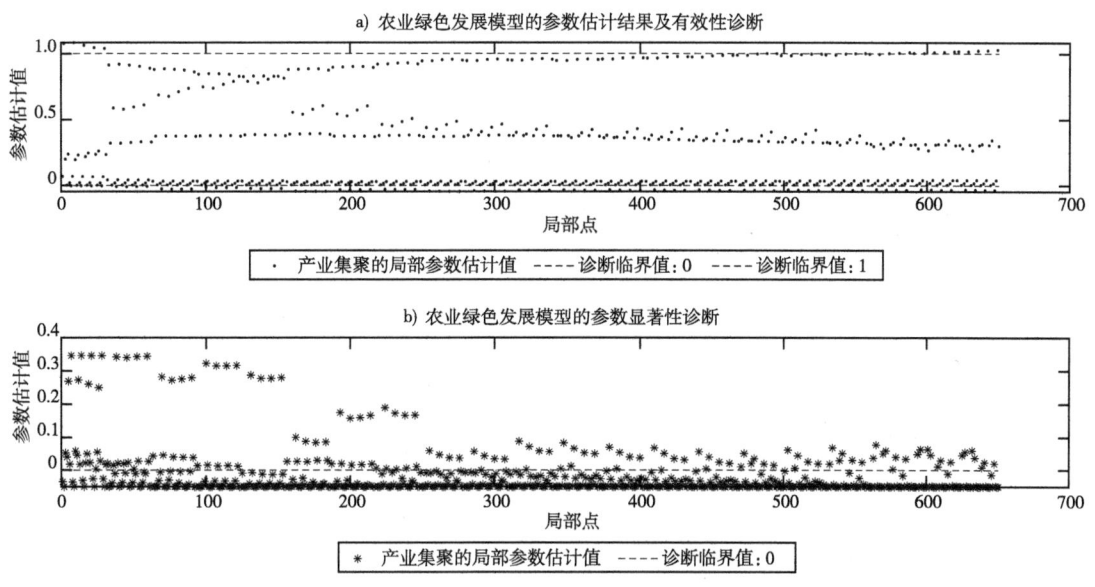

图 7-2 参数估计结果有效性与显著性诊断

7.4 本章小结

第一，农业绿色发展水平呈现出空间正相关性，SAR 模型回归结果显示空间自回归系数在 1% 水平上显著，表明周边地区的农业绿色发展水平提升能够带动本地农业绿色发展。进一步分解表明，产业集聚对农业绿色发展水平的直接溢出效应（0.023）和间接溢出效应（0.006）均为正，且分别在 5% 和 10% 水平显著。

第二，从经济发展水平将 SAR 模型的空间滞后解释变量分为两个区制，结果显示东部、中西部地区的农业绿色发展竞争系数分别为 0.893、0.284。从农业生产功能区角度将 SAR 模型的空间滞后解释变量分为两个区制，结果显示粮食主产区、非主产区的农业绿色发展竞争系数分别为 0.275、0.884。

第三，在阐释中国省级层面农业绿色发展影响因素时，最优的空间带宽和时间带宽分别为 31 与 21，个体时期双固定效应面板时空地理加权回归模型局部系数的估计值显著性比率达到了 71.06%，修正的拟合优度达到了 0.985，F 统计量也能够通过显著性水平为 0.01 的假设检验。

第8章 产业集聚与农业绿色发展的交互效应分析

8.1 土地整治政策演变

我国高标准农田建设以提高粮食生产力为导向（鹿光耀 等，2024）。通过建设高标准农田，实现田地平整、道路畅通、灌溉改良等，提高粮食单产和综合生产能力，促进农业高质量发展；以区域发展差异化为特征，明确亩均投资标准，提高建设标准，使政策惠及更多农民，助力实现共同富裕；以保障国家粮食安全为目标，解决土地细碎化问题，增加耕地面积，改良耕地质量，确保国家粮食安全。农田建设主要经历了3个阶段。

8.1.1 注重耕地数量阶段（2000—2011年）

1999年《中共中央 国务院关于做好1999年农业和农村工作的意见》明确"农业综合开发原则上不再安排新的开荒造地项目，重点搞好中低产田改造"。在耕地数量保护方面，总体执行"保持耕地总量动态平衡，耕地占补数量和质量相当"，通过系列田间工程、农艺工程等措施守住了18亿亩耕地红线。2003年，国土资源部颁发《全国土地开发整理规划（2001—2010）》，包含土地整理、土地复垦和土地开发三项内容。2004年，农业部编制了《国家优质粮食产业工程建设规划（2004—2010年）》，开始启动实施标准粮田项目。2004—2011年中央一号文件持续提出加快高标准农田建设意见、措施等，旨在提高粮食、重要农产品综合生产能力。2004年《国家农业综合开发土地治理项目建设标准》明确农业综合开发土地治理项目的建设标准，实现建成高标准基本农田等目标，提高农业综合生产能力。2011年《高标准基本农田建设规范（试行）》规定了高标准基本农田建设的基本原则、建设目标、建设条件、建设内容与技术要求、建设程序、公众参与、权属管理、信息化建设与档案管理、绩效评价等。田间工程的建设改善了农业生产条件，促进了农业产业在空间上的集聚，也促进了生产专业化分工，进而促进了农业适度规模经营。灌溉与排水工程是各省共同的改造提升重点需求，对农田稳产、增产、提效至关重要（陈正 等，2023）。这类政策措施主要通过规划明确各类耕地用途、农田数量，设定耕地数量保护的底线目标和重点任务，并通过实施高标准农田建设等工程项目落实、细化保护目标、任务，但往往忽视了耕地质量和生态环境的保护工程。

8.1.2 注重耕地数量与质量阶段（2012—2017年）

该阶段政策措施主要通过在耕地开发利用过程中采取保护性耕作、保护性利用方式，激励在用地、养地中保护、提升耕地基础地力。2012年《关于提升耕地保护水平全面加强耕地质量建设与管理的通知》明确耕地质量建设与管护是新时代耕地利用保护的新使命，要以建设4亿亩高标准基本农田为重点，提升耕地保护水平、全面加强耕地质量建设与管理。2014年《高标准农田建设通则》规定了高标准农田建设的基本原则、建设内容、技术要求、验收等方面的标准，为高标准农田建设提供了统一的技术依据，指导各地科学规范地开展高标准农田建设工作。同时，各省级人民政府有关部门依据《耕地地力调查与质量评价技术规定》和《农用地质量分等规程》，组织实施开展耕地地力和质量等级评定工作，为后续的农田管理、利用和保护提供了准确的数据支持和科学依据，生态效益逐步显现，绿色农业和生态农业蓬勃发展。2015年《关于创新投融资模式加快推进高标准农田建设的通知》提出通过财政资金、信贷资金与社会资金的结合，创新投融资模式，开展高标准农田建设试点。在这一过程中，设施设备集成化有了进展，生产环境监测体系建设不断强化，科技普及率越来越高，科技应用水平也持续提升。

8.1.3 耕地数量、质量、生态"三位一体"阶段（2018年至今）

耕地是最基本的自然资源和生产要素，其数量和质量构成了粮食安全的保障，但要实现粮食安全的永续保障，就必须推动以质量提升为导向的耕地建设转型模式。充分利用耕地、提升耕地质量、维护耕地生态系统环境，是落实生态文明的具体表现。中国耕地保护转型以休养生息为指引标志着土地整治进入耕地数量、质量、生态"三位一体"阶段。该阶段政策措施主要通过修复、治理问题耕地从而改善、提升耕地质量，重点是提升土壤肥力，提高土壤中微生物活性，提高土壤有机质含量，降低耕地中的污染风险，降低耕地利用强度特别是降低农药利用等。具体到耕地质量建设与生态系统维护上，通过采取"养、退、休、轮、控"措施，对耕地进行养护、退耕还林还草、休耕、轮作、污染防控治理，探索耕地保护与利用协调发展，稳步实现从片面"追求产出"向"用养结合、永续利用"转变。在治理方式上，从"重用轻养，分头治理"向"用养结合、综合治理"方式转变，重点引导向绿色低碳可持续农业发展转型，促进高质量耕地产出的高品质农产品生态价值实现。当前，我国基本实现了耕地数量、质量、生态并重的"三位一体"综合保护利用体系，但尚未形成数量、质量、生态"三位一体"的较为完整的评价体系。

8.2 理论构建

8.2.1 产业集聚与农业绿色发展的双向影响

在探索农业绿色发展的过程中，不少文献指出经济发展、技术进步、经营方式、资源禀赋等自然社会经济因素会对农业绿色发展水平产生影响。在世界范围内不断形成的农业生产集聚化以及其对农业绿色发展产生的影响也引起了不少关注。从理论上来看，经济空间集聚能够通过规模效应、技术的外部溢出效应和竞争效应来减少碳排放。研究表明处于增长阶段的产业集群才能促进农业经济增长。但过度的产业集聚会造成拥挤效应、规模效应递减，不利于农业可持续发展。当前，中国农业生产聚集化特征明显，涌现了一大批农业主产地，农产品供给从短缺匮乏到丰富充裕，主要农产品产量跃居世界前列。然而农业主产地集中度高的密集生产模式意味着更多的农业能源消耗及土地活动，碳排放也趋于增长。特别是中国农业正在迅速从自给自足的传统模式向集约化的现代模式转变，在控制碳排放和满足粮食安全需求方面面临越来越多的挑战。因此，农业生产相关投入对碳排放和经济增长的相互作用有待进一步理解。产业集聚能否促进农业绿色发展与减排效应能否有效发挥作用密切相关，如果由于不同的集聚模式以及与集聚相关的内部和外部力量导致减排效应的传导渠道受阻，不但不能促进农业绿色发展，也会抑制产业集聚度的提升。

前面文献已指出产业集聚对农业绿色发展具有单向的影响关系，同时也有文献指出生态环境是生产活动必须考虑的要素之一，绿色发展会反作用于产业集聚。环境污染的加剧会迫使人们向环境较好的地区迁移，导致该区域无法获得足够的劳动力，从而阻碍产业集聚。同时，环境恶化提高了企业生产成本，企业的经营效率也会降低，那些无法从贸易获益的企业不得不选择终止生产活动退出市场，降低产业集聚。此外，环境恶化会加大政府管制力度，提高企业准入门槛和环保支出，会抑制经济活动从而降低产业集聚。从更广义上而言，环境污染将直接威胁可持续发展目标。

8.2.2 土地整治对农业绿色发展的交互效应

土地整治是提高农业生产和促进农业可持续发展的有效政策工具，主要举措包括土地平整与重新排列、土壤改良、完善田间水利、田间道路建设等方面，已在多数国家成功实施。美国通过土地整治来保护耕地和环境质量，欧盟实施了共同农业政策来推动土地整治，中国大力推动高标准农田建设等。土地整治在改善农业能源效率方面是有利的。第一，土地整治能够提高中间投入品的配置效率，例如，土地整治减少了土地碎片化，实现集中连片经营，有利于减少化肥使用量、减少能源燃料、提高农用薄膜循环利用率，进而提高了中间投入品的配置效率。第二，土地整治优化了要素投入质量。连片经营加快了农业机械、灌溉系统等现代投入要素对农业劳动力的替代，有利于推动节水灌溉、秸秆还田利用等减排固碳措施。这在一定程度上既增强农业综合生产能力，又降低了农业能源碳排放。

土地整治促进了产业集聚的横向、纵向分工深化，为产业集聚的溢出效应提供了传导渠道，增强了产业集聚对农业绿色发展的促进作用。一方面，土地整治通过土地利用的空间布局优化，形成多区域、多中心连片化种养的农业横向分工格局。横向分工可以有效节约交易费用、提升交易效率，有助于农业生产通过共享技术和基础设施，进而有利于减少农业生产、交换环节的污染排放。更为重要的是，横向分工集聚具有人力资本积累与外溢效应，是规模报酬递增与经济增长的重要来源。从人力资本积累效应来看，横向分工不仅有利于节约工作转换时间，并且有助于知识的积累与技术的创新，提高个体的技术获取能力。由于专用性人力资本具有规模报酬递增的趋势，横向分工导致禀赋相同的个体同样有动力对专用性技能进行投资。从人力资本外溢效应来看，知识与技能所表征的人力资本具有外溢效应。生产者集聚有利于信息扩散、技术模仿、技术创新，使得任何技能水平的主体在人力资本丰富的环境中都更具生产力。

另一方面，土地整治通过田间道路建设、地块合并与宜机化改造等措施，优化了农机作业环境，促进了农业生产环节服务市场的发展，最终加强了纵向分工深化。农业绿色发展水平的提高既依赖于农业技术进步，也依赖于微观经营主体的能源减量技术采纳行为。古典经济增长理论将农业技术进步视为外生变量，认为农户是一个被动采纳新技术的经济主体。然而，在要素市场化条件下，一旦农户参与农业纵向分工，农业绿色发展技术进步具有内生性。具体地，农业纵向分工主要通过两条路径促进农业绿色发展：一是减量技术装备的迂回投资效应，即农户通过购买生产性服务组织提供的机械化喷施、灌溉等服务，能够有效克服机械装备投资门槛较高与资产专用性较强的问题；二是减量技术的迂回引进效应，即具有技术密集型特征的生产性服务组织，能够充当新技术的载体与传导器，将新技术直接输入生产环节中。进一步，农业纵向分工市场发育隐含着横向分工要求，即农户需要开展连片化种养，以形成充分规模的服务市场容量，因为只有当服务市场容量达到既定规模时，才能够吸引服务供应商进入市场提供服务，并通过专业服务主体推进农业绿色发展成为可能。

8.3 研究方法与数据选择

8.3.1 空间联立方程模型

根据上述理论分析，忽略产业集聚、农业绿色发展之间的交互影响，可能会产生联立性偏误或变量遗漏导致的内生性问题。为了解决联立性偏误和遗漏变量引起的内生性问题，选择广义空间三阶段最小二乘估计法（GS3SLS）进行识别估计。本研究构建产业集聚、农业绿色发展联立方程组，其中土地整治是主要关注的核心控制变量。具体如下：

$$cj_{it} = \alpha_1 + \beta_1 \sum_{i=1}^{N} w_{ij} cj_{it} + \chi_1^1 ag_{it} + \chi_2^1 \sum_{i=1}^{N} w_{ij} ag_{it} + \gamma_1 lc_{it} + \Lambda \Gamma_{it} + \mu_i^1 + \nu_t^1 + \varepsilon_{it}^1 \tag{8-1}$$

$$ag_{it} = \alpha_2 + \beta_2 \sum_{i=1}^{N} w_{ij} ag_{it} + \chi_1^2 cj_{it} + \chi_2^2 \sum_{i=1}^{N} w_{ij} cj_{it} + \gamma_2 lc_{it} + \Phi Z_{it} + \mu_i^2 + \nu_t^2 + \varepsilon_{it}^2 \tag{8-2}$$

式中：i、t分别代表省份和年份，cj_{it}代表产业集聚度，ag_{it}代表农业绿色发展水平；α是常数项；β表示产业集聚、农业绿色发展对各组方程的影响系数，γ、η表示土地整治各组方程的影响系数。Γ、Z分别为产业集聚方程、农业绿色发展方程的控制变量集合，Λ、Φ分别为其估计参数矩阵；ε和μ为随机扰动项。Γ为产业集聚方程的其他控制变量，Z为农业绿色发展方程的其他控制变量。

为检验土地整治对产业集聚、农业绿色发展的影响，本研究进一步在方程中加入交互项，拓展模型对变量之间关系的解释，检验土地整治对产业集聚和农业绿色发展的调节效应，建立如下扩展联立方程模型：

$$\begin{aligned} cj_{it} = & \alpha_1 + \beta_1 \sum_{i=1}^{N} w_{ij} cj_{it} + \chi_1^1 ag_{it} + \chi_2^1 \sum_{i=1}^{N} w_{ij} ag_{it} \\ & + \gamma_1 lc_{it} + \eta_1 ag_{it} \times lc_{it} + \Lambda \Gamma_{it} + \mu_i^1 + \nu_t^1 + \varepsilon_{it}^1 \end{aligned} \tag{8-3}$$

$$ag_{it} = \alpha_2 + \beta_2 \sum_{i=1}^{N} w_{ij} ag_{it} + \chi_1^2 cj_{it} + \chi_2^2 \sum_{i=1}^{N} w_{ij} cj_{it}$$
$$+ \gamma_2 lc_{it} + \eta_2 cj_{it} \times lc_{it} + \Phi Z_{it} + \mu_i^2 + \nu_t^2 + \varepsilon_{it}^2 \quad (8\text{-}4)$$

式中，η 为土地整治对产业集聚、农业绿色发展的交互影响系数，其他变量含义如前文所述。

8.3.2 数据选择

（1）被解释变量：农业绿色发展水平，具体见 5.4.1 节；产业集聚水平，具体见 3.4.2 节。

（2）Γ 包括的控制变量：劳动力禀赋、资本禀赋、土地禀赋、农业灌溉率。劳动力禀赋采用第一产业就业人数占全社会就业人数的比重来衡量，资本禀赋采用第一产业资本存量/第一产业从业人员来衡量，土地禀赋采用农业劳动力人均农作物播种面积/第一产业从业人员来表示，农业灌溉率以有效灌溉面积占农作物总播种面积的比重来表示。

（3）Z 包括的控制变量：城镇化率、农业产业结构、农业专利、财政支持、市场化水平、自然灾害与土地整治。其中土地整治利用改造中低产田与高标准农田面积占耕地总面积的比重来测度，其他变量定义见 6.3.5 节。土地整治数据来自《中国财政年鉴》，且 2018—2023 年各省高标准农田建设任务数据来自农业农村部网站。

8.4 结果与分析

8.4.1 空间联立方程回归分析

由联立方程的识别条件可知，本研究构建的联立方程为过度识别模型，适合采用 GS3SLS 进行估计。为了对比和稳健性考察，本研究进一步采用地理临近空间矩阵来回归式（8-1）和式（8-2）、式（8-3）和式（8-4）。除了部分变量估计系数显著性水平有变化，大部分变量估计系数方向、显著性水平变化不大。这表明采用经济距离空间来检验产业集聚与农业绿色发展的空间溢出效应的结论具有一定的稳健性。下面主要针对表 8-1 列 3~4 的结果进行分析。

首先讨论没有交互项情况下考察产业集聚与农业绿色发展的交互影响（表 8-1 列 3）。在产业集聚方程中，农业绿色发展的估计系数为 1.035，且在 5% 的置信水平上通过了显著性检验,这说明农业绿色发展促进了产业集聚的发展。尽管农业绿色发展隐含的生产成本增加,但其收益却增加了,且生态环境也得到了改变,促使了农业企业向本地区转移,进而提升产业集聚水平。而农业绿色发展的空间滞后项估计系数在1%水平上显著为负,这表明了邻近地区农业绿色发展水平的提升也会吸引周边地区企业的转移,进而降低本地区产业集聚水平。邻近地区产业集聚同样也会促进本地区产业集聚,可能原因在于我国农业产业集聚在整体上还处于发展阶段。即使邻近地区产业集聚水平高,但由于拥挤效应的存在,农业企业还是优先选择本地区进行农业生产。这是因为中国农业产业集聚水平提升主要体现在生产空间的集聚。从控制变量来看,土地整治促进了农业产业集聚的提升,土地整治加速了要素资源的聚集,实现了规模适度经营;农业劳动力、资本、土地经营规模能有效促进农业产业集聚度的提升,且以农业灌溉为代表的基础设施改善也能提高产业集聚度。

表 8-1 空间联立方程回归结果

方程组	变量	经济距离空间权重矩阵		地理邻近空间权重矩阵	
		式(8-1)至式(8-2)	式(8-3)至式(8-4)	式(8-1)至式(8-2)	式(8-3)至式(8-4)
产业集聚方程	农业绿色发展	1.035**	1.190***	1.326**	1.166***
		(0.464)	(0.011)	(0.651)	(0.215)
	农业绿色发展空间滞后项	-0.188***	-0.231***	-0.127***	-0.504***
		(0.020)	(0.047)	(0.029)	(0.143)
	产业集聚空间滞后项	0.422***	0.210***	0.638***	0.278***
		(0.082)	(0.050)	(0.059)	(0.036)
	土地整治	0.812***	0.567***	0.939***	0.461***
		(0.105)	(0.077)	(0.088)	(0.076)
	产业集聚×土地整治		0.971***		0.958***
			(0.038)		(0.036)
	劳动禀赋	3.212***	2.022***	4.413***	2.596***
		(0.166)	(0.114)	(0.154)	(0.115)
	资本禀赋	0.005***	0.001**	0.006***	0.002***
		(0.001)	(0.001)	(0.001)	(0.001)
	土地禀赋	0.028***	0.019***	0.024***	0.017***
		(0.004)	(0.003)	(0.004)	(0.003)
	灌溉率	0.493***	0.133*	0.669***	0.208***
		(0.098)	(0.067)	(0.096)	(0.066)

(续表)

方程组	变量	经济距离空间权重矩阵		地理邻近空间权重矩阵	
		式(8-1)至式(8-2)	式(8-3)至式(8-4)	式(8-1)至式(8-2)	式(8-3)至式(8-4)
农业绿色发展方程	产业集聚	0.011***	0.013**	0.009*	0.014**
		(0.007)	(0.001)	(0.005)	(0.001)
	产业集聚空间滞后项	0.016**	0.003***	0.019**	0.001
		(0.008)	(0.001)	(0.009)	(0.005)
	农业绿色发展空间滞后项	0.820***	0.067***	0.709***	0.089
		(0.126)	(0.025)	(0.126)	(0.046)
	土地整治	0.023**	1.993***	0.016	1.976***
		(0.011)	(0.059)	(0.013)	(0.060)
	农业绿色发展×土地整治		1.886***		1.871***
			(0.056)		(0.057)
	经济发展水平	-0.010	0.004	-0.015	0.003
		(0.009)	(0.005)	(0.009)	(0.005)
	城镇化率	0.070	0.068***	0.086**	0.066***
		(0.036)	(0.022)	(0.036)	(0.022)
	农业产业结构	-0.106***	-0.022	-0.087***	-0.023
		(0.024)	(0.015)	(0.026)	(0.016)
	农业专利	-0.001*	0.001*	-0.002*	0.001*
		(0.000)	(0.000)	(0.000)	(0.000)
	财政支持	0.258***	0.193***	0.363***	0.200***
		(0.093)	(0.054)	(0.095)	(0.055)
	自然灾害	-0.083***	-0.069***	-0.091***	-0.070***
		(0.018)	(0.011)	(0.018)	(0.011)

注：***、**、*分别表示通过显著性水平为1%、5%、10%的假设检验。括号内为标准误。

在农业绿色发展方程中，产业集聚的估计系数为0.011，且在1%水平上通过显著性检验，这说明产业集聚有效促进了农业绿色发展。产业集聚促进了要素集聚，也提升了农业经营规模，使得绿色技术更容易在集聚区进行传播与扩散，进而能够促进农业绿色发展。同理，由于中国农业产业集聚还处于发展阶段，基础设施等配套不足，使得产业集聚区存在"锁定"与"拥挤"效应，邻近地区产业集聚并没有吸引更多农业企业向邻近地区转移，而是趋向于在本地区发展。本地区农业企业因为产业集聚的聚集效应，有效提升了农业绿色发展水平。邻近地区农业绿色发展空间滞后项估计系数在1%水平上显著为正,正如两区制SAR模型结果所揭示的一样,两地区农业绿色发展水平具有竞争性,会相互促进农业绿色发展。从控制变量来看,以第一产业比重表征的产业结构会降低农业绿色发展水平,但系数不显著。粮食种植比例升高会显著降低农业绿色发展水平,这是由农业天然的弱质性,粮食种植比重越高、劳动力中越多从事农业的地区农产品价值就越低,农民收入就越低,进而通过增加粮食产量来提升收入。以高投入高产出的农业生产模式会加大农业碳排放,进而降低农业绿色发展水平。显然,剩余劳动力转移会加快农地流转,进而提高农民土地经营规模,有利于实现规模经济效益,进而促进农业绿色发展。农业专利越多代表农业技术就越发达,但以农业产量增长为目的的专利反而降低了农业绿色发展水平。财政支持在1%水平显著为负。由于财政支持加大了农民购买化肥农药的需求,缺乏对绿色低碳技术的引导,进而降低农业绿色发展水平。以受灾面积比例为代表的自然条件回归系数显著为负,自然灾害降低了农业产量,而生产期间投入是属于"沉淀成本",显然会降低农业绿色发展水平。

其次,在加入土地整治交互项后考察产业集聚与农业绿色发展的交互影响(表8-1列4)。在产业集聚方程中,农业绿色发展促进产业集聚系数提高了,说明产业集聚与土地整治的交互项对产业集聚的促进作用显著增大了。在农业绿色发展方程中,产业集聚促进农业绿色发展的系数提高了,也说明农业绿色发展与土地整治的交互项对产业集聚的促进作用也显著增大了。这表明土地整治能提高产业集聚与农业绿色发展之间的正向交互作用。

进一步,利用求偏微分方法分解和估计产业集聚方程、农业绿色发展方程直接效应和空间溢出效应。一方面可全面分析产业集聚、农业绿色发展空间自回归效应,另一方面可探析产业集聚、农业绿色发展对被解释变量的空间作用形式。直接效应是对解释变量的变化对本区域被解释变量的影响测度,通过效应外溢至邻近区域再传递回本区域,出现反馈效果;间接效应是对本区域解释变量影响邻近空间单元被解释变量的测度分析。基于此,通过对解释变量直接效应和间接效应的空间分解和估计,可有效拓展产业集聚与农业绿色发展之间的空间效应维度。由表8-2可知,在产业集聚方程中,农业绿色发展对产业集聚的直接效应、间接效应分别为0.157、-0.068,土地整治的直接效应、间接效应分别为0.571、0.140,产业集聚与土地整治交互项的直接效应、间接效应分别为0.977、0.238。在农业绿色发展方程中,产业集聚对农业绿色发展的直接效应、间接效应分别为0.003、0.003,土地整治直接效应、间接效应分别为0.994、0.134,绿色发展与土地整治交互项的直接效应、间接效应分别为1.888、0.126。这说明应用空间联立方程模型时,应考察变量间接效应对应变量的影响。

表 8-2 空间联立方程空间效应分解

方程组	变量	直接效应	间接效应	总效应
产业集聚方程	农业绿色发展	0.157*** (2.73)	-0.068* (-1.86)	0.089** (-2.28)
	土地整治	0.571*** (7.21)	0.140*** (2.84)	0.711*** (6.21)
	产业集聚× 土地整治	0.977*** (25.98)	0.238*** (3.42)	1.216*** (15.19)
	劳动禀赋	2.029*** (17.9)	0.492*** (3.59)	2.521*** (15.66)
	资本禀赋	0.001*** (2.63)	0.000** (2.04)	0.002*** (2.61)
	土地禀赋	0.019*** (6.61)	0.005*** (2.66)	0.023*** (5.53)
	灌溉率	0.136** (2.06)	0.033* (1.70)	0.169* (2.04)
农业绿色发展方程	产业集聚	0.003*** (3.97)	0.003** (2.45)	0.006*** (2.92)
	土地整治	0.994*** (33.64)	0.134** (2.45)	1.128*** (21.97)
	农业绿色发展× 土地整治	1.888*** (34.04)	0.126** (2.45)	2.014*** (22.37)
	经济发展水平	0.004 (0.70)	0.000 (0.49)	0.004 (0.70)
	城镇化率	0.068*** (3.08)	0.004* (1.87)	0.072*** (3.08)
	农业产业结构	-0.022** (-2.51)	-0.002** (-1.98)	-0.024** (-2.51)
	农业专利	0.001** (2.38)	0.000* (1.76)	0.001** (2.37)
	财政支持	0.192*** (3.55)	0.013 (1.29)	0.205*** (3.54)
	自然灾害	-0.069*** (-6.33)	-0.005 (-1.41)	-0.074*** (-6.27)

注:***、**、*分别表示通过显著性水平为1%、5%、10%的假设检验。括号内为 t 统计量。

8.4.2 分时段回归分析

根据土地整治政策演变,把样本数据分为 2003—2011 年、2012—2023 年两个时间段对式（8-3）和式（8-4）进行检验分析。由表8-3可知，在产业集聚方程中，邻近地区产业集聚对本地区产业集聚促进作用更强了，这可能来自各省份对于农业发展的竞争意识，使得本地区会更加重视农业发展；农业绿色发展对产业集聚的促进作用提高了，且邻近地区农业绿色对本地区产业集聚的抑制作用降低了，说明产业集聚质量在提高，一定程度上缓解了"拥堵效应"；土地整治促进产业集聚作用也明显提高，而调节项系数在降低，说明存在边际递减效应。在农业绿色发展方程中，邻近地区农业绿色发展会促进本地区农业绿色发展，这是由于同样可发现产业集聚对农业绿色发展的促进作用也提高了，邻近地区产业集聚促进自身农业绿色发展同时也促进了本地区农业绿色发展；由于土地整治更加注重质量、生态的结合，其促进农业绿色发展的作用也更加明显，所以其调节项对农业绿色发展的作用也更大。

表8-3 不同时段空间联立方程回归结果

方程组	变量	2003—2011年	2012—2023年
产业集聚方程	农业绿色发展	0.153*** (2.58)	0.473** (2.25)
	农业绿色发展空间滞后项	-0.275** (-2.55)	-0.174*** (-2.98)
	产业集聚空间滞后项	0.033** (2.43)	0.320*** (5.85)
	土地整治	0.297*** (8.51)	1.063*** (12.7)
	产业集聚×土地整治	1.579*** (14.21)	1.008*** (27.53)
	其他控制项	Yes	Yes
农业绿色发展方程	产业集聚	0.007** (2.27)	0.021** (2.14)
	产业集聚空间滞后项	0.004** (2.48)	0.013*** (3.67)
	农业绿色发展空间滞后项	0.030** (2.51)	0.112** (2.12)
	土地整治	1.575*** (24.81)	2.163*** (32.46)
	农业绿色发展×土地整治	1.665*** (24.77)	2.012*** (32.69)
	其他控制项	Yes	Yes

注：***、**、*分别表示通过显著性水平为1%、5%、10%的假设检验。括号内为t统计量。

进一步考虑这两个阶段的空间效应分解，可更清晰各变量对产业集聚与农业绿色发展的影响效应。由表 8-4 可知，比起 2003—2011 年，2012—2023 年空间联立方程组中，农业绿色发展对产业集聚的总效应变大，产业集聚对农业绿色发展的总效应也变大；土地整治对农业产业集聚、农业绿色发展的总效用变大，且农业绿色发展与土地整治调节项变大，但调节效应对产业集聚的总效用则变小了。这一方面由于土地整治由于更注重数量、质量与生态三位一体的结合，同时产业集聚发展的发展质量水平也在提升，进而产业集聚与农业绿色发展的交互效应就更明显。

表 8-4 不同时段空间联立方程部分变量总效用

方程组	变量	2003—2011 年	2012—2023 年
产业集聚方程	农业绿色发展	0.082* (1.75)	0.117** (2.23)
	土地整治	0.313*** (3.45)	1.537*** (8.27)
	产业集聚×土地整治	1.640*** (9.40)	1.055*** (12.81)
	其他控制项	Yes	Yes
农业绿色发展方程	产业集聚	0.002** (2.27)	0.015* (1.85)
	土地整治	0.964*** (5.61)	1.972*** (8.72)
	农业绿色发展×土地整治	1.904*** (15.49)	2.862*** (18.92)
	其他控制项	Yes	Yes

注：***、**、* 分别表示通过显著性水平为 1%、5%、10% 的假设检验。括号内为 t 统计量。

8.5 本章小结

第一，我国土地整治分为注重数量、注重数量和质量以及数量、质量、生态"三位一体"的发展阶段。土地整治在保障国家粮食安全和重要农产品供应上发挥了重要作用，也为农业绿色发展提供了良好的基础条件。

第二，利用空间联立方程考察了产业集聚与绿色发展的交互影响。结果表明产业集聚显著促进农业绿色发展，同时农业绿色发展也显著促进产业集聚。加入土地整治调节项后，发现土地整治有利于进一步加强产业集聚与农业绿色发展的交互影响。

第三，空间联立方程空间效应分解表明，产业集聚与农业绿色发展的交互影响的总效用均显著为正，土地整治调节项对产业集聚与农业绿色发展的总效应也显著为正。这进一步表明产业集聚与农业绿色发展具有相互促进作用。

第四,分时段空间联立方程回归结果表明,随着土地整治注重数量、质量与生态三位一体的结合,2012—2023年产业集聚与农业绿色发展的空间交互效应比起2003—2011年更加明显。

第9章 产业集聚空间转向与农业绿色发展

9.1 空间生产与生态文明

9.1.1 空间生产与生态化实践

空间的生产不仅通过其独特的现实性和实践性提升了人们的生活质量，同时也引发了诸多经济、政治和生态问题。这种不均衡的发展加剧了空间生产内部的阶级矛盾，使人们对空间的意识得到了显著提升。列斐伏尔提倡空间生产的主体需具备明确的自由意志，以加强其在空间生产实践中的自我调节能力。他所提出的"空间生产"概念反映了人们在全球化背景下对新型空间关系的期待，旨在解决空间生产过程中的问题。这些问题实际上是现实社会空间矛盾的一个表征。构建合理的空间秩序与制度虽然可以一定程度上缓解这些矛盾，但无法根本解决空间生产所面临的挑战。要实现彻底消除空间生产冲突、复兴空间正义，就必须进行空间领域的改革，以达到人本主义与科学主义的融合，实现理想与现实之间的契合以及自我规制与他律的统一。

在我国，耕地面积严重不足，人均耕地面积甚至不到全球平均水平的一半。同时，土地流失问题突出，水资源的分配也极为不均。我国的人口分布呈现东多西少的特征，尽管西北地区土地广阔，但人口密度偏低。伴随工业化进程的推进，生态危机以及环境污染问题日益严重，导致多种疾病频发，这在一定程度上影响了民众的生活质量与健康状况。在这样的背景下，我国的空间生产策略亟待强化，以实现空间资源的公平分配，从而在物质能量的交换过程中推动价值的规范。空间生产的生态化是人们在生产实践和社会交往中的重要价值标准，其实质是在空间生产活动中形成的。因此，空间生产的范式需以现实的空间生产活动为基础，构建人与自然之间的理想关系，进而建立一个动态、平衡、和谐的生态化发展框架。生态化弥补了传统价值范式的不足，期望通过生态理念的引导，限制人类对自然的过度干预，以维护自然生态的平衡，实现资源的可持续使用，确保人类发展与自然生态保持和谐共生。增强对生态环境的主观意识与责任感，有助于提升生态功能，形成良性的人与生态关系，最终实现可持续循环的空间生产模式。通过明确生产的目标与限度，遵循自然规则与生态法则，我们必须控制对自然的过度开发，实现生态、环保与可持续的发展。因此，推动生态化进程，积极促进空间生产的正义与价值规范对于解决我国空间生产失衡问题显得尤为重要。

9.1.2 生态文明与绿色空间生产

中华人民共和国成立以来就十分重视生态化建设。生态文明和可持续发展是生态化的具体体现，在社会价值追求和目标上保持一致性。中国生态文明建设作为中华民族永续发展的千年大计，其所蕴含的空间哲学理念诠释了中国式生态化建设的实践指向。生产空间是自然生产力与社会历史活动的共同产物，在生态文明空间建设中处于决定性地位。良好的地理环境和区位往往能带来更多的发展机会和更广阔的发展空间，大多数的城市都是在河流的交汇处和天然港口地区发展起来的，因为只有在这些地区，中、长途的商业活动才是可能的。当然，纯粹的自然界已走向隐退，现有的自然地理环境、区位因素等已经被或正在被社会实践活动所形塑。"空间里弥漫着社会关系；它不仅被社会关系支持，也生产社会关系和被社会关系所生产"（包亚明，2003）。生产空间作为物质生产的载体形式以及组成部分，孕育着社会发展的根本动力。与此同时，自然地理、人文地理、自然生产力与社会实践活动相互作用、相互交织，使得生产空间的运行机制更加复杂化、多样化、系统化。生产空间的发展方式、内在结构决定着人们的生活方式、消费方式，进而影响着生态文明空间格局的总体走向。在生态文明建设过程中，基于生产空间属性考虑，既要尊重自然生产的基础性作用，更要规范社会生产的组织形式和活动方式，从而推动空间生产的合理构建。

2007年党的十七大报告在生态省建设试点等系列实践基础上，提出"建设生态文明"的战略部署。优化国土空间开发格局，促进生产空间集约高效、生活空间宜居适度、生态空间山清水秀，给自然留下更多修复空间，给农业留下更多良田，给子孙后代留下天蓝、地绿、水净的美好家园。发展循环经济，促进生产、流通、消费过程的减量化、再利用、资源化，建立体现生态价值和代际补偿的资源有偿使用制度和生态补偿制度，健全生态环境保护责任追究制度和环境损害赔偿制度。2012年党的十八大报告对生态文明建设的系统论述是："建设生态文明，是关系人民福祉、关乎民族未来的长远大计。""坚持节约资源和保护环境的基本国策，坚持节约优先、保护优先、自然恢复为主的方针，着力推进绿色发展、循环发展、低碳发展，形成节约资源和保护环境的空间格局、产业结构、生产方式、生活方式。"2017年党的十九大报告以加快生态文明体制改革，提出"加快建立绿色生产和消费的法律制度和政策导向，建立健全绿色低碳循环发展的经济体系。构建市场导向的绿色技术创新体系，发展绿色金融，推进能源生产和消费革命，构建清洁低碳、安全高效的能源体系……倡导简约适度、绿色低碳的生活方式，反对奢侈浪费和不合理消费，开展创建节约型机关、绿色家庭、绿色学校、绿色社区和绿色出行等行动"。2022年党的二十大报告中以"推动绿色发展，促进人与自然和谐共生"为主题来论述习近平生态文明思想，从加快发展方式绿色转型，深入推进环境污染防治，提升生态系统多样性、稳定性、持续性，积极稳妥推进碳达峰碳中和等四个方面为未来生态文明建设指明了方向。这一论述指明了生态文明建设的中心任务是全面建设人与自然和谐共生的现代化，并提出从推动制造业绿色化发展、乡村生态振兴、黄河流域生态保护和保护海洋生态环境等方面加快构建新发展格局。

中国生态文明建设是空间生产的过程，也是绿色空间的生产过程（孙全胜，2016），为绿色空间生产提供了一系列具有厚重性与开创性思想，包括"谁来进行绿色空间的生产""为谁进行绿色空间的生产""生产什么样的绿色空间"三重意蕴（王巍，2022）。在生态文明建设中，生态价值理性的融入、优秀传统文化的复苏及乡村自治的重塑推动"外源式"与"内生型"空间生产，可形成人与自然和谐共生、物质文明与精神文明相协调、全过程人民民主得以发展的绿色空间治理（林莉等，2023），并形成新的生活、生产和消费的社会共同体（赵晓峰等，2024），共同推动绿色空间生产。美丽中国的实践表明，绿色空间生产的实现有赖人民的积极参与。技术精英、普通民众、青少年是绿色空间生产的参与主体，并以人民福祉为最终"标的"、以"人的自由全面发展"为最终旨归。人与自然生命共同体理念将人与自然有机融入生命共同体的理论范式，以"无外"原则诠释了人与自然、人与人的"共同体"属性，书写了去生命等级化、去人类中心主义的绿色空间生产逻辑哲学。城乡融合发展的生态文明实践则表达了城乡生态空间去差异化的哲学意旨，书写了去城乡等级化、去城市中心主义的绿色空间生产逻辑哲学。正是中国式生态文明建设逐步推进了中国绿色空间生产，也诠释了中国绿色发展新征程。

9.2 农业产业集聚空间治理

9.2.1 农业产业集聚空间转向的发展基础

列斐伏尔认为，空间实践不仅创造了社会空间，而且其生产逻辑从"空间中的生产"转向"空间的生产"，这一转变是特定权力所塑造的政治性质空间，反映、包罗并隐含特定的社会关系。因此，农村的生产活动可以被视为农地生产的基础形式，为研究农业生产空间的再生提供了新的视角。产业聚集是农业在发展到一定阶段后，在物理空间上出现的表现形式，它逐步实现了产业分工、产业融合与空间转型。

首先，农业产业在横向分工与技术扩散方面的发展。在农业生产的各个环节中，分工与协作不仅加深了不同经济发展水平地区的联系，还能有效利用本地区的资源与经济优势，推动地方特定农产品的专业化生产，从而提升农户生产的专业化水平和效率。杨格强调了"迂回生产"对生产效率提升的重要性，他提出"市场范围决定分工，分工又反过来影响市场范围"的"报酬递增"理论。斯蒂格勒指出不同生产环节具有不同的规模报酬递增范围，因此地区性农户的聚集与分工网络的深化对提升生产效率至关重要。此外，生产要素的聚集利于共享公共基础设施，促进交流、分享与技术扩散，也鼓励在非集聚条件下难以形成的新工作类型。聚集能够增进农业主体之间的知识交流，促进新想法和创新的产生，从而扩展知识领域并推动生产技术的更新换代，实现农业产业在各个生产链条中的技术突破，形成技术与知识共享的网络。垂直分工在知识的扩散中起到重要的溢出作用，它们之间的扩散和溢出在产业集群内形成正向反馈，进一步推动农户与企业之间的垂直协作，从而促进产业聚集整体质量的提升。

其次，农业产业的纵向互动与融合发展。在农业产业集群中，存在大量相似类型的农产品，它们在一定范围内可形成具规模的产品交易市场。这些市场有效降低了交易双方的时间、信息、信任及试错成本，实现了农业产业集群的内部规模经济。此外，农户的规模化需求显著降低了农资和生产性服务的采购成本，进一步推动了产业集群的外部规模经济，激励农户在竞争中进行优胜劣汰，从而优化种养管理模式。这种管理创新模式在聚集区内实现了持续的传播与变革，提升了农户的管理水平，进而促进农业产业的发展。在聚集过程中，农业产业与工业及服务业之间实现了融合。产业融合助力工人与服务业的人力、信息、资金和技术等要素流入农业产业，帮助农业吸引人才、投资与研发新技术，丰富农业的各类投入。推动农业从传统的精细耕作转向数字农业、从消耗型向资源节约及技术密集型转变，加快农业产业结构的转型升级。此外，产业融合有助于延长农业产业链，增加农产品附加值，从而推动农业产业优化升级，实现更为创新与可持续的发展。

9.2.2 生态文明与乡村空间治理

长久以来，国土空间治理面政策融贯性不足、碎片化治理等现状，资源分配不均、要素流通不畅导致区域间和城乡间差距依然悬殊。资源要素投入在经济利益驱使下更倾向于流入发达地区或城市，导致产业间分工不明和恶性竞争、地类间用途取舍与空间竞争。而在具体实施阶段部门间权责不清和目标偏差、主体间信息壁垒与利益冲突，进一步加剧了我国空间治理的实施效果。通过区域政策、资金支持等空间治理方式不断推动地区间协调发展是国家治理的重要组成部分（李鹏飞 等，2022）。空间治理不是简单的"空间生产+社会治理"，空间生产与社会治理也不是完全分野的两种研究视角。空间治理不仅具备着理论发展与实践创新的双重优势，通过价值—过程—结果的空间治理并轨、空间生产动力对治理主体的全方位嵌入、空间生产过程与社会治理的全过程融合（徐萍 等，2024），实现空间与治理的嵌合，促进空间治理现代化。在"双碳"背景下，要全面构筑适应气候变化的韧性国土空间治理体系、系统优化适应气候变化的主体功能区战略规划传导路径、协同响应适应气候变化的城乡气象阈值场景矩阵（王伟 等，2023），以实现国土空间治理核心制度的整合与基础保障机制的完善。在具体实践中，以空间载体的实体建设和集中统一布局，为空间实践提供了主体互动的场地；以空间形态融合治理的多样化服务活动，为空间表征的治理任务提供了延伸抓手；以居民的空间体验回归日常邻里交往和空间的生活价值，将居民利用表征空间与空间表征进行对抗的关系转化为协同共治的关系。

乡村空间治理作为国家治理的重要工具之一，是围绕乡村地域系统人地关系、空间结构和空间权益而作出的系统性治理安排，通过构建"物质—权属—组织"的复合体系，促进乡村地区国土空间格局优化与功能升级（周贵鹏 等，2023），有助于重塑城乡关系、激发乡村内生动力和重建乡村基层组织能力，对遏制乡村聚落衰败、推动乡村转型重构具有促进作用（Sun et al.，2021）。国外学者从物质、想象和实践等层面诠释了乡村空间的内涵，实现了由生产主义空间研究到后生产主义空间研究的转换，也实现了聚落空间、经济空间、社会空间和文化空间的多重叠加。当前，我国乡村空间重构中农户生活空间向集中化、生产空间向规模化、生态空间向人地共生演变，但存在城乡空间综合统筹不足、空间流动网络不畅通和复杂的人地关系等问题。乡村地域的主体、资本和土地资源被认为是实现乡村多元空间转型的关键要素（杨忍，2019），通过对其综合干预和外部调控，进而统筹城乡空间的综合性治理、创新用途管制的区域性治理、均衡发展权配置的流动性治理（戈大专，2023），实现乡村地域系统内部结构和整体功能转型，可以达到重塑乡村经济社会形态与空间转型的根本目的（龙花楼 等，2017）。有学者认为通过土地综合整治加快乡村生产、生活和生态空间重构，进一步激活发展要素、重塑产业形态和联通地域系统，能有效促进乡村地域系统内部结构优化、功能提升与转型发展（龙花楼 等，2018），也是调整乡村人地关系、适应乡村转型中发展要素价值变化的有效措施（陈坤秋 等，2020）。随着乡村空间治理的价值逻辑已向多元价值、村民主体转变，要提升主体人居环境、促进村落产业经济、完善县域社会治理和优化城乡空间格局（卢俊 等，2022），以适应发展与空间转型的自主权。

为此，乡村空间治理应深入贯彻生态文明的建设。一方面，实施过程总体上应立足生态文明的价值位序（谭林 等，2022），以产业结构升级为诱发机制，村"两委"维护着发展与和谐共存的正义空间，多元主体在休戚相关的利益联结中构建"共生共担共享"的命运共同体（郭占锋 等，2023）。另一方面，政府、村集体、企业及其他社会主体不断参与到乡村空间治理过程中，各治理主体在乡村物质空间治理、社会空间治理和空间权利治理中具有自身独特的治理行为机制（韩炜 等，2023），应统一在生态文明的理念中。由于乡村空间治理是多元主体广泛参与的"规划—整治—运营"一体化行动（李小天 等，2024），不仅要发挥资本的触媒作用，维持政府保持乡村空间正义，更应鼓励村民作为村庄营建的主体以及保持村集体对空间的有效控制权（杨洁莹 等，2020）。尤其是在后生产主义阶段，乡村功能具有重新发现"农耕文化"的价值、重构"生活、生态与生产"兼具的乡村功能以及发掘"乡村性"对于城市工业文明的意义（刘祖云 等，2018），要重视农民的主体性地位、强调乡村空间的多功能性、尊重乡村空间的"地域性"和"差异性"、恢复乡村空间的意义生产功能（王丹 等，2019）。

9.2.3 空间治理与农业绿色发展

农业产业聚集语境中的乡村空间治理必须以绿色空间生产为前提。2012年以来，我国农业发展目标从产量和生产率优先，扩展到贫困消除、社会平等、生态保护、资源循环、系统韧性，保护性耕作、可持续农作、有机农业、生态循环农业、再生农业等生态实践不断涌现，成为农业产业集聚转型的基础（齐顾波，2022）。绿水青山既具有自然财富属性，又具有经济财富和社会财富属性，保护生态环境就是守护自然财富，就是增值经济资本和社会资本。因此，乡村空间必须以乡村生产生活生态为前提条件，应以高效节能、绿色环保的生产方式将自然资源转化为物质资料以满足生产生活的需求。从空间生产视角，乡村生态文明建设的本质皆在解决自然空间破坏性人化导致的乡村资源枯竭、环境污染等生态问题，营造美丽的乡村空间关系，实现乡村全面振兴，以满足人民群众的空间需求，确保人们共享空间发展成果为出发点和归宿。因此需要秉持生态文明理念，以治理山水林田湖草沙为抓手，加大农村生态保护和修复；以改善人居环境为重点，加大村庄环境污染治理。同时，基于不同区域生态系统而生成的"一切本土生态知识都是特定民族文化在世代调适与积累中发育起来的生态智慧与生态技能，都系统地包容在特定族群的文化之中，本土性生态知识的本质在于对生态环境的高效利用与精心维护"（罗康隆，2010）。那么，"作为人与生态系统互动制衡而积累起来的各民族传统生态知识，更是对生态文明建设有着不可替代的可利用价值"（吴合显 等，2020）。相比于传统的农业业态模式，农业绿色发展具备生产劳动性、外部性、稀缺性、不平衡性、依附性等特征。它不仅涵盖传统农产品的物质供给，还涵盖水源涵养、气候调节、固碳释氧等生态服务功能，以及农田景观、教育、娱乐等文化服务功能。

2018年，习近平总书记强调要加快建立健全以"生态产业化"和"产业生态化"为主体的生态经济体系。生态经济建设是我国生态文明建设体系的重要组成部分，通过"生态产业化"和"产业生态化"的融合能够有效统合生态文明、经济发展与绿色发展的关系。空间治理为"生态产业化"和"产业生态化"提供新的理论遵循。"生态产业化"是指立足本地生态资源禀赋，通过社会化生产和市场化经营的方式开发生态产品或服务，在市场上进行交易，实现生态资源的保值增值（张云 等，2012）。农业生产精耕细作与间作、轮作、套种技术体系以及用地养地结合等一系列农业生态创新实践，农村人居环境改善、农业生物多样性保护和流域生态环境治理等一系列生态优化实践，有利于保障农业的永续产业地位，将生态价值融入产业发展体系。"生态产业化"重点强调"产业化"，蕴含着生态资源保护思维的转变，从强调保护和限制自然资源的利用转向强调其资产属性、推动生态资源的生态价值转化为经济价值，把绿水青山变成金山银山（尚嫣然 等，2020）。

"产业生态化""生态产业化"是生态文明视角下农业绿色发展的实践指向。党的十九大报告指出"人与自然是生命共同体"，意指人和自然互相依存，同生共荣。"保护生态环境就是保护生产力，改善生态环境就是发展生产力"，人类必须尊重自然、敬畏自然、感恩自然，积极构建人与自然生态共同体（钟真宜，2024）。"绿水青山就是金山银山"既彰显生态资源内在蕴含的深厚的绿色价值，又指明生态资源价值化的实现路径。以"公司+村集体+农户""公司+农户"等多种专业化市场化经营模式推动农

第9章 产业集聚空间转向与农业绿色发展

业绿色发展，以乡村集体资源、劳动力、土地等多种资源"三变"改革促进村民个体利益与集体利益的共同发展，发挥农业"接二连三"的产业特色，满足人们美好生活需要奠定物质基础和支撑保证。挖掘乡村生态资源的潜在价值，打造美丽的乡村人居环境，满足人们对新鲜空气、健康食材、优质水源、优美生态环境及优质生态产品的向往与需求，为人们实现需求和发展的全面性和多元性提供了精神享受以及美丽场域。农业绿色发展价值转化不仅为城市居民提供了乡村田园风光、清新空气、特色有机农副产品、民宿旅游、乡村传统技艺等不可替代的乡村生态产品和服务，也为城市居民获得亲近自然、享受乡土文化的机会。产品体现出自然与地方和个体文化特征的融合，消费者也可以得到商品之外的体验以回应其偏好、关怀和个性化需求。因此，涌现出越来越多的认同高品质农产品的"高定"消费群体，又进一步促进农业绿色生产发展。农民增产增收激活广大乡村消费市场的同时吸引社会资本涌入乡村，激发他们从事生态保护的积极性与主动性，带动乡村生态产业积极融入新发展格局。因此，农业绿色发展既以实现生态资源价值化为目的，又蕴藏着生态保护、经济发展与社会进步等多元要素的协调与统一，其最终结果是为更优质的生态环境奠定物质基础，而生态环境的改善又为生态文明建设提供了可持续性保障。

实现农业"生态产业化"与"产业生态化"融合主要有两种路径：价值功能和战略技术。首先，要价值互享和功能互通。价值互享通过价值的共享和传递促进共同利益的实现。"生态产业化"通过农业产业发展推动对农业生态资源和环境的保护，"产业生态化"则通过有利于环境保护的技术改良措施促进农业产业发展。一方面，农业产业可持续发展离不开良好的农业生态资源，"生态产业化"能够保证农业绿色发展的资源供给，实现生态产品价值转化；另一方面，农业生态资源的保护也需要产业支持，"产业生态化"能够促进对农业生态资源的有效利用，实现生态资源的有效保护。功能互通体通过资源共享与彼此协作实现功能的互相补充。"生态产业化"通过发展农业产业让生态资源产生更高的经济价值，并通过实现生态产品和服务的经济价值为生态保护行为的产生和可持续提供动力。"产业生态化"能够为农业生产提供技术、管理、市场等方面的资源共享，提高资源利用效率和减少资源消耗，促进农产品质量升级和经济收益增长。其次，要战略提升和技术创新。其一，充分认识农村地区作为生态资源来源地的战略地位。乡村是绿水青山的主要所在地，蕴藏着丰富的生态资源。农村生态产品不仅包括维系生态安全、保障生态调节功能、提供良好人居环境的自然要素，还包括以绿色生产方式生产出来的生态友好型产品或服务。完善农村资源保护、要素市场建设，促进农村生态资源培育、生态资源资产化、生态资产资本化、生态产品与服务市场化，以农业农村生态产品再生产促进乡村绿色发展。其二，以技术创新促进资源减量和环境减排。资源减量要求尽可能减少获得同等服务投入的物质和能源总量，即通过提高资源利用效率，减少物质投入和消耗。以技术创新构建"资源—产品—再生资源—再生产品"的循环产业模式，形成对废弃物进行无害化处理或将其资源化再利用等途径，尽可能减少向环境排放。因此，在政策引导、技术支撑下，农业发展被置于更大的社会经济生态系统中，"生态产业化"与"产业生态化"融合进一步促进了农业绿色发展。

9.3 农业产业集聚空间生产

9.3.1 产业集聚空间生产

乡村空间不仅具有一定结构、功能和区际联系的空间容器，还是各行动主体在实践过程中所形成的关系网络的空间形式。空间重构为乡村要素资源的分类、重组与优化提供了通道，也为乡村发展提供了新思路。从我国乡村实际情况来看，乡村空间重构是城乡社会经济发展、空间建设与生产过程中所伴生的一种必然结果。随着农业多功能发展与认知，农业产业集聚由过去经济价值的主体性与目标性转向自然价值的主体性与目标性，空间的经济属性由自然属性定义与重构，实现了农业空间重构。乡村空间重构内涵则包括乡村生产空间的规模化集聚、生活空间的社区化聚居、生态空间及资源要素的集约化利用，促使乡村地域空间格局、乡村社会网络结构和乡村产业经济形态产生变革（郭炎 等，2018）。乡村空间重构可视作权力、资本和人口等要素的转移效应（逯百慧 等，2015），迫使农业生产范式由过去资源消耗型向绿色生态型转向，绿色发展理念的确立、绿色空间格局的形塑、绿色生产方式的形成促进人地要素、产业结构、多元空间的可持续发展，实现地域空间格局中生活、生产、生态、社会、文化等要素禀赋配置优化（杨忍 等，2015），尤其是空间资本化程度会不断深化。空间资本化是资本和资本发展的重要目的，就是要不断寻求和拓展农业经济空间，为农业生产提供新的空间生产要素。

生产范式偏向于空间生产决定了农户采用适宜自身实际情况的农业价值链技术活动，推动农户在产业集聚中寻找适合农户各自的分工环节、价值环节。乡村产业空间重构意味着突破传统发展思维，创新农业发展模式，通过农业现代化建设提高生产水平、升级产业结构。一方面，在土地利用上以法定规划形式划定部分产业用地集中布局，并结合国家扶贫战略项目考虑将未就业贫困户就地统一安置，或依据村民意愿通过进镇安置、货币化补偿等差异化方式为其提供较固定的生活场所。无论何种形式，总体布局上应最大限度引导村民安置点选址与相应产业圈的便利空间联系。同时，高标准、高质量农田的空间整合和规模化建设也是提高产能的重要手段。另一方面，通过融合乡村康养+旅游+休闲+研发等现代化产业链条，积极培育新型经济业态，提升产业发展动力。此外，应充分结合现阶段土地制度改革内容，基于"同地同权同价"的根本原则强化建设用地的市场流动自由性、合法性。通过盘活闲置土地资源实现规模化经营，吸引新型运营主体和城市工商资本入村，为乡村产业发展输入现代生产要素。同时引导本地农户（剩余劳动力）从事服务型行业，拓展就业面，提高村民收入，共同推动多元现代产业空间的优化重构。

9.3.2 生态文明与农产品品牌

空间是建设生态文明的内生性结构，生态文明空间建设是一个复合性概念，融合了文明形式、社会形态、生态科学等多重规定。进入21世纪以来，优化国土空间开发、实施主体功能区规划、完善生态保护红线、强化海洋生态空间保护、形成节约资源和保护环境的空间格局等概念在党的施政纲领上频繁出现，构成生态文明空间的概念群。构建生态文明空间格局概念的提出意味着一种新的处理人与自然关系的空间生产，是对环境保护、可持续发展战略的继承与发展，是在中国特色社会主义生态实践过程中形成的重要成果。

环境保护是生态文明空间建设的重要维度。"生态文明不是关于秩序的药方，而是关于不同的社会安排的药方，关于这些社会之间及其与生物圈之间的精密复杂网络的安排的药方（罗伊·莫里森，2016）。"因此，生态文明空间建设是在文明的高度上对环境保护的空间统筹和部署，是一个整体性的理论和实践架构形式，需要在更高层次、更广泛的角度处理人与自然共生关系。农业是地球自然生态系统的组成部分，是与生态系统接触最为直接、最为广泛、最为频繁的产业部门，是生态文明建设的重要领域。农业如何发展关系到生态文明建设的成效，非适宜的农业发展活动可能对自然生态系统形成某种性质和程度的损害或破坏；而因时、因地制宜的农业发展活动则能够对自然生态系统产生有效的保护和改善作用。中国是以农立国的文明大国，具有灿烂且极富价值的农耕文化，这不仅是历史所赐予的丰厚财富，也是我国农业发展的内在灵魂。然而，随着工业化、城镇化建设加快，市场因素、经济思维冲击，中国农村生态环境问题面临较大挑战，解决生态环境保护问题面临着艰巨的复杂形势。作为传承农耕文明以及维护社会稳定基础力量的小农户，正在发生重要转型。现代经营格局下，农业商品市场的要素、产品和交易特征将小农卷入现代市场体系，小农经济成为产品生产最大化的经济学，镶嵌于小农经营格局中的传统文化和价值观念逐渐式微。

农业产业集聚是乡村"三生"空间再生产基础，是探索与实践农业生态文明的重要载体。乡村空间是一个相对于城市空间而言的低人口密度的动态发展空间，党的十八大报告指出要按照人口资源环境相均衡、经济社会生态效益相统一的原则，控制开发强度，调整空间结构，促进生产空间集约高效、生活空间宜居适度、生态空间山清水秀。乡村"三生空间"的重构不仅是新空间形态的生成过程，也是乡村人与自然、人与人、人与社会关系重组的过程。党的十八大报告提出从生产、生活、生态"三生空间"着力优化国土空间开发格局。"国土空间兼具空间属性与生态属性，它是空间生产和生态文明建设的物质载体，其空间结构和空间布局是否公正合理，对空间资源的分配和生态环境产生深远影响。"一方面，生态文明与乡村振兴有内在的互嵌机理："生态"是乡村振兴与生态文明相契合的核心纽带；"生产"是生态文明建设推动乡村振兴的主要渠道；"生活"是乡村振兴与生态文明的共同诉求和目标。另一方面，乡村空间结构有其自身的运行逻辑和功能意义。生态空间是乡村空间的重要维度，生态空间环境质量决定生产和生活的品质，并对乡村社会的运行和整体发展发挥着重要功能。良好的生态环境，决定空间关系的和谐、空间生产水平与质量的提高，以及乡村社会的良性运行；而对自然空间的过度消费，致使乡村空间生产失序、空间关系失衡和乡村的衰落。因此，产业集聚作为生产空间的重要表现形式，是实现空间再生产的基础，为绿色、低碳的生产方式和人与自然和谐的生活方式提供基础支撑。

中国农业生态文明要发展，不仅要塑造农业之形，通过改善生产以实现物质产品的极大丰富；也要将厚重的农耕文化基因与优秀的乡村文化积累融入农业生态文明建设中。2012年党的十八大报告提出："把生态文明放到突出地位，必须树立尊重自然、顺应自然、保护自然的生态理念，努力建设美丽中国，实现中华民族的永续发展"。2017年党的十九大报告指出："实行最严格的生态环境保护制度，形成绿色发展方式和生活方式，为人民创造良好生产生活环境"，同时"绿水青山就是金山银山"这一科学论断在党的十八大以来得到不断丰富和发展。2022年党的二十大报告明确指出，"推动绿色发展，促进人与自然和谐共生"，强调"必须牢固树立和践行绿水青山就是金山银山的理念，站在人与自然和谐共生的高度谋划发展"，并首次提出"建设宜居宜业和美乡村"的目标。这些都是农业生态文明建设的顶层设计，是重视农业生态文明建设的深刻诠释。同时，品牌农业作为农业生态文明的重要承载体，也逐渐被各级政府重视起来，出台了系列支持政策文件。已有不少文献表明，农业品牌已构成了当地农户生计资本的一部分，是乡村振兴的一个重要支撑点，保障了人与自然的兼容互惠、和谐共生。

9.4 农业绿色发展价值转化路径与机制

9.4.1 农业绿色发展价值的再认识

从空间生产视角看，城市发展对外延或内生路径的选择，本质上是一种经济权衡的结果（Cucco et al.，2023）。由于级差地租，决定了外延式的发展通过增量空间对资本进行积累；当非建设空间资本化占据一定话语权时（梁晨 等，2023），传统扩张式发展模式式微，空间的再生产和资本化运作成为物理空间持续发展的重要动力来源之一。从空间生产和价值理论的角度看，空间生产通过空间价值撬动、资源配置优化两方面促进农业空间最高最佳利用，进而推动农业绿色发展。

第一，空间生产撬动空间价值。列斐伏尔认为"空间"既是具体的，也是抽象的；无论是生产力，还是生产关系，都共构于某一特定空间内，并以其为载体。空间因其"容器"符号与社会承载功能而具有了生产性与工具性（陈桂生 等，2023）。人类的生产实践不断改造空间，让空间具有流动性和关系性。空间生产在社会历史中形成和呈现差异，被很多社会意义包围（孙全胜，2023）。空间与社会相互生产，形成关系束缚，带来了空间重构（沈昊婧 等，2021）。这一过程撬动了不同尺度空间价值变化的系统性连锁反应，产生了不同尺度的集聚效应，提升了周边农业生产价值，从而实现空间生产。由于农业生产的边际收益整体呈现先升后降趋势，在不同空间尺度上产生不均衡扩散和积累，可能导致农户追求自身收益最大化而产生过度的农业生产投入和环境污染等问题行为，产生负外部性。因此，农业生产应跳出唯经济性和微观边际成本决策的弊端，加强对农业生产空间布局的宏观调控，加强农业生产空间的基础设施建设，实现农业生产链条的无缝对接，以提升整体性空间价值。

第二，优化资源要素配置。土地价格相对较高，为减少土地要素使用量，必须提升空间利用强度和种养密度。相反，当土地价格较低时，为减少资本要素使用量，空间利用强度和种养密度会相对下降。此外，空间利用强度与利用效率之间并非线性关系，当高强度发生在高地租的农业生产空间上或低强度发生在低地租的农业生产空间中，空间利用都是有效的，反之便是低效率的。由此，资源要素是根据空间价值或价格得到适宜的配置，发挥最佳空间效率，从而促使区域内整体空间效益和区域竞争力提升。

9.4.2 农业绿色发展价值实现路径

农业生态产品价值实现的过程就是将被保护的生态产品以政府购买、地区间生态价值交换等形式转化成综合的经济、生态和社会效益的过程，其一般通过市场主导、政府主导及两者相结合的路径。

市场化路径主要表现为借助市场在资源配置中的决定性作用，通过资源稀缺性配置和市场交易，将农业生态产品的优质优价特点显性化。其对象是具有排他性、竞争性的生态农产品。通过栽培及抚育生态农产品，在市场化作用下优化与完善产品供给消费全要素链条，联合使用现代农业绿色发展技术以及商业运行模式，以优化要素投入、提高要素配置效率以促进产品收益的提高。进一步，通过区域品牌、产品文化等生态文明建设，提高产品溢价，并制作市场溢价的最理想的运营方案以实现比一般生态农产品市场价格更好的定价。随着产权清晰界定，通过对土地承包经营权、水权、碳排放权等权益进行市场交易，推动保护式开发经营，建立农业生态产品碳标签或生态产品认证等制度，加快实现生态资源权属的价值转化。这主要是由于生态农作物的碳汇功能十分强大，通过碳汇交易可以尽快将其产品价值转化变现，在社会各界产生激励作用来推动生态农业发展，进一步提高转化产品价值的实效性。

政府化路径主要通过相应的行政策略促使产品价值变现，其中相对常见的做法是农业生态补偿和农业补贴。其对象是具有公共性、准公共性的农业生态产品。对于公共性生态产品，上级政府通过对地方政府与上级政府之间或不同地区的政府之间以生态补偿等财政转移支付形式，可建立农业生态产品供给区和受益区的协同机制，缓解农业生态环境保护与农业生态资源消费之间的供需矛盾，也建立了区域农业绿色发展空间转向，实现农业生态资源的合理配置。进一步，地方政府通过资源保护、生态修复和环境治理等项目对农业经营主体进行农业补贴，激励对农业资源的生态化开发与使用、学习并使用高效绿色低碳的种植技术、主动加入农田生态治理的行列中。这既增强了农业生态系统的调节服务和支撑服务功能，又规范了农业生产中短期利益行为，也有利于吸引更多的个体或者组织参与农业绿色发展。对于准公共性农业生态产品，其价值的实现主要是通过政府实现生态要素确权、通过市场实现资源有效配置。首先，依靠政府明确农业生态要素的产权，合理界定生态要素的出租、转让、抵押等权责归属；其次，在产权明晰的基础上，通过市场机制，推进集体土地承包经营权、水权、林权、碳排放权等权益的市场化交易，实现生态资源权属的价值转化。立足于我国自然资源资产产权制度现状及既有管理行政体系下政府与市场关系的特殊性，政府或者市场的单一作用均难以实现准公共性农业生态产品价值的最大化。特别是在土地制度改革与实际需求仍存在一定差距的背景下，政府与市场的协同作用能为准公共性农业生态产品价值实现提供一条切实可行的路径。通过对村集体用地等资源要素进行集约化整理和权属交易，搭建生态权益交易平台，加快环境基础设施建设，并进一步通过资本化、专业化的市场运作，发展生态农业，开发生态产品，推动生态产业健康发展。

诚然，农业生态产品价值实现涉及政府、社会、公众等多方利益主体，需要结合政府统筹协调作用和市场资源配置作用，创新出更多适合不同区域农业绿色发展的政策工具。通过政府行政管控、制度约束、政策支持等方式，拓展农业多功能性，将文化资源、生态功能、产品价值转化为经济优势，推动一二三产业融合发展，实现产业发展和生态资源深度融合，以加快农业绿色发展价值转化。

9.4.3 农业绿色发展价值实现机制

生态产品是实现农业绿色发展的重要支撑，需政府和市场协同联动，科学有效地挖掘农业生态要素的生态价值，正确把握农业生态产品价值实现的关键环节和着力点，加快农业绿色发展空间生产。一方面，农业绿色发展价值实现需借助政府在农业生态产品分类、生态资源产权界定、生态产品量化评价等方面的顶层设计，构建良好的农业生态产品生产和交易制度环境；另一方面，需利用市场在农业生态资源转化模式创新、生态产品市场化定价等方面的推动作用，以市场化方式实现农业生态要素的配置，提升农业绿色发展的市场化效率。

首先，加强顶层设计，完善制度供给。一是深化落实农业绿色发展产权制度改革。明晰农业生态产品的权属、位置、数量和质量，健全农业生态产品资产确权登记制度规范，完善农业生态产品产权制度，实现农业生态产品的所有权与使用权分离，拓展使用权转让、租赁、抵押、入股等职能。坚持农业生态资源有偿使用的利益导向，促进包括排污权、能源使用权、水权和碳排放权等资源权益指标在内的农业生态产品产权多层次市场化交易。设立乡村绿色发展基金，以"生态信用+金融+生态银行"模式，引导社会资本投向乡村振兴，不断激发农业生态资源潜力，增强农业绿色发展内生动力。鼓励农民以自然资源、农业生态资源使用权入股，集体经济组织通过股份合作自主经营、"三权分置"所有权分红等形式，盘活集体资产资源。二是完善农业生态补偿制度。构建以生态产品产出能力为基础的农业生态补偿机制，做好《生态保护补偿条例》的贯彻落实，完善农业生态保护成效与转移支付资金分配挂钩制度，实行农业生态产品存量、增量与资金分配相挂钩，综合考虑农业生态产品价值核算的绝对值和增加值，确定农业生态补偿标准。加快农产品主产区和重点生态功能区建立绿色发展空间，增加财政转移支付力度，注重纵向补偿与横向补偿相结合，严守生态保护红线，健全各类禁止开发区域的农业生态补偿政策。发挥市场和政府的协同作用，妥善处理各方补偿主体的利益诉求，解决好目前过度依赖政府转移支付、造血功能不足的问题，多措并举积极探索农业生态产品市场化交易方式，推动形成多方利益主体和社会资本的参与机制。

其次，构建核算体系，加强产品供给。一是构建农业生态产品价值核算体系。综合考虑农业生态产品的类型、环境保护与产品开发成本、市场供给与消费需求等因素，因地制宜制定通用性强、具有地域特色的农业生态产品的核算方法、技术规范和结果运用方式。建立覆盖各级行政区的农业生态产品总值统计制度和核算制度，实行农业生态产品价值核算标准化、一体化。健全农业生态产品价值评价考核制度，探索将农业生态产品价值核算指标纳入政府高质量发展综合绩效评价，推进农业生态产品价值核算结果在政府决策和绩效考核评价中的应用。构建差异化的评价考核方式，在以农业生态产品供给为主的生态功能区，重点考核农业生态产品供给能力、环境质量提升、生态保护效益等方面指标，对其他主体功能区实行经济发展和农业生态产品价值的双重考核。通过构建不同农业生态产品之间价值换算体系，实现生态价值的等量换算。二是提高农业生态产品供给能力。加快培育农业生态产品供给主体，转变农业生态产品供给模式，吸引更多主体参与农业生态产品开发，促进农业生态产品生产性企业和服务性企业协同发展，充分发挥政府主导调控、市场调节、社会支撑作用。发展本地特色产业，培育资源节约型、环境友好型的新型产业和"生态+"新型业态，发挥区域农业生态系统优质生态禀赋优势，形成与供给地资源环境相协调的生态产业集群。把农业生态系统价值附加到农产品和服务产品上，扩大农业生态产品供给，激发农业生态产品价值潜力。三是建立生态产品技术标准。加快建立农业生态产品标准、绿色认证和标识体系，支持企业生产节能环保、循环低碳、再生有机等农业生态产品，培育具有较强竞争力的特色优质生态精品。通过制定严格的加工流程和作业标准，加强原材料检测、产品质量和环保的监控，实现标准化、精细化生产，进一步夯实农业绿色发展空间。

再次，推进链条互通，加强过程监管。一是推进农业生态产品交易市场建设。建立农业生态产品市场交易中心，整合上下游资源，拓展流通渠道，贯通农业生态产品产前、产中、产后全产业链布局，降低交易成本，形成集约高效、运转有序的农业生态产品交易市场，打通资源变资产和资产变资本的通道，助力农业生态产品推广。完善农业生态产品市场交易规制，提升市场化交易便捷度，明确农业生态产品的交易主体、交易流程、交易方式以及准入条件,强化农业生态产品价值实现过程中市场风险防控。建立体现市场供需关系的农业生态产品价格形成机制,为市场提供农业生态产品价格的基准。完善政府和社会资本合作模式,引导社会资本进入农业生态产品市场。二是强化过程监督。注重供应端产品甄选和测评,形成优质农业生态产品目录清单。建立农业生态产品动态监测制度,及时跟踪掌握农业生态环境基础信息以及农业生态产品数量分布、质量等级、权益归属、开发利用状况等信息。建立农业生态产品信息共享平台,联通供应端和消费端。加强农业生态产品质量安全监管,建立农业生态产品交易流通全链条监督体系,完善农业生态产品信用评价、融资支持制度,健全农业生态产品质量安全追溯机制,实现农业生态产品信息可查询、质量可追溯和责任可追查。

最后,加强空间治理,重塑农业绿色价值。空间治理是相关利益者组织得以进行空间生产的前提。通过空间治理,确立参与农业生产的合法性是农业生产空间开展农业生产的前提,也是开启农业绿色价值重塑的新阶段。在完成治理空间和社会空间再生产的基础上,物理空间的重塑水到渠成。空间不只作为物质性的容器而存在,还蕴含着文化价值表征。乡村文化在城市资本和大众媒介算法逻辑的规训下被征用为一套程序化的、功能性的、符号化的消费空间。产业集聚通过建构起群众自主参与、具有地方特色文化的符号象征体系,再现地方性知识,在文化生产中凝聚乡情认同、规范交往行为,培育公共精神,提升农业绿色发展理念,实现农业绿色价值的回归。农业生产经营者正是按照治理空间—社会空间—物理空间的次序完成一次农业空间再生产后,基于新的空间生产基础再一次按照既定次序进行农业空间再生产,农业绿色价值在这种循环往复的过程中不断提升。

9.5 本章小结

第一,推动以生态文明与可持续发展为基础的生态化进程,是构建空间生产的正义与价值规范的重要手段。我国生态文明建设是空间生产的过程,也是绿色空间的生产过程,为绿色空间生产提供了一系列具有厚重性与开创性思想。

第二,我国农业产业集聚已形成横向分工与协作、纵向互动与融合物理空间格局,同时乡村空间治理也正向和谐共存的正义空间发展,多元主体在生态文明的理念中得到统一,通过"生态产业化"和"产业生态化"的融合促进农业绿色发展。

第三,乡村空间重构推进农业产业多功能性发展,也重塑农业生产范式及价值链的分配,这加速推动了产业集聚空间生产。而空间作为生态文明建设的内生性结构,产业集聚空间生产也成为生态文明空间建设的重要维度,因此农产品品牌作为生态文明的载体逐渐被重视起来。

第四,空间生产通过空间价值撬动与资源配置优化生成了农业绿色发展价值,而价值转化一般通过市场主导、政府主导及两者相结合的路径,为此提出从完善制度供给、加强产品供给、加强过程监管及重塑农业绿色价值等方面加快农业绿色发展价值转化。

第10章 空间生产视角下生态文明对农业绿色发展的影响

10.1 政策背景

10.1.1 生态示范区建设到生态省建设

党的十三届四中全会以来，我国依据改革开放不断深化的具体实际不断推动生态文明建设。1992年联合国里约环境与发展大会之后，生态示范区建设被一些国家看作是实施可持续发展战略的重要措施。江泽民同志指出，良好的生态环境本身就是可持续发展的重要内容和显著标志，应把经济社会可持续发展作为一个重大战略。生态区建设作为可持续发展战略的重要举措自1995年在全国范围内开展，截至"十五"末期528个生态示范区建设试点被批准，在一定程度上促进了生态环境保护和区域生态环境、经济与社会的可持续发展。进入21世纪新时期，胡锦涛同志提出要"加快生态文明建设"，进一步统筹人与自然的和谐发展，强调要把科学发展观贯穿于发展的整个过程，让良好的生态环境成为经济持续发展和人民生活水平提升的重要前提。党的十八大以来，生态省建设更是成为国家推进生态文明建设的重要载体和有力抓手，也是提高现代环境治理体系和治理能力的有力抓手。

实践证明，生态省建设是贯彻习近平生态文明思想的重大部署，是贯彻可持续发展基本国策的基本行动。生态省是著名学者于光远先生1983年从生态经济学角度提出青海省的建设不只是注意环保，还要正确地使用本地的自然资源，从中取得长期的最大的经济效益。朱孔来等（2006）认为生态省就是生态环境与社会经济实现了协调发展、各个领域达到了当代可持续发展目标要求的省份。关琰珠（2003）指出生态省建设的具体内涵是运用可持续发展理论和生态学与生态经济学原理，在省的区域范围内建立科学合理的良性循环经济体系，促进经济、社会和生态环境复合系统和谐、高效、可持续发展实现经济效益、社会效益和生态效益的最佳统一。基于这种主张，1999年海南省政府率先提出建设生态省并经过国家环保总局批准成为我国第一个开展生态省建设的试点。随后几年，吉林、黑龙江、福建、浙江、山东、安徽等省份被批准为生态省建设试点。截至 2024 年 12 月，已有海南、福建、浙江、湖北等 16 省份成为生态省建设试点。

10.1.2 生态省建设到生态文明示范区

生态文明建设是我国生态学家叶谦吉先生 20 世纪 80 年代首次在国内提出的新观点。2007 年 10 月党的十七大报告中首次融入生态文明的理念，将"建设生态文明"作为全面建设小康社会的最后一个目标，要求"建设生态文明，基本形成节约能源资源和保护生态环境的产业结构、增长方式、消费模式。生态省建设不仅仅局限于生态建设，而是生态环境保护、生态经济发展、生态文化建设等子系统构成的综合性极强的系统工程，如习近平同志指出"保护生态环境就是保护生产力，改善生态环境就是发展生产力"一样。习近平同志在浙江工作期间提出了"绿水青山就是金山银山"，并指出："我们必须通过生态省建设，让人民群众喝上干净的水，呼吸上新鲜的空气，吃上放心的食物；通过做好人口资源环境工作，让大自然休养生息，以更好地为人类服务，否则终将遭到自然界的报复"（习近平，2006）。生态省建设成为落实"绿水青山就是金山银山"理念、生态文明建设理念的具体的行动。

2012 年 11 月，党的十八大报告中要求"把生态文明建设放在突出地位"，把生态文明建设与经济、政治文化社会建设有机结合，相互促进，形成"五位一体"的总体布局。2013 年 12 月，国家发展改革委等六部委下发《关于印发国家生态文明先行示范区建设方案（试行）的通知》，计划选取有代表性的地区开展国家生态文明先行示范区建设。随后，2014 年国务院正式印发《关于支持福建省深入实施生态省战略加快生态文明先行示范区建设的若干意见》，同意将福建省确立为全国首个省级生态文明先行示范区。此后，云南、江西、贵州、青海、海南先后获国家发展改革委等六部委相继批复省级生态文明先行区示范建设。2014 年 10 月，党的十八届四中全会提出加快建立有效约束开发行为和促进绿色发展、循环发展、低碳发展的生态文明法律制度。2015 年，《生态文明体制改革总体方案》等重要文件的发布标志着中国生态文明制度体系正式形成。2015 年 10 月，党的十八届五中全会提出了创新、协调、绿色、开放、共享的五大发展理念，回应了"五位一体"战略布局中的生态文明建设要求，体现了人与自然和谐发展的科学遵循。2017 年 10 月，党的十九大报告用专门章节更加深入全面系统地阐述了习近平生态文明思想。2018 年 5 月，习近平同志在全国生态环境保护大会上强调，生态文明建设关系到中华民族永续发展的根本大计，关系到党的使命宗旨和国家的社会民生。① 为此，要坚决落实领导干部生态文明建设责任制，逐步建立起生态文明建设的"四梁八柱"制度。

10.2 文献回顾与理论构建

10.2.1 文献回顾

生态省建设、生态文明示范区等为全国生态文明建设探索了路径，也成为学者们的研究热点之一。李崧等（2006）运用层次分析法对黑龙江省的生态环境质量进行评价，结果表明自开展生态省建设以来，黑龙江省生态环境得到了明显改善。朱孔来等（2007）运用层次分析法、模糊隶属度函数方法以及线性加权和函数等方法建立了生态省建设的监测评价模型，并从总目标进程指数、经济发展水平、资源保障和可持续发展水平、社会发展水平、生态建设和资源永续利用、环境保护水平、人居环境质量水平7个方面系统评价了山东省的生态省建设水平。缪细英（2012）从自然生态发展系统、生态文明经济发展系统、生态文明社会支持系统、生态文明体制与管理系统4个方面入手，选取51项评价指标构建评价指标体系，运用主成分分析法对福建9个设区市的生态省建设进行了横向的对比分析。卢晓梅（2008）基于环境健康、环境质量、生态系统健康和资源能源高效利用4项生态省建设的环境目标，选取12项指标构建浙江省生态省建设的环境绩效评估指标体系，并对浙江省各地市的环境绩效进行了评估。李文华、刘某承（2007）指出要根据不同生态功能区构建综合指标，并区分不同指标在系统中的权重，尤其要突出对限制因子的要求，为科学评价生态省提供依据。宓泽锋等（2016）从省域生态文明建设的内涵出发，结合熵权TOPSIS法和协调度模型构建耦合协调度模型，通过自然、经济、社会三大指标体系，评价分析认为中国生态省建设协调水平偏弱。田时中基于经济和社会系统、生态系统、环境系统构建评价指标体系，运用AHP法与熵值法结合对我国16个生态试点省2013年生态省建设水平进行评价，结果表明东、中、西部地区生态建设水平表现依次降低，不同地区间子系统建设水平也有所差异。宓泽锋等（2018）从"波特假说"出发，利用中国1999—2015年省级面板数据进行实证分析，结果表明生态省建设的综合规划对生态创新和地区经济发展具有显著正

---

① 资料来源：习近平《论坚持人与自然和谐共生》篇目《推动我国生态文明建设迈上新台阶》。

向影响，并且生态省建设能够间接提升生态创新对经济发展的影响。王桂新、李刚（2020）采用准自然实验方法考察和评估了生态省建设的碳减排效应，研究发现生态省建设可以提高生态环境治理质量，而且具有显著且稳健的碳减排效应，生态省建设的碳减排作用主要是通过经济阻碍效应、生态保护效应及产业结构效应实现。符正平、麦景琦（2021）运用双重差分法考察了生态省试点对省域人均生态足迹的影响，研究发现生态省试点有效遏制了人均生态足迹的增长，并且生态省试点省份环境立法完善是抑制人均生态足迹增长的重要机制。

自实施生态文明先行示范区以来，已有部分学者针对试点地区开展了政策评价研究。有学者发现生态文明示范区的建设有助于试验区绿色效率提高（范正根 等，2022）、经济高质量发展（陈长 等，2023）以及生态环境高质量发展（陈洪飞 等，2022）。施生旭（2015）从生态经济、生态社会、生态环境、生态文化与生态制度等五个方面探索了生态文明先行示范建设的实施路径，并构建了相应的评价体系，最后以试点省份福建作为研究样本进行实证分析。刘亦晴等（2018）比较了福建、贵州和江西三个生态文明试验区在资源储备、环境治理、文化建设、财政金融等方面的差异，在此基础上探讨了江西生态文明试验区建设的具体思路。多数学者认为与生态文明试验区这类政策相关或者相似的试点政策，在促进绿色发展方面是有效的。Burniaux 等（1992）研究提出碳交易试点如果得到推广，世界各国的碳排放总量会有显著的降低。这个结论在中国也得到了验证（刘传明 等，2019）。中国生态文明试验区建设有助于提升碳排放效率，促进绿色技术创新、改善能源利用效率，分别作为内生动力和外部途径在碳减排过程中发挥积极作用（张明斗 等，2023）。在农业减排上，生态文明试验区的农业碳排放强度降低成效总体优于中国其他地区（徐嫚谦 等，2024），且在省级层面也证实了生态文明试验区建设能够显著降低农业面源污染强度（徐静 等，2023）。也有研究发现生态文明试验区建设对绿色发展成效有差异，如辛宝贵等（2021）通过合成控制法研究发现福建和贵州对经济、生态和社会效益的综合影响的改善程度优于江西。此外，生态文明试验区建设具有显著的正向空间溢出效应（胡剑波 等，2022），其主要机制是通过竞争与模范。这些研究均表明生态文明试验区建设有助于碳减排，基于 ARIMA-BP 神经网络模型表明试验区建设会有助于提前实现中国 2030 年碳强度降低的目标。

生态省、生态文明试验区作为生态文明的具体实践，现有文献较为丰富地研究了生态省、生态文明试验区的政策效果，但缺乏把两者纳入统一框架下进行评价研究。有鉴于此，本研究拟结合双重差分空间计量模型，评估生态文明建设（包含生态省建设试点、生态文明试验区)对属地省份农业绿色发展的影响,以期对农业绿色发展绩效评估的相关研究有所裨益,也对相关政策实践提供理论参考。

10.2.2 理论构建

由第9部分可知,生态文明建设可视为绿色空间生产的过程,蕴含着环境规则推动、绿色生产方式转变及生态文化发挥等因素共同促进农业绿色发展。

首先,生态文明建设综合运用环境规制政策,通过资源产权界定、产业结构调整实现减排固碳,营造了绿色发展氛围。生态文明建设政策通过明确环境资源产权界定,降低环境资源市场交易成本,减少经济主体活动对生态环境造成的负外部性,使生产方式向资源集约化转变,从而降低了碳排放。环境立法为环境资源开发、利用、保护提供有效的制度保障,通过不断完善林权、水权、地权、排污权、碳权等产权制度,生态补偿、循环补助、低碳补贴等财税制度才能有效促使经济主体依照市场激励引导的方向进行生产方式的绿色转型,有效降低农业碳排放强度。同时,生态文明建设通过优化产业结构限制高污染产业进入、鼓励企业改进生产工艺,执行更高的环境标准等方式,引导经济主体绿色发展转变,最终实现地区产业升级和减少资源占用的政策目标。更高的环境治理标准能够激发"创新补偿"效应,弥补企业的"环境遵循成本",有利于促进以可持续发展、零碳排放为特征的农业绿色技术的研发和应用,在带动农业总产出增加的同时并不会造成碳排放量的增加从而降低碳排放强度。

其次,生态文明建设从农业生产方式、要素流通方式和农业治理方式三方面促进农业绿色的发展。第一,促进农业生产方式转型。生态文明建设明确要求"大力发展绿色低碳技术""切实推动绿色发展、循环发展、低碳发展",旨在建立新型绿色发展模式,以实现经济与环境相协调。第二,生态文明建设能有效改善流通方式。市场分割将导致资源浪费与错配,造成资源配置效率损失,甚至加重环境污染(陆远权 等,2016)。理论上,市场分割容易导致该地区长期被低端要素锁定,导致绿色低碳技术发展缓慢,阻碍产业结构升级,也使得跨区域环境协同治理难以实现(龚新蜀 等,2018)。通过废止妨碍形成全国统一市场和公平竞争的规定和做法,建立统一的绿色产品标准、认证、标识等体系,推进市场一体化进程,从而有利于农业产业结构升级及绿色技术进步,进而影响农业绿色发展。第三,改善治理方式。在生态文明先行示范区的主要任务中提到,要加强建设统计、监测、标准以及执法等基础能力。信息化水平的提高不仅可以向农民传递保护生态系统与节约自然资源的重要性,使农民形成生态文明建设理念,自觉在生产过程中减少对土地和环境的负面影响,而且还可以促进先进农业生产技术的传播与应用,在农业生产的全过程贯彻农业绿色生产理念。

最后,生态文明建设增强了农业生态文化的传承与发展。生态文明建设注重乡村自然环境的保护与改善,包括水土保持、森林保护、湿地恢复、污染控制等多个方面。这些措施为农业生产和乡村其他业态的发展提供了良好的物质基础和生态保障,不仅提升了乡村的生态环境质量,还促进了乡村经济的可持续发展。同时,生态文明促使农业向生态化方向转型,使农业绿色技术应用更为广泛。农业绿色生产方式提高了农产品的质量和安全性,同时促进了农业生态系统的健康和生物多样性。在这个过程中,农业生态文化得以传承和发扬,形成了人与自然和谐共生的美好愿景。"农耕文化是我国农业的宝贵财富,是中华文化的重要组成部分(中共中央党史和文献研究院,2019)。"中华农耕文化为农业绿色发展理念提供了文化滋养,农业绿色发展理念是对中华农耕文化的创造性弘扬与发展,农业文化的保护和传承也是生态文明建设的重要内容之一。通过乡村文化与生态赋能嵌入农产品区域公用品牌,成为乡村独特魅力与内生动力的源泉。品牌农业注重农产品的安全、健康和环保特性,采用高效利用农业资源的生产方式,整合地域内分散的自然资源(夏龙 等,2015)、促进资源的合理配置(沈鹏熠,2011),注重发挥生态系统的整体功能。农产品品牌建设提高了农产品附加值,如通过实施标准化生产,提升农产品质量(丁洋 等,2022);同时将区域自然资源、生态价值、社会价值等融入产品和品牌,凸显农产品地理差异(Amin,2004),增强农产品特色等。农产品品牌建设也扩大了农产品交易量,如通过品牌形象和信息传递影响消费者购买行为;借助区域品牌的"市场对接"效应,为小农户衔接大市场进行赋能(王卫卫 等,2021)。这不仅提升了农产品的品质,也体现了生态文明理念中的尊重自然、顺应自然、保护自然的原则。因此,生态文明建设与乡村文化的深度融合,打造具有地方特色的品牌农业,不仅丰富了乡村文化的内涵,还提升了乡村文化的品牌价值,为生态文明建设作出了积极贡献。

10.3 研究方法与数据选择

10.3.1 双重差分模型

现有文献在研究生态文明先行示范区的政策效应时多采用合成控制法(汪克亮 等,2022),但合成控制法要求控制组与处理组之间个体特征相近,否则可能带来较大的插值偏误(沈艳 等,2022)。由于本研究的样本省份之间存在较大的个体差异,合成控制法的关键假定并不成立。相对而言，双重差分法具有广泛适用性，能够一定程度上规避内生性，被广泛用于政策效应评估类型的研究（Zhang et al., 2023）。考虑到生态省建设试点在政策实施的时间上有先后差异，采用渐进式双重差分模型（DID）。依据"是否设立生态省建设试点"这一政策虚拟变量将本研究分为实验组和对照组，省份 i 设立生态省建设试点当年及之后赋值为1，之前年份赋值为0，由此可自动产生处理组、对照组及"处理前后"的双重差异（Li et al., 2016）。因此，该方法能尽可能地排除其他共时性因素产生的内生性和遗漏变量等问题，提取出政策实施对目标的净效应。DID 线性回归模型（OLS）构建为：

$$Y_{it} = \alpha_0 + \sum_{k=1}^{K} X_{it,k}\alpha_k + D_{it}\alpha_{K+1} + \varepsilon_{it} \tag{10-1}$$

式中：D_{it} 为组合的虚拟变量，由生态省建设试点批设情况的虚拟变量的中心化取值的乘积构成，即 $D_{it} = (D_{it}^{(1)} - \overline{D}^{(1)}) \times (D_{it}^{(2)} - \overline{D}^{(2)})$。其中，$D_{it}^{(1)}$ 为数据组别虚拟变量；当数据来自处理组省份时，$D_{it}^{(1)} = 1$；当数据来自对照组省份时，$D_{it}^{(1)} = 0$。$D_{it}^{(2)}$ 为生态省建设试点批设情况虚拟变量；从某省份批设生态文明试验区的年份起，往后每一年均设定 $D_{it}^{(2)} = 1$；而在这之前均设定 $D_{it}^{(2)} = 0$。$\overline{D}^{(1)}$、$\overline{D}^{(2)}$ 分别为上述两个虚拟变量序列的均值。从 D_{it} 中可以推导出包含数据组别虚拟变量 $D_{it}^{(1)}$、生态省建设试点批设虚拟变量 $D_{it}^{(2)}$ 及交叉项 $D_{it}^{(1)} \times D_{it}^{(2)}$ 等3个新的虚拟变量，但在模型参数估计中仅需估算 D_{it} 对应的参数估计值，从而能够有效地避免变量之间的多重共线性问题。Y_{it} 为被解释变量，指某一年所有省份的农业绿色发展发展状况；$i = 1, 2, \cdots, N$ 指中国的31个省份，$N = 31$；$t = 1, 2, \cdots, T$ 指生态省建设试点的主要时间阶段，暂定为2003—2023年，$T = 21$。$X_{it,k}$ 为影响农业绿色发展的第 k 个解释变量，$k = 1, 2, \cdots, K$。α_0、α_1、$\cdots$、α_{K+1} 分别为式（10-1）变量的参数；ε_{it} 为随机误差项，服从均值为0，方差为 σ^2 的正态分布。

10.3.2 空间双重差分模型

考虑到生态文明示范区政策会产生空间溢出效应，因此本研究参考 David 等、Chagas 等（Card et al., 2000；Chagas et al., 2016；马丽亚 等，2023）的做法，采用双重差分法与空间计量模型相结合的形式，构建面板空间双重差分模型（SDID）验证生态省建设试点政策能否促进农业绿色发展。基于式（10-1）建立双重差分空间 X 滞后模型（XLS）、双重差分空间自回归模型（SAR）、双重差分空间杜宾模型（SDM）及双重差分空间误差模型（SEM），这些模型着重强调地区间贸易发展存在着空间溢出效应，并有不同的空间溢出效应机制。

$$Y_{it} = \beta_0 + \sum_{k=1}^{K} X_{it,k}\beta_k + \sum_{k=1}^{K}\sum_{it=1}^{NT} (\zeta' \otimes W')_{it,it} X_{it,k}\beta_{K+k} + D_{it}\beta_{2K+1}$$
$$+ (\zeta' \otimes W')_{it,it} D_{it}\beta_{2K+2} + \varepsilon_{it} \quad (10\text{-}2)$$

$$Y_{it} = \theta_0 + \sum_{it=1}^{NT} \rho_{sar}(\zeta' \otimes W')_{it,it} Y_{it} + \sum_{k=1}^{K} X_{it,k}\theta_k + \sum_{k=1}^{K}\sum_{it=1}^{NT}(\zeta' \otimes W')_{it,it} X_{it,k}\beta_{K+k}$$
$$+ D_{it}\theta_{K+1} + (\zeta' \otimes W')_{it,it} D_{it}\beta_{2K+2} + \varepsilon_{it} \quad (10\text{-}3)$$

$$Y_{it} = \gamma_0 + \sum_{it=1}^{NT}\rho_{sdm}(\zeta' \otimes W')_{it,it} Y_{it} + \sum_{k=1}^{K} X_{it,k}\gamma_k + \sum_{k=1}^{K}\sum_{it=1}^{NT}(\zeta' \otimes W')_{it,it} X_{it,k}\gamma_{K+k}$$
$$+ D_{it}\gamma_{2K+1} + (\zeta' \otimes W')_{it,it} D_{it}\gamma_{2K+2} + \varepsilon_{it} \quad (10\text{-}4)$$

$$Y_{it} = \eta_0 + \sum_{k=1}^{K} X_{it,k}\eta_k + D_{it}\eta_{K+1} + \mu_{it}, \; \mu_{it} = \sum_{it=1}^{NT}\rho_{sem}(\zeta' \otimes W')_{it,it}\mu_{it} + \varepsilon_{it} \quad (10\text{-}5)$$

式（10-2）至式（10-5）中，β_0、β_1、$\cdots$、β_{2K+2}，θ_0、θ_1、$\cdots$、θ_{K+1}，γ_0、γ_1、$\cdots$、γ_{2K+2}，以及 η_0、η_1、$\cdots$、η_{K+1} 分别为式（10-2）至式（10-5）变量的参数；ρ_{sar}、ρ_{sdm}、ρ_{sem} 分别为对应模型的空间相关系数；μ_{it} 也为随机误差项，其分布形式受式（10-5）的影响。其他变量含义同式（10-1）。

W' 为经过行随机标准化处理后的空间权重矩阵，ζ' 为经过行随机标准化处理后的时间权重矩阵，$\otimes$ 为克罗内克积符号。行随机标准化的处理方法为各元素除以对应行所有元素之和。W' 基于 Queen 空间邻接关系而设计，其元素设定原则如下：主对角线元素全为 0；当两个省份在地图上具有共同的边长或者顶点时，则设定其元素初始值 $W_{ij} = 1$；当两个省份不具有 Queen 空间邻接关系时，则设定其元素初始值 $W_{ij} = 0$。ζ' 依据分年度 Geary C 指数的比值计算得到，其元素确定原则如下：主对角线元素全为 1；主对角线以上的所有元素为 0；主对角线以下的元素取值由元素对应列年份 31 个省份之间空间溢出效应的 Geary C 指数与对应行年份 31 个省份之间空间溢出效应的 Geary C 指数相除而得到。基于 $\zeta' \otimes W'$ 方式形成的矩阵是一个 $NT \times NT$ 阶的内生时空权重矩阵。

10.3.3 空间中介模型

借鉴既有研究方法（刘震 等，2022），本研究采用空间中介效应模型检验生态省建设试点批设的影响机制。结合模型优选及前文中介模型方法，构建空间自回归中介模型，模型设计如下。

首先，根据式（10-2）至式（10-5）优选生态省建设试点对农业绿色发展的直接影响（以 SAR 模型为例）；其次，根据式（10-6）检验生态省建设试点对中介变量的影响；最后，根据式（10-7）检验中介效应是否存在。回归模型的设定形式如下：

$$Med_{it} = \sum_{it=1}^{NT} \rho_{sar} (\zeta' \otimes W')_{it,it} Med_{it} + \sum_{k=1}^{K} X_{it,k}\varphi_k + \sum_{k=1}^{K}\sum_{it=1}^{NT} (\zeta' \otimes W')_{it,it} X_{it,k}\beta_{K+k}$$
$$+ D_{it}\varphi_{K+1} + (\zeta' \otimes W')_{it,it} D_{it}\varphi_{2K+2} + \varepsilon_{it} \tag{10-6}$$

$$Y_{it} = \theta_0 + \sum_{it=1}^{NT} \rho_{sar} (\zeta' \otimes W')_{it,it} Y_{it} + \sum_{k=1}^{K} X_{it,k}\theta_k + \sum_{k=1}^{K}\sum_{it=1}^{NT} (\zeta' \otimes W')_{it,it} X_{it,k}\beta_{K+k}$$
$$+ D_{it}\widetilde{\theta_{K+1}} + (\zeta' \otimes W')_{it,it} D_{it}\beta_{2K+2} + Med_{it}\widetilde{\theta_{K+2}} + (\zeta' \otimes W')_{it,it} Med_{it}\beta_{2K+3} + \varepsilon_{it}$$
$$\tag{10-7}$$

式中：Med_{it} 为中介变量；其他字母含义如前文。若在系数 θ_{K+1}、φ_{K+1}、$\widetilde{\theta_{K+1}}$、$\widetilde{\theta_{K+2}}$ 都显著，且 $\widetilde{\theta_{K+1}}$ 较 θ_{K+1} 变小，则表明存在部分中介效应；若 $\widetilde{\theta_{K+1}}$ 较 θ_{K+1} 变小且不显著，则表明存在完全中介效应。进一步地，β_{2K+2} 反映了生态省建设试点对其他地区中介变量的影响，若其显著，则可证明生态省建设试点的空间溢出传导机制。

10.3.4 数据选择

(1) 被解释变量：农业绿色发展水平，具体见 5.4.1 节。

(2) 核心解释变量：生态省试点政策。

(3) 中介变量：①环境规则。具体见 6.3.5 节。②农产品区域公用品牌。用各省份农产品区域公用品牌的数量衡量。全国农产品区域公用品牌建设的数据来源于农业农村部网站。

(4) 控制变量：产业集聚水平、城镇化率、农业产业结构、农业专利、财政支持、市场化水平、自然灾害。具体含义见 5.3 节。

10.4 结果与分析

10.4.1 试点政策对属地省份农业绿色发展的总体影响效应评估

从表 10-1 可知，采用双重差分模型和双重差分空间自回归模型均能取得统计性质优良的参数估计结果，其余模型中有部分解释变量不能通过显著性水平为 5% 或 10% 的假设检验。在双重差分空间 X 滞后模型与杜宾模型中，变量产业集聚水平、城镇化率和农业产业结构未能通过显著性检验，且仅有城镇化率、市场化水平的空间滞后项通过显著性检验。在双重差分空间误差模型中，变量产业集聚水平和农业产业结构未能通过显著性检验。由此，采用双重差分空间自回归模型来评估生态省建设试点对属地省份农业绿色发展效应相对而言更具科学性，且生态省建设试点对属地省份农业绿色发展具有显著的促进作用。

基于对数似然比检验（LR）进行模型之间的优选。双重差分多元线性回归模型相比较双重差分空间自回归模型而言，相当于施加了空间自回归项的参数为0的假设，则依据LR检验，二者的对数似然值之差的2倍应该服从自由度为1的卡方分布。在给定显著性水平为0.05的条件下，卡方分布的临界值为$\chi^2_{0.05}(1) = 3.84$。此时，两个模型的对数似然比之差的2倍为339.25，远远大于了临界值，拒绝了空间相关系数为0的假设。所以，双重差分空间自回归模型是评估生态省建设试点批设对属地省份农业绿色发展影响效应的最优模型。

表10-1 生态省建设试点政策效应的空间计量模型估计结果

变量	OLS	SLX	SAR	SDM	SEM
常数项	0.918***	0.910***	0.138**	0.155*	0.197***
	(28.430)	(4.410)	(2.348)	(1.674)	(23.967)
产业集聚水平	0.002**	0.002	0.001**	0.002	0.003
	(2.292)	(0.194)	(2.225)	(0.427)	(0.104)
城镇化率	0.067***	0.012	0.044*	0.005	0.057**
	(2.629)	(0.430)	(1.759)	(0.183)	(2.182)
农业产业结构	-0.025*	-0.040	-0.020*	-0.051	-0.009
	(-1.907)	(-1.245)	(-1.857)	(-1.599)	(-1.321)
农业专利	-0.001**	-0.001**	-0.001***	-0.001***	-0.001***
	(-2.528)	(-2.398)	(-3.155)	(-2.911)	(-2.758)
财政支持	0.437***	0.415***	0.417***	0.407***	0.562***
	(5.280)	(3.618)	(4.953)	(3.621)	(5.907)
市场化水平	0.004**	0.006***	0.004**	0.006***	0.006***
	(2.513)	(3.300)	(2.169)	(3.443)	(3.504)
自然灾害	-0.095***	-0.092***	-0.087***	-0.092***	-0.104***
	(-5.733)	(-4.964)	(-5.352)	(-5.085)	(-6.248)
SDID	0.025**	0.027**	0.023**	0.022**	0.018**
	(2.323)	(2.387)	(2.229)	(2.152)	(1.972)
TW×产业集聚水平		0.036		0.023	
		(0.963)		(0.634)	
TW×城镇化率		0.530***		0.467***	
		(2.991)		(2.681)	
TW×农业产业结构		0.080		0.116	
		(0.423)		(0.623)	

(续表)

变量	OLS	SLX	SAR	SDM	SEM
TW×农业专利		0.000		−0.004	
		(−0.049)		(−0.753)	
TW×财政支持		0.694		0.667	
		(1.318)		(1.288)	
TW×市场化水平		−0.040***		−0.036***	
		(−4.556)		(−4.165)	
TW×自然灾害		−0.156		−0.053	
		(−0.874)		(−0.301)	
TW×SDID		−0.208		−0.126	
		(−1.571)		(−0.967)	
rho			0.803***	0.717***	
			(13.706)	(7.816)	
lambda					0.681***
					(6.440)
时间效应	控制	控制	控制	控制	控制
个体效应	控制	控制	控制	控制	控制
R^2	0.620	0.526	0.604	0.538	0.599
对数似然值	813.098	1 034.625	982.725	997.271	781.154

注：***、**、* 分别表示通过显著性水平为 1%、5%、10% 的假设检验。括号内为渐近 t 统计量。

在双重差分空间自回归模型下，生态省建设试点对属地省份农业发展的影响效应值为 $\frac{1}{NT}\iota_{NT}^{Trans}[I_{NT}-\hat{\rho}_{SAR}(\xi'\otimes W')]^{-1}\hat{\theta}_{K+1}$。所有时期的总和值、不同时期的平均值的总效应分别为 54.241、2.583，其直接效应、间接效应可见表 10-2。这说明从目前生态省建设试点的发展来看，其对属地省份农业绿色发展的影响效应是显著的，生态省建设试点有利于促进属地省份的农业绿色发展。

表 10-2 空间差分模型的政策冲击效应分解

边际效应	直接效应	间接效应	总效应
所有时期的总和值	5 768.6	−5 714.4	54.241
不同时期的平均值	274.7	−272.1	2.583

10.4.2 试点政策对属地省份农业绿色发展的个体影响效应评估

如前所述，在评估生态省建设试点对属地省份农业绿色发展的总体影响效应时，采用双重差分空间自回归模型得到的参数估计结果最优。基于这一总体模型，在分解虚拟变量的条件下，可以完成单个生态省建设批设对属地省份农业绿色发展的个体影响效应评价。

在式（10-4）中，虚拟变量 D'_{it} 由组别虚拟变量 $D'_{1,it}$ 和事件虚拟变量 $D'_{2,it}$ 组成。其中，Pool 堆积序列 $D'_{1,it}$、$D'_{2,it}$ 的原始数据序列 $D_{1,it}$、$D_{2,it}$ 中分别包含了生态省建设试点的属地省份和批设时间情况。基于此，可以抽取单个生态省建设对应的元素，形成新的虚拟变量，用以评估单个生态省建设对属地省份农业绿色发展的个体影响效应。设 $r = 1, 2, \cdots, 16$ 分别代表如前文所示的 16 个生态省建设试点，且排序情况如前文数据说明所示。抽取原始数据序列 $D_{1,it}$、$D_{2,it}$ 中第 r 个生态省建设试点的对应列元素，并定义 $D_{1,it}$、$D_{2,it}$ 的其他各列元素为 0，基于此形成新的数据序列 $D^r_{1,it}$、$D^r_{2,it}$。此时，$D^r_{1,it}$ 表示第 r 个生态省建设试点的属地省份情况，$D^r_{2,it}$ 表示第 r 个生态省建设试点的批设时间情况。设 $D^r_{1,it}$、$D^r_{2,it}$ 的 Pool 堆积序列分别为 $D'^r_{1,it}$、$D'^r_{2,it}$，这两个序列分别为第 r 个生态省建设试点对属地农业绿色发展个体效应评估时新的组别虚拟变量和事件虚拟变量。

基于类似的逻辑，可以定义 $D_{1,it}$、$D_{2,it}$ 中第 r 个生态省建设试点对应的列元素全部为 0，并抽取 $D_{1,it}$、$D_{2,it}$ 中所有的其他元素，形成新的数据序列，分别定义两个新序列为 $D^{-r}_{1,it}$、$D^{-r}_{2,it}$。此时，两个新序列 $D^{-r}_{1,it}$、$D^{-r}_{2,it}$ 的 Pool 堆积序列 $D'^{-r}_{1,it}$、$D'^{-r}_{2,it}$ 分别表示其他 $(r-1)$ 个生态省建设试点对属地农业绿色发展个体效应评估时新的组别虚拟变量和事件虚拟变量汇总。

依据定义可知，$D'_{1,it} = D'^r_{1,it} + D'^{-r}_{1,it}$，$D'_{2,it} = D'^r_{2,it} + D'^{-r}_{2,it}$。此时，总体效应评估时所采用的虚拟变量将可以转化为 $D'_{it} = (D'^r_{1,it} + D'^{-r}_{1,it} - \bar{D}'_{1,it}) \times (D'^r_{2,it} + D'^{-r}_{2,it} - \bar{D}'_{2,it})$。设 $D'^{Dr}_{it} = D'^r_{1,it} D'^r_{2,it}$，$D'^{Ir}_{it} = D'^r_{1,it}(D'^{-r}_{2,it} - \bar{D}'_{2,it}) + (D'^{-r}_{1,it} - \bar{D}'_{1,it})D'^r_{2,it}$，$D'^{-r}_{it} = D'_{it} - D'^{Dr}_{it} - D'^{Ir}_{it}$，则 D'^{Dr}_{it}、D'^{Ir}_{it}、D'^{-r}_{it} 分别表示第 r 个生态省建设试点的直接效应的组合虚拟变量、第 r 个生态省建设试点的间接效应的组合虚拟变量及其他 $(r-1)$ 个生态省建设试点的个体影响效应的组合虚拟变量。基于此，在式（10-5）的基础上，可以将变量 D'_{it} 分解为 3 个变量，即 D'^{Dr}_{it}、D'^{Ir}_{it}、D'^{-r}_{it}。

在双重差分空间自回归模型框架下，基于分解后形成的 16 组虚拟变量，可以得到 16 个生态省建设试点对属地省份农业绿色发展的个体直接效应和个体间接效应。个体总效应由个体直接效应和个体间接效应加总得到，且仅有当个体直接效应和个体间接效应均能通过显著性水平 10% 以上的假设检验时，个体总效应才显著。由表 10-3 可知，

16个生态省建设试点省份总效应均显著。不同生态省建设对其属地省份具有不同的农业绿色发展效应，其主要特征表现如下。第一，生态省建设对其属地省份农业绿色发展产生显著的促进效应。一般而言，生态省建设经过较长时间的发展，完成更多县级生态县（市、区）建设，如浙江、福建等大部分县（市、区）完成省级生态县建设，从而更加明显地促进属地省份农业绿色快速发展。第二，批设在东部地区的生态省对其属地省份农业绿色发展产生的激励效应较中、西部地区大。生态省的批设一般会出台限制投资产业目录，并出台优惠的土地利用政策、财政扶持和金融支撑政策。加之，东部地区经济社会发展效率往往相对较高，其他市区县会效仿生态县（市、区）出台的优惠政策，并积极向上级部门申请加入生态县（市、区）建设，进而整体推动属地省份农业绿色增长。第三，批设在粮食主产区的生态省建设对其属地省份农业绿色发展较粮食主销区、平衡区大。究其原因，主要是因为粮食主产区承担粮食安全重担，其面临的碳减排压力也较大，国家层面会把资源优先向这些省份转移，进而对农业绿色发展的改善作用较明显。

表10-3 生态省建设试点对属地省份农业绿色发展的个体影响效应

试点省份	个体间接效应	个体直接效应	个体总效应	对数似然值
天津	11.469*** (6.512)	−11.361*** (−3.622)	0.108	997.571
河北	11.437** (2.397)	−11.329* (−1.686)	0.108	997.864
山西	11.474** (2.026)	−11.368* (−1.713)	0.106	997.713
辽宁	11.425*** (3.539)	−11.316*** (−2.641)	0.108	997.878
吉林	11.553*** (8.750)	−11.444*** (−2.701)	0.110	1 000.275
黑龙江	11.414*** (9.438)	−11.307*** (−3.366)	0.107	1 000.660
江苏	11.365** (2.123)	−11.259** (−2.385)	0.107	997.394
浙江	11.243*** (2.947)	−11.137*** (−5.083)	0.106	998.849
安徽	11.364*** (3.020)	−11.259* (−1.841)	0.105	997.517
福建	11.384** (2.574)	−11.278** (−2.289)	0.106	998.315

(续表)

试点省份	个体间接效应	个体直接效应	个体总效应	对数似然值
山东	11.579** (2.694)	−11.462*** (−3.270)	0.117	998.008
河南	11.339* (1.753)	−11.232* (−1.956)	0.107	997.715
湖北	11.589** (2.044)	−11.477*** (−7.022)	0.112	997.543
广西	11.428* (1.892)	−11.321** (−1.988)	0.107	998.788
海南	11.862** (3.474)	−11.751** (−2.057)	0.111	1 000.577
四川	11.437** (2.182)	−11.329* (−1.713)	0.108	997.719
东部地区	11.450	−11.341	0.109	
中部地区	11.490	−11.382	0.108	
西部地区	11.451	−11.345	0.107	
粮食主产区	11.466	−11.357	0.109	
粮食主销区	11.456	−11.348	0.108	
粮食平衡区	11.437	−11.329	0.108	

注：***、**、*分别表示通过显著性水平为1%、5%、10%的假设检验。括号内为渐近 t 统计量。

10.5 中介机制分析

借助空间中介效应检验步骤，验证生态农业文化路径下生态省建设试点政策对旅游经济发展影响的传导机制。由表10-4第3列可知，SDID的影响效应在10%水平上显著为正，说明生态省建设试点批设促进了农产品区域公用品牌的建设；第4列可知农产品区域公用品牌的系数为正且在5%水平上显著，说明农产品区域公用品牌可以促进农业绿色发展，由此可以证实生态省建设试点通过区域公用品牌效应促进了农业绿色发展。具体来说，农产品区域公用品牌隐含着生态文化，更容易获得生产者、消费者的共同维护，推动农业生产方式的转型。生态省建设试点加强了生态文化的建设，也进一步推动了农产品区域公用品牌的建设，进而促进农业绿色发展。

表 10-4　空间中介效应检验

变量	式（10-3）	式（10-6）	式（10-7）
SDID	0.023**	0.673*	0.026**
	(2.229)	(1.947)	(2.388)
公用品牌			0.002***
			(3.084)
控制项	Yes	Yes	Yes
rho	0.803***	0.893***	0.694***
	(13.706)	(32.443)	(7.449)
R^2	0.604	0.683	0.614
对数似然值	982.725	1 241.192	987.275

10.6　本章小结

第一，利用双重差分空间自回归模型，对生态省建设试点批设对属地省份农业绿色发展的总体影响效应和个体影响效应进行评价。生态省建设试点批设促进了属地省份农业绿色发展，不同省份、不同经济发展水平、不同农业生产功能区对属地省份农业绿色发展的影响效应有所不同。

第二，农产品区域公用品牌隐含着生态农业文化。生态省建设试点批设通过区域公用品牌效应提升了农业绿色发展水平。这进一步说明，生态文明建设引导农业生产者创新采用绿色技术，产生了"创新补偿效应"，从而提升农业绿色发展水平。

第 11 章 农业绿色发展提升对策与未来展望

11.1 农业绿色发展提升对策

11.1.1 持续推进农业集聚发展

11.1.1.1 持续优化农业产业空间布局

持续优化农业产业空间布局是推进农业集聚发展的基础性工作。优化布局要遵循生态优先、区域协同的原则，统筹兼顾资源禀赋和市场需求，构建科学合理的农业空间发展格局。

一是科学划定农业产业功能分区。根据"宜粮则粮、宜经则经、宜牧则牧"的原则，合理划定不同功能区。在平原区重点建设商品粮基地，完善农田水利设施，配套现代农机装备，打造规模化、标准化的粮食生产核心区。在城郊区发展都市农业，重点布局果蔬、花卉等高效特色农业，发展休闲农业和农事体验，满足城市居民多样化消费需求。在丘陵山区因地制宜发展特色产业，建设林果、中药材等特色农产品生产基地，培育区域公用品牌，提升产品附加值。二是大力推进产业集群建设。以龙头企业为引领，培育壮大加工企业集群，建设专业化生产基地，形成"基地+企业+园区"的产业发展模式。建设农产品加工园区，配套仓储、物流等设施，完善产业链配套功能。建立产业技术创新中心，整合科研院所、高校等创新资源，开展关键技术攻关，提升产业科技含量。完善冷链物流体系，建设区域性农产品加工物流中心，提高农产品流通效率。三是实施集中连片开发。通过土地整治、耕地质量提升等工程，整合土地资源，建设规模化、标准化的农业生产基地。制定统一的生产技术规程，推广标准化生产技术，提高农产品质量的均一性和稳定性。培育新型农业经营主体，发展家庭农场、农民合作社等适度规模经营。创新产业组织模式，推行"公司+合作社+基地"等组织方式，建立紧密型利益联结机制，让农户分享产业增值收益。四是构建协同发展机制。推进产销一体化发展，加强产业链上下游对接，建立稳定的供需关系。建立产业联动机制，促进优势互补，实现区域间协同发展。完善利益分配机制，创新收益分享模式，实现农户与企业互利共赢。建立产业布局动态监测系统，及时掌握产业发展动态，优化产业布局。同时，要建立产业准入标准，完善环境影响评价机制，确保产业发展与资源环境承载力相适应。

通过以上措施，将有效推动农业产业空间布局优化升级。在平原地区，形成布局集中、用地集约、产出高效的现代农业产业带，成为保障国家粮食安全的重要基地。在城郊地区，建成一批设施先进、功能多元的都市农业示范区，既满足城市居民的消费需求，又成为展示现代农业发展成果的重要窗口。在丘陵山区，打造特色鲜明、优势突出的农业产业集群，实现农业产业与生态保护的协调发展。通过产业集聚发展，推动农业产业链延伸，促进一二三产业深度融合，带动农民持续增收。同时，优化后的空间布局将强化区域间产业分工协作，实现优势互补、合作共赢，为农业高质量发展奠定坚实基础。

11.1.1.2 加强农业基础设施建设

加强农业基础设施建设是提升农业现代化水平的重要支撑。要坚持统筹规划、突出重点、注重实效的原则，着力构建现代农业基础设施体系。

一是完善农田水利设施。实施高标准农田建设工程，统筹推进土地平整、灌排沟渠、机耕道路等配套设施建设，提高农田基础设施配套水平。推进大中型灌区续建配套与现代化改造，更新改造老化渠道，完善量测水设施，提高灌溉水利用效率。大力推广节水灌溉技术，发展喷灌、微灌等高效节水灌溉方式，推进水肥一体化技术应用。建设智能灌溉系统，配套自动控制设施，实现精准灌溉。加强农田防汛抗旱设施建设，完善排涝泵站、蓄水设施等，提高农业抗灾减灾能力。二是要提升农业机械化水平。实施农田宜机化改造，推进土地平整、田间道路等基础设施建设，改善机械化作业条件。建设农机维修服务网点，配套维修、保养、停放等服务设施，提供全程机械化作业保障。发展智能农机装备，推广北斗导航、自动驾驶等技术，提高作业精准化水平。建设农机信息服务平台，提供作业调度、技术指导等服务，提高农机使用效率。三是要建设现代物流体系。在产地建设仓储保鲜设施，配套恒温、冷藏等设备，减少农产品产后损失。完善冷链物流网络，建设预冷、分拣、运输等设施，保障农产品品质。建设智慧物流平台，运用物联网、大数据等技术，优化物流配送路线，提高物流效率。加强农产品批发市场基础设施建设，完善交易、检验检测等功能，提升市场服务能力。四是要强化科技创新支撑。建设农业科技创新平台，配套实验、测试等设施，开展品种选育、栽培技术等研究。完善农技推广服务设施，建设技术培训、示范展示基地，加快科技成果转化应用。发展农业社会化服务中心，提供农资供应、农技指导、农机作业等综合服务。健全农业金融保险服务网点，创新金融产品，提供风险保障服务。

为确保各项建设任务落实到位，要建立健全保障机制。在资金保障方面，建立政府主导、多元投入的机制，整合各类涉农资金，创新投融资方式，吸引社会资本参与。在政策支持方面，完善用地、金融等配套政策，为设施建设提供政策保障。在项目带动方面，统筹实施一批重点工程，发挥示范引领作用。在监督考核方面，建立工作推进督查机制，定期开展督导检查，确保工程建设质量。同时，要建立长效管护机制，落实管护责任，确保设施持续发挥效益。

11.1.1.3 健全农业社会化服务体系

健全农业社会化服务体系是提升农业现代化水平、促进农业高质量发展的重要支撑。要坚持市场导向、政府引导，构建多元化、专业化、市场化的农业社会化服务体系。要构建服务主体多元化、服务内容专业化、服务方式多样化、服务保障系统化的现代农业社会化服务体系。

一是培育多元化农业社会化服务组织。扶持发展农业生产性服务企业，支持其开展农资供应、农机作业、植保飞防等专业化服务。培育壮大农民专业合作社，发展农业生产托管服务。引导龙头企业开展生产性服务，建立产前、产中、产后全程服务体系。鼓励家庭农场、种养大户等新型经营主体开展社会化服务，提供专业化服务。发展农业综合服务组织，整合各类服务资源，提供一站式服务。支持各类服务主体创新服务模式，提升服务能力，扩大服务范围。二是完善农业技术推广服务体系。建立健全公益性农技推广机构，提供技术培训、技术指导等服务。组建专业化农技服务团队，开展定期巡回指导服务。培育农业科技特派员队伍，推进科技成果转化应用。建立农技人员下乡服务制度，实现技术服务全覆盖。创新服务方式，发展在线技术咨询、远程诊断等服务模式。加强农业科技资源整合，构建产学研一体化的技术服务体系。三是构建现代农业经营服务体系。建立农产品市场信息服务平台，提供市场行情、供求信息等服务。完善农产品质量安全追溯体系，提供质量检测、认证等服务。发展农业电子商务服务，提供线上交易、物流配送等服务。建立农业金融保险服务网络，提供信贷、保险等金融服务。创新农业经营服务模式，发展订单农业、产销对接等服务。推进服务资源整合，提高服务效率和质量。四是建立农业生产性服务体系。发展农机作业服务，提供耕种收综合机械化服务。完善植保统防统治服务，提供病虫害防治、植保飞防等服务。建立农资供应服务网络，提供农资配送、使用指导等服务。发展农业废弃物处理服务，提供废弃物收集、处理、利用等服务。创新服务方式，提高服务的专业化、规范化水平。

健全农业社会化服务体系要突出市场主体作用，强化政策扶持引导。加大财政支持力度，完善服务补贴政策，支持服务组织发展。创新服务模式，推广"互联网+"服务模式，提高服务效率。建立服务质量评价机制，规范服务行为，提升服务质量。加强服务人才队伍建设，提高服务能力和水平，不断满足现代农业发展需求。同时，要注重服务的协同性和系统性，促进各类服务资源整合，形成服务合力，提升农业社会化服务的整体效能。要强化服务保障能力，完善服务设施条件，创新服务运行机制，健全服务监管体系，构建共建共享的服务发展格局。

11.1.1.4 加快绿色低碳农业全产业链标准化生产

加快绿色低碳农业全产业链标准化生产是推动农业高质量发展的重要举措。要坚持标准引领、全链条推进，构建科学完备的农业标准化生产体系。

一是建立健全绿色低碳农业标准体系。制定完善农业投入品使用标准，规范化肥、农药、农膜等投入品使用管理。建立农业生产操作规程，完善种植、养殖等生产环节技术标准。制定农产品质量安全标准，规范产品质量检测和安全评价。建立农业资源环境标准，明确资源利用上限和环境影响底线。构建农产品加工标准体系，规范加工工艺和质量控制。二是推进农业生产环节标准化。实施农业标准化示范创建，建设标准化生产示范基地。推广标准化种植技术，应用测土配方施肥、生物防治等绿色技术。发展标准化规模养殖，推行养殖环境控制和废弃物处理标准化。推进农机作业标准化，制定农机作业技术规范。建立标准化生产记录制度，实现生产过程可追溯。三是加强农产品加工标准化管理。制定农产品初加工标准，规范产地分级包装、贮藏保鲜等工序。完善精深加工标准，规范加工工艺流程和质量控制。建立加工环境卫生标准，推进清洁生产。发展绿色包装，推广使用环保包装材料。建立加工质量控制体系，实施全程品质管理。四是完善农产品流通标准化体系。建立农产品贮运标准，规范冷链运输、贮藏管理。制定农产品市场准入标准，规范产品分级、包装标识。完善农产品交易标准，规范市场交易行为。建立农产品追溯标准，实现全程可追溯管理。推进农产品电子商务标准化，规范线上交易。五是强化标准实施保障机制。健全标准实施监督机制，加强标准执行检查和考核评估。完善标准宣传培训体系，开展标准化技术培训。建立标准实施激励机制，支持标准化生产主体发展。构建标准信息服务平台，提供标准咨询服务。加强标准化技术支撑，提供标准化技术指导。

加快绿色低碳农业全产业链标准化生产要注重标准的科学性和可操作性。要加强标准制定和修订工作，及时更新完善相关标准。要强化标准实施的组织保障，建立健全工作推进机制。要创新标准化实施模式，推广应用新技术、新装备。要加强标准化人才队伍建设，提高标准化工作水平。同时，要注重标准实施效果评估，及时发现和解决问题，不断提升农业标准化水平。

11.1.2 推进农业产业低碳化发展

11.1.2.1 全面提升农业资源保育能力

全面提升农业资源保育能力是实现农业可持续发展的基础。要坚持保护优先、科学利用的原则，以提高资源利用效率为核心，以数字化、智能化技术应用为支撑，构建农业资源高效利用和循环发展体系。统筹农业资源开发、利用、保护各环节，建立精准监测、合理配置、高效利用的资源管理模式，形成资源保护与高效利用的良性循环。

一是加强耕地资源保护利用。实施耕地质量保护与提升行动，推广秸秆还田、增施有机肥等技术，提高土壤有机质含量。开展土壤改良，实施土壤酸化、盐碱化治理，改善土壤理化性状。推广保护性耕作，发展免耕少耕技术，减少土壤扰动。建立轮作休耕制度，实施科学轮作，恢复地力。开展耕地质量监测评价，建立健全耕地质量调查监测网络。加强农田生态系统保护，构建农田生态防护体系，提升耕地资源综合生产能力。二是推进农业节水工程建设。实施农业高效节水改造，推广管道输水、喷灌微灌等节水灌溉方式。发展节水农业，推广水肥一体化技术，提高水资源利用效率。建设农田水利工程，配套建设蓄水、输水等设施，提高水资源保障能力。建立用水计量制度，实施农业用水总量控制。推广抗旱节水品种，调整优化种植结构。加强农业水资源循环利用，构建节水型农业生产体系。三是加强农业生物资源保护。建设种质资源库，收集保存农作物、畜禽等种质资源。建立保护区网络，开展就地保护和迁地保护。发展种质资源创新利用，培育优质高效品种。建立资源保护利用机制，规范生物资源开发利用。加强外来物种管控，防范生物资源安全风险。推进农业生物资源可持续利用，建立生物资源保护与利用的协调发展机制。四是推进农业清洁能源利用。发展农光互补，建设光伏农业示范基地，实现农业生产和能源生产协同发展。推广生物质能源利用，发展秸秆能源化利用，建设沼气工程。推广节能技术，发展节能型设施农业，降低能源消耗。建设智能化农业设施，推广自动化控制技术，提高能源使用效率。构建清洁能源开发利用体系，推动农业生产方式绿色转型。五是强化农业资源监测预警。建立农业资源调查监测体系，开展资源本底调查和动态监测。构建资源信息管理平台，实现资源信息共享。建立资源预警机制，防范资源过度开发风险。完善资源评价体系，开展资源承载力评估。加强资源保护科技创新，提升资源监测预警能力。

全面提升农业资源保育能力要坚持系统观念，统筹兼顾资源保护和开发利用。要创新资源保护模式，发展循环农业，提高资源利用效率。要强化科技支撑，推广应用资源保护新技术。要健全工作机制，落实资源保护责任，形成工作合力。同时，要加强宣传引导，提高全社会资源保护意识，营造良好氛围。通过建立资源有偿使用制度、完善资源节约激励机制，引导各类主体积极参与资源保护。同时，创新资源监测手段，建立覆盖全域的资源监测网络，实现资源利用的实时监控和科学调配，为农业绿色发展提供坚实支撑。

11.1.2.2 持续提升农业清洁生产水平

持续提升农业清洁生产水平是实现农业绿色发展的关键环节。要坚持源头减量、过程控制、末端治理相结合，以数字化监测和智能化管控为手段，构建覆盖生产全过程的清洁生产体系。重点突破化肥农药减量增效、农业废弃物资源化利用等关键技术，推动农业生产方式绿色转型。

一是推进农药化肥减量增效。建设智能化测土配方系统，利用物联网技术实时监测土壤养分状况，实现精准施肥。发展生物农药和绿色防控技术，建立病虫害智能预警系统，提高防治效率。培育专业化服务组织，推广高效植保机械，实现精准施药。创新有机肥开发利用模式，建立种养结合的循环农业体系。建设农药包装废弃物回收处理中心，实施全程可追溯管理。二是提高秸秆资源化利用水平。建立健全秸秆收储运体系，完善收集、运输、储存等基础设施。发展秸秆饲料化利用，推广青贮、氨化等技术，提高饲料转化率。推进秸秆肥料化利用，发展生物反应堆等处理技术，提高有机肥生产能力。开展秸秆能源化利用，建设秸秆制气、发电等项目。培育秸秆综合利用主体，发展秸秆加工产业，提高资源化利用水平。三是构建农业废弃物循环利用体系。建立农业废弃物智能回收系统，实现废弃物品种、数量、流向全程可追溯。推广新型生态可降解材料，建立农膜回收积分制度。发展废弃物精深加工技术，提升再生产品质量。培育专业化处理企业，打造废弃物资源化利用产业链。四是发展生态循环农业模式。推广种养结合模式，实现种植业和养殖业良性循环。发展农林复合经营，提高土地利用效率。建设生态养殖小区，推行清洁养殖工艺。发展设施农业，建设节能环保设施。推广生态种植模式，发展有机农业、绿色农业。

推进农业清洁生产要加强政策支持和技术服务。建立健全激励机制，落实补贴政策，调动农民参与积极性。完善技术推广体系，加强技术培训指导。强化监测评价，建立考核制度，确保减量目标落实。同时，要创新工作机制，发挥新型经营主体作用，推动清洁生产各项措施落地见效。要加强科技支撑，推广应用新技术、新装备，提高清洁生产水平。

11.1.2.3 巩固提升面源污染防治能力

巩固提升面源污染防治能力是改善农业生态环境的重要举措。要坚持源头预防、过程控制、末端治理相结合，建立健全农业面源污染防治长效机制。

一是建立健全畜禽养殖废弃物处理利用体系。完善养殖场粪污处理设施，推广干湿分离、厌氧发酵等处理工艺。建设区域性粪污集中处理中心，提供专业化处理服务。发展粪污资源化利用，推进粪肥还田、沼气发电等利用方式。建立粪污收储运体系，配套建设储存、运输等设施。完善利用管理制度，建立粪污处理台账，实现全程监管。二是加强农田退水污染防治。实施农田退水生态净化工程，建设生态沟渠系统。完善灌排体系，控制农田退水排放。推广生态治理技术，种植水生植物，建设人工湿地。建立农田退水监测体系，开展水质监测评价。健全退水管理制度，规范退水排放行为。三是推进农业废弃物无害化处理。建设区域性农业废弃物处理中心，提供专业化处理服务。发展废弃物资源化利用技术，提高资源化利用水平。完善废弃物收运体系，配套建设收集、运输设施。建立废弃物处理管理制度，规范处理行为。强化监督管理，防止二次污染。四是建立农业面源污染监测预警体系。构建监测网络，设立监测点位，开展常态化监测。建立信息管理平台，实现数据实时传输和共享。完善预警机制，及时发布预警信息。建立评估制度，开展污染状况评估。加强科技支撑，提升监测预警能力。五是强化农业面源污染综合治理。实施农业面源污染综合治理工程，统筹推进各项治理措施。建立部门协作机制，形成治理合力。完善治理技术体系，集成推广适用技术。建立治理效果评估机制，开展定期评估。健全长效管护机制，确保治理设施正常运行。六是创新面源污染治理协作机制。建立区域生态补偿机制，重点针对上下游地区关系，完善横向生态补偿政策，引导上下游地区共同参与治理。加强区域联合执法，建立跨区域污染防治联动响应机制，统一执法标准和管理规范。建设农业面源污染大数据平台，实现污染源信息实时监控、污染状况动态评估、治理效果及时反馈。建立农业面源污染防治基金，吸引社会资本参与，形成多元化投入格局。健全农民参与机制，通过"以奖代补"等方式，调动农民参与污染防治的积极性。

巩固提升面源污染防治能力要坚持问题导向，突出重点领域和关键环节。要加强政策支持，完善资金投入机制，保障治理工作开展。要创新治理模式，培育专业化治理主体，提高治理效率。要强化科技支撑，推广应用新技术、新工艺，提升治理水平。同时，要加强宣传引导，提高农民环保意识，营造良好氛围。要建立激励约束机制，调动各方积极性，推动面源污染防治工作落实。

11.1.2.4 增强全民农业绿色发展意识

增强全民农业绿色发展意识是推进农业产业低碳化发展的重要保障。要通过多种方式开展宣传教育，培育农业生态文明理念，提高全社会对农业绿色发展的认识和参与度。

一是建立健全农业绿色发展宣传教育体系。构建多层次的宣传教育网络，依托广播电视、报刊网络等媒体平台，开展形式多样的宣传活动。编制农业绿色发展宣传手册，制作专题片和科普读物，普及农业绿色发展知识。建立农业绿色发展培训基地，开展技术培训和现场教学，提升农民绿色生产技能。组织农业绿色发展主题活动，通过观摩交流、技术比武等方式，推广绿色生产技术。二是构建社会共治机制。发动农村基层组织、村民代表等参与绿色发展监督，建立群众评议制度。培育农业环保社会组织，支持其承接政府购买服务，开展环境监测、污染治理等工作。建立消费者监督员制度，对农产品质量安全实施社会监督。发展绿色农产品消费者协会，引导形成绿色消费风尚。三是构建农业绿色发展社会参与机制。建立政府引导、市场驱动、社会参与的工作机制，调动各方参与积极性。发挥行业协会作用，制定行业绿色发展公约，引导企业自觉履行环保责任。培育农业环保社会组织，开展环保公益活动，营造良好社会氛围。建立农业绿色发展志愿者队伍，开展技术服务和宣传引导，扩大社会影响。四是完善农业绿色发展激励约束机制。建立农业绿色发展评价体系，将绿色发展成效纳入考核评价。健全农业生态补偿机制，对实施绿色生产的主体给予政策支持。建立农业环境信用制度，对违反环保要求的行为实施惩戒。开展农业绿色发展示范创建，对先进典型予以表彰奖励，发挥示范带动作用。五是推进农业绿色发展科普工作。建设农业科普基地，开展农业绿色发展科普活动，提高公众认知水平。组织科技下乡活动，通过专家讲座、技术指导等方式，普及绿色生产技术。利用新媒体平台，开展线上科普宣传，扩大宣传覆盖面。编制科普读物，制作科普视频，提高科普效果。

增强全民农业绿色发展意识是一项长期工作，需要建立长效工作机制，持续推进各项工作。要创新宣传方式，拓展宣传渠道，提高宣传实效。要加强政策引导，完善工作机制，形成工作合力。要注重示范带动，发挥典型引领作用，推动农业绿色发展理念深入人心。同时，要建立评价机制，强化激励约束，推动各项工作落实到位。

11.1.3 加快农业产业集群空间生产

11.1.3.1 加快乡村生态文明建设，提高农产品文化认同

加快乡村生态文明建设，提高农产品文化认同是实现农业产业集群空间生产的重要

内容。推进乡村生态文明建设是实现农业绿色发展的基础，是提升农业产业集群竞争力的关键。通过生态文明建设，可以优化农业生产空间布局，构建田园、林带、水系交织的生态景观格局，形成生产空间、生活空间、生态空间三生融合的发展格局。通过提升农产品文化认同，可以挖掘农业生产中蕴含的文化内涵，培育农产品文化品牌，提升农产品文化附加值，促进农产品由传统农产品向文化产品转变，实现农业产业提质增效。

一是优化乡村生态空间布局。统筹农田、林地、水系等自然要素布局，构建农田、林带、水系交织的生态空间格局。推进农田林网建设，完善生态廊道，增强生态系统连通性。建设生态示范村镇，打造"生产、生活、生态"三生融合的乡村生态系统。优化农业设施布局，建设田园综合体，展现乡村生态之美。二是挖掘农业文化内涵。深入发掘传统农耕文化、民俗文化、节庆文化等文化资源，建立农业文化资源库。建设农业文化展示中心，开展农耕文化展示、民俗文化体验等活动。举办农业文化节庆活动，通过农产品展销、农耕表演等形式，扩大农业文化影响。培育农业文化传承人，建立农业文化志愿者队伍，开展文化传播。三是提升农产品文化价值。推进农业文化与产品开发融合，打造具有文化内涵的特色农产品。开发农产品文创产品，通过包装设计、品牌创意等方式，提升产品文化附加值。建设农业文化体验基地，开展农事体验、农耕展示等活动，增强消费者认同。建立农产品文化展示平台，通过故事演绎、场景体验等方式，展现产品文化魅力。四是构建农业文化传播体系。建立多层次的文化传播网络，依托传统媒体和新媒体平台，开展农业文化宣传。制作农业文化专题片和宣传册，普及农业文化知识。开发农业文化数字平台，运用现代技术手段，实现文化传播创新。组织农业文化交流活动，通过观摩学习、经验分享等方式，促进文化传承。五是完善农业文化发展机制。建立政府引导、市场主导、社会参与的发展机制，调动各方积极性。培育农业文化产业联盟，整合生产、加工、营销等资源，促进产业发展。建立农业文化研究机构，开展文化研究和理论创新，提供智力支持。完善农业文化发展政策，在项目支持、资金投入等方面给予保障。

加快乡村生态文明建设，提高农产品文化认同是一项系统工程。要创新工作方式，整合各类资源，形成工作合力。要注重示范引领，培育典型案例，发挥带动作用。要建立长效机制，持续推进各项工作，确保取得实效。同时，要加强政策支持，完善保障措施，推动各项工作落实到位。

11.1.3.2 加快农业品牌建设，提高产品溢价

加快农业品牌建设，提高产品溢价是实现农业产业集群高质量发展的重要途径。要坚持市场导向，强化质量管理，创新营销模式，培育优质农产品品牌，提升农产品市场

竞争力和附加值。

一是构建农业品牌培育体系。建立健全品牌培育标准，制定品牌培育规划，明确品牌培育方向。建设品牌培育基地，开展品牌创建活动，培育一批区域公用品牌、企业品牌、产品品牌。组建品牌培育专家团队，为品牌培育提供技术支持。建立品牌培育信息平台，加强品牌信息交流与共享。二是完善品牌质量管理机制。建立品牌质量标准体系，制定产品质量标准，规范生产加工流程。健全质量追溯体系，实施全程可追溯管理，保障产品质量安全。建立品牌监管机制，加强质量监督检查，维护品牌信誉。开展品牌认证，实施品质认证和地理标志保护，提升品牌公信力。三是创新品牌营销模式。推进线上线下融合营销，建设农产品电商平台，开展网络直播带货。建设品牌展示中心，开展品牌推介活动，扩大品牌影响。举办农产品展销会，组织产销对接，拓展营销渠道。开展品牌文化营销，通过故事演绎、场景体验等方式，提升品牌魅力。四是培育品牌运营主体。培育品牌运营龙头企业，支持企业开展品牌创建，打造企业品牌。扶持农民合作社、家庭农场等新型经营主体，培育特色产品品牌。组建品牌运营联盟，整合生产、加工、营销等资源，形成品牌发展合力。建立品牌孵化中心，为品牌发展提供服务支持。五是健全品牌发展政策体系。完善品牌建设扶持政策，在资金投入、项目支持等方面给予保障。建立品牌保护制度，加强商标注册和保护，打击侵权行为。建立品牌评价机制，开展品牌价值评估，引导品牌健康发展。设立品牌发展专项资金，支持品牌培育和推广。六是强化品牌宣传推广。建立多层次的品牌传播体系，依托传统媒体和新媒体平台，开展全方位品牌宣传。制作品牌形象宣传片，编制品牌故事集，讲好品牌故事。组织品牌推广活动，通过产品品鉴、文化体验、节庆活动等形式，扩大品牌影响力。开展区域品牌整体营销，通过区域联动、产业协同等方式，提升区域品牌知名度。参加国内外农产品展会，拓展品牌国际市场，提升品牌竞争力。

加快农业品牌建设，提高产品溢价是一项系统工程。要坚持政府引导、市场主导、企业主体的发展思路，建立长效工作机制。要加强政策支持，完善工作机制，形成工作合力。要注重示范带动，培育典型案例，发挥引领作用。要创新工作方式，整合各类资源，确保工作实效。同时，要建立评价机制，强化监督管理，推动各项工作落实到位。

11.1.3.3 加快生态产品价值转化，实现农民增收

加快生态产品价值转化，实现农民增收是农业产业集群空间生产的重要目标。要创新价值实现机制，拓展增值空间，完善利益联结机制，促进农民持续稳定增收。通过生态产品价值转化，推动农业生态效益向经济效益转变，实现生态优势向经济优势转化。

一是建立生态产品价值评估体系。构建生态产品价值评估指标体系，科学评估生态

产品的经济价值、社会价值和生态价值。建立生态产品资源清单，摸清生态资源家底，明确价值转化方向。组建专业评估团队，开展生态产品价值评估，为价值转化提供依据。完善评估结果应用机制，推动评估成果转化应用。二是创新生态产品价值实现模式。发展生态观光农业，通过农事体验、休闲观光、科普教育等方式，实现生态价值转化。开发生态文创产品，通过文化创意设计、品牌营销等手段，提升产品附加值。发展生态康养产业，依托良好生态环境，开展健康养生服务。培育生态产品交易市场，建立生态产品交易平台，促进生态产品价值实现。三是完善生态补偿机制。建立生态产品价值补偿制度，对生态产品保护和开发给予合理补偿。健全生态效益补偿机制，落实生态补偿资金，保障农民利益。创新补偿方式，通过资金补偿、政策扶持、项目支持等多种方式，实现生态产品价值。建立横向生态补偿机制，探索跨区域生态补偿模式。四是构建利益联结机制。创新农民利益分配机制，通过股份合作、订单农业等方式，让农民分享产业增值收益。发展农业产业化联合体，推进一二三产业融合发展，拓展农民增收空间。建立农民参与机制，吸引农民参与生态产品开发和经营，增加经营性收入。完善农民就业保障机制，提供就业岗位，增加工资性收入。五是加强生态产品营销体系建设。构建线上线下融合的营销网络，拓展生态产品销售渠道。建设生态产品展示交易中心，开展产销对接活动，促进供需匹配。发展农产品电商平台，开展网络营销，扩大销售规模。培育新型营销主体，发展农产品经纪人队伍，提升营销能力。六是强化政策支持保障。完善生态产品价值转化政策，在用地、资金、税收等方面给予支持。建立生态产品开发基金，支持生态产品开发和营销。健全金融支持体系，创新金融产品和服务，解决资金需求。完善保险体系，降低生态产品开发风险，保障农民收益。

加快生态产品价值转化，实现农民增收是一项长期任务。要坚持政府引导、市场运作、农民主体的发展思路，建立长效工作机制。要创新工作方式，整合各类资源，形成工作合力。要注重示范带动，培育典型案例，发挥引领作用。要加强政策支持，完善保障措施，确保工作实效。同时，要建立评价机制，强化监督管理，推动各项工作落实到位。要始终坚持以农民增收为核心，确保农民能够真正分享到生态产品价值转化的成果。

11.1.4 促进城乡要素资源的合理配置

11.1.4.1 推进基础设施一体化、公共服务均等化

推进基础设施一体化、公共服务均等化是促进城乡要素资源合理配置的基础性工作。要统筹城乡发展，加强基础设施互联互通，推动公共服务资源向农村延伸，促进城

乡基本公共服务均等化。

一是完善城乡基础设施网络。统筹规划城乡路网体系，加快农村道路建设，实现城乡道路互联互通。完善农村水利设施，推进城乡供水一体化，提高农村供水保障能力。建设城乡电网，实施农村电网改造升级，提升农村用电水平。推进城乡信息网络融合，加快农村通信基础设施建设，提高农村信息化水平。二是健全城乡公共服务体系。统筹配置教育资源，推进城乡教育一体化，提高农村教育质量。完善医疗卫生服务网络，健全农村医疗卫生服务体系，提升农村医疗服务水平。建设城乡文化设施，推进公共文化服务向农村延伸，丰富农村文化生活。完善社会保障体系，推进城乡社会保障制度衔接，提高农村保障水平。三是创新城乡服务供给模式。建立城乡基础设施共建共享机制，推进城市基础设施向农村延伸。创新公共服务供给方式，引入市场机制，提高服务供给效率。完善政府购买服务机制，吸引社会力量参与农村公共服务供给。建立城乡资源共享平台，促进城乡公共服务资源优化配置。四是建立城乡服务协同机制。健全城乡基础设施建设协调机制，统筹推进城乡基础设施建设。建立公共服务均等化评价体系，开展监测评估，推动城乡服务均衡发展。完善城乡服务联动机制，实现城乡服务资源优势互补。建立城乡服务合作机制，促进城乡服务协同发展。五是完善政策支持体系。加大财政投入，设立城乡基础设施建设专项资金，支持农村基础设施建设。完善投融资机制，拓宽融资渠道，吸引社会资本参与。健全运营维护机制，落实管护责任，确保设施长效运行。建立考核评价机制，将城乡基础设施一体化、公共服务均等化纳入考核。

推进基础设施一体化、公共服务均等化是一项系统工程。要坚持政府主导、社会参与、市场运作的发展思路，建立长效工作机制。要加强统筹规划，完善工作机制，形成工作合力。要创新工作方式，整合各类资源，提高工作实效。同时，要建立评价机制，强化监督管理，推动各项工作落实到位。要始终坚持以人民为中心，不断提高农村居民获得感和幸福感。

11.1.4.2 加快推进城乡要素平等交换、双向流动

加快推进城乡要素平等交换、双向流动是促进城乡要素资源合理配置的关键内容。要破除体制机制障碍，创新要素流动方式，建立城乡要素良性互动机制，促进城乡要素合理配置和高效利用。

一是创新土地要素流转机制。完善农村土地流转政策，建立规范的土地流转市场，促进土地要素优化配置。创新土地经营方式，发展土地股份合作，提高土地利用效率。健全农村宅基地制度，稳步推进宅基地改革，盘活农村存量建设用地。建立城乡建设用地增减挂钩机制，促进城乡土地要素合理配置。二是健全资金要素配置机制。完善农村

金融服务体系，创新金融产品和服务，提高农村金融可得性。建立城乡资金双向流动机制，引导工商资本投向农村。发展农村普惠金融，扩大农村信贷覆盖面，解决融资难题。完善农村信用体系，创新农村抵押担保方式，提升信贷可获性。三是促进人才要素双向流动。完善人才流动政策，消除人才流动障碍，促进城乡人才交流。建立人才培育机制，加强农村实用人才培养，提高农村人才素质。创新人才引进方式，吸引各类人才投身农村建设。健全人才服务保障机制，为人才创业发展提供支持。四是推进技术要素集聚共享。建立城乡科技协同创新机制，推动科技资源向农村集聚。完善科技服务体系，加强农业科技推广，提高科技成果转化率。建设科技创新平台，促进科技要素集聚共享。创新科技服务模式，提高科技服务效能。五是优化信息要素配置机制。完善农村信息基础设施，推进信息进村入户，提升农村信息化水平。建设城乡信息共享平台，促进信息资源整合利用。发展农村电子商务，拓展农产品销售渠道，提高市场信息对称性。建立农业信息服务体系，提供市场信息服务。六是完善要素配置政策体系。健全要素市场化配置机制，破除要素流动壁垒，促进要素自由流动。完善要素价格形成机制，确保要素平等交换。建立要素配置评价机制，开展监测评估，优化要素配置。健全要素保障机制，维护各方合法权益。

加快推进城乡要素平等交换、双向流动是一项长期任务。要坚持市场导向、政府引导的原则，建立长效工作机制。要加强统筹协调，完善工作机制，形成工作合力。要创新工作方式，整合各类资源，提高工作实效。同时，要建立评价机制，强化监督管理，推动各项工作落实到位。要始终坚持以促进城乡融合发展为目标，不断提高要素配置效率和效益。

11.1.4.3 加强农业绿色技术研发创新与推广

加强农业绿色技术研发创新与推广是促进城乡要素资源合理配置的重要支撑。农业绿色技术是实现农业可持续发展的核心要素，是推进农业供给侧结构性改革的重要抓手。要以农业高质量发展为导向，以提高资源利用效率为重点，以保护生态环境为目标，加快构建农业绿色技术创新体系。通过技术创新推动农业生产方式转变，促进农业生产经营绿色化、生态化、低碳化。同时，要健全农业科技推广服务体系，创新推广方式，加快技术成果转化应用，提高技术到位率和应用水平。通过农业绿色技术研发创新与推广，推动农业生产全面绿色转型，实现农业经济效益、社会效益和生态效益的有机统一。要坚持创新驱动，健全科技创新体系，加快技术研发和推广应用，提升农业绿色发展科技支撑能力。

一是完善绿色技术创新体系。建立产学研协同创新机制，组建创新联合体，开展重点技术攻关。建设农业绿色技术研发平台，配置先进研发设备，提升创新条件。培育创新主体，支持企业建设研发中心，提高创新能力。健全创新激励机制，加大科技投入，激发创新活力。二是加强关键技术研发。开展农业节水节肥技术研究，研发高效节约型农业装备，提高资源利用效率。研究农业废弃物资源化利用技术，开发循环利用模式，促进资源节约。研发农业清洁生产技术，推进农业生产清洁化、低碳化。开展生态修复技术研究，提升生态系统修复能力。三是建立技术推广服务体系。健全农技推广网络，完善基层农技推广体系，提高服务能力。创新推广方式，采用线上线下相结合的方式，扩大技术覆盖面。培育技术服务主体，发展农业社会化服务组织，提供专业化服务。建设技术示范基地，开展技术示范推广，发挥示范引领作用。四是强化技术集成应用。推进技术集成创新，集成配套技术模式，提高技术实用性。开展技术试验示范，建设示范工程，推广成熟技术。建立技术应用评价机制，开展效果评估，优化技术方案。完善技术配套服务，提供全程技术指导，确保技术落地。五是创新技术转化机制。建立科技成果转化平台，促进科技成果转化应用。完善技术转移机制，推动技术向企业转移。发展科技中介服务，提供技术转化服务，促进技术扩散。建立产业技术创新战略联盟，推进技术协同创新。六是完善政策支持体系。加大财政投入，设立农业绿色技术研发专项资金，支持技术创新。完善金融支持政策，创新金融产品，解决资金需求。健全知识产权保护制度，保护创新成果，激励技术创新。建立人才引进政策，吸引科技人才，壮大创新队伍。

加强农业绿色技术研发创新与推广是一项系统工程。要坚持政府引导、市场主导、企业主体的发展思路，建立长效工作机制。要加强统筹协调，完善工作机制，形成工作合力。要创新工作方式，整合各类资源，提高工作实效。同时，要建立评价机制，强化监督管理，推动各项工作落实到位。要始终坚持以促进农业绿色发展为目标，不断提高农业科技创新能力和水平。

11.1.5 探索区域特色的农业绿色发展模式

11.1.5.1 持续提升农业经营主体绿色技能

持续提升农业经营主体绿色技能是探索区域特色农业绿色发展模式的重要基础。要通过多层次培训体系建设、创新培训方式方法、完善激励机制等措施，全面提升新型农业经营主体的绿色生产技能和经营管理水平。

一是建立健全绿色技能培训体系。构建多层次、分类别的培训网络，针对不同类型经营主体开展差异化培训。建设绿色技能培训基地，配置实训设施设备，提供实践平台。组建专业培训团队，整合农技推广、科研院所等专业力量，提供技术指导。编制培训教材，开发实用培训课程，满足培训需求。二是创新绿色技能培训方式。推行"理论+实践"培训模式，通过课堂教学、现场教学、观摩交流等多种形式，提高培训实效。开展订单式培训，根据经营主体需求，提供精准化培训服务。利用信息技术手段，开展线上培训，扩大培训覆盖面。建立培训跟踪服务机制，提供持续技术指导。三是完善技能评价认证制度。建立绿色技能等级评价体系，科学设置评价标准，开展技能等级认定。实施绿色生产技能认证，对掌握绿色技术的经营主体颁发认证证书。开展技能竞赛活动，通过以赛促训，提升技能水平。建立技能档案，记录培训经历和技能提升情况。四是构建绿色生产实践平台。建设绿色技术示范基地，开展技术示范推广，发挥示范引领作用。组织现场观摩活动，通过实地参观、技术交流等方式，促进技术推广应用。建立技术交流平台，开展技术研讨和经验分享，推广先进经验。引导经营主体开展技术创新，提高技术应用能力。五是健全技能提升激励机制。建立绿色技能培训补贴制度，对参加培训的经营主体给予适当补贴。完善技能提升奖励政策，对技能水平提升显著的主体予以表彰奖励。设立技能提升专项资金，支持经营主体开展技术创新和应用。建立示范引领机制，培育技术示范户，发挥带动作用。六是强化政策支持保障。加大财政投入，设立技能提升专项资金，保障培训经费。完善金融支持政策，为经营主体技术创新提供资金支持。建立部门协同机制，整合培训资源，形成工作合力。健全监督考核机制，加强培训质量监管，确保培训实效。

持续提升农业经营主体绿色技能是一项长期工作。要坚持需求导向、问题导向，创新工作方式，提高培训质量和效果。要加强政策支持，完善保障措施，建立长效机制。要注重示范引领，发挥典型带动作用，推动技能整体提升。同时，要建立评价机制，强化监督管理，推动各项工作落实到位。要始终坚持以提升绿色发展能力为目标，不断提高农业经营主体的综合素质和技能水平。

11.1.5.2 探索不同区域、不同生态类型的农业绿色技术模式

探索不同区域、不同生态类型的农业绿色技术模式是实现农业绿色发展的重要路径。要立足区域资源禀赋，因地制宜探索符合本地实际的农业绿色发展技术模式，推动农业生产方式绿色转型。

一是探索平原农区绿色技术模式。在粮食主产区重点推广以减肥减药、农膜减量、秸秆还田为主的绿色生产技术。采用测土配方施肥技术，推广水肥一体化，提高肥料利用效率；推广生物防治和物理防治技术，发展绿色防控，减少农药使用量；推广可降解地膜和机械化回收技术，实现农膜减量与回收利用；建立秸秆收储运体系，推进秸秆全

量化利用。优化种植结构，发展轮作休耕，培肥地力。建立农业面源污染监测体系，实施污染源头控制，保护农业生态环境。完善农业社会化服务体系，提供专业化服务，推动技术模式集成应用。二是探索丘陵山区生态农业模式。立足山地资源特点，发展生态循环农业。推广立体种养模式，发展林下经济，提高土地利用效率；建设集雨工程，推广节水灌溉，提高水资源利用效率；发展生态养殖，推广种养结合模式，实现农牧循环。完善生态治理体系，推进水土保持，防治水土流失。发展特色产业，培育区域公用品牌，提高产品附加值。建立生态补偿机制，引导农民发展生态农业。建设生态农业示范区，发挥示范带动作用，推动技术模式推广应用。三是探索设施农业绿色技术模式。在设施农业发展区重点推广节能减排、资源循环利用技术。推广节能设施，应用新型保温材料，提高能源利用效率；发展水肥一体化技术，推广基质栽培，实现节水节肥；推广病虫害绿色防控技术，发展生物防治，减少农药使用。建立设施农业废弃物处理体系，推进废弃物资源化利用。发展智慧农业，应用物联网技术，实现精准化管理。完善设施农业标准体系，推进标准化生产，提高产品质量。四是探索沿海渔区可持续发展模式。在沿海地区重点推广生态养殖、资源养护技术。推广生态养殖模式，发展池塘生态养殖，实现养殖环境改善；建立养殖水质监测体系，实施水质监控，保障养殖环境；推广养殖污水处理技术，实现污水达标排放。完善海洋牧场建设，开展增殖放流，保护渔业资源。发展深远海养殖，推广深水网箱，减少近海养殖压力。建立渔业资源保护区，实施季节性休渔，促进资源可持续利用。发展水产品精深加工，延伸产业链，提高产品附加值。

探索不同区域、不同生态类型的农业绿色技术模式是一项系统工程。要坚持因地制宜、分类施策的原则，建立长效工作机制。要加强技术创新，完善推广体系，形成工作合力。要注重示范引领，培育典型案例，发挥带动作用。同时，要建立评价机制，强化监督管理，推动各项工作落实到位。要始终坚持以提高农业绿色发展水平为目标，不断创新和完善适宜本地的技术模式。

11.1.5.3 构建利益协调的农业绿色发展主体联盟

构建利益协调的农业绿色发展主体联盟是探索区域特色农业绿色发展模式的重要保障。要创新组织形式，健全利益联结机制，形成多元主体协同发展的联盟体系，推动农业绿色发展。

一是构建多元主体协作机制。整合新型农业经营主体、加工流通企业、科研院所等各类主体，组建农业绿色发展联盟。建立联盟管理制度，明确各方权责，规范联盟运行。完善利益分配机制，形成合理的收益分配格局，调动各方积极性。建立联盟协调机制，促进各方沟通交流，形成发展合力。二是创新利益联结方式。建立订单生产机制，通过保底收购、溢价收购等方式，保障农民基本收益。推行股份合作模式，通过土地入股、资金入股等形式，让农民分享产业增值收益。发展农业产业化联合体，推进一二三产业融合发展，拓展增收渠道。建立风险共担机制，合理分散经营风险，实现互利共赢。三是完善联盟服务体系。建立技术服务平台，整合科技资源，为联盟成员提供技术支持。构建信息服务网络，及时发布市场信息，促进供需对接。建立品牌营销体系，统一品牌标准，开展品牌营销。完善金融服务机制，创新金融产品，解决融资需求。四是建立联盟监管机制。制定联盟管理规范，明确质量标准，规范生产行为。建立质量追溯体系，实施全程质量监管，保障产品质量安全。完善信用评价机制，加强信用管理，维护联盟信誉。建立退出机制，对违规行为实施惩戒，维护联盟秩序。五是健全联盟发展保障。完善政策支持体系，在项目安排、资金扶持等方面给予支持。建立人才培养机制，加强人才队伍建设，提升联盟运营能力。健全示范带动机制，培育示范联盟，发挥引领作用。完善评价考核机制，开展绩效评估，促进联盟健康发展。六是创新联盟运营模式。发展"联盟+基地"模式，建设生产基地，实现规模化经营。推行"联盟+合作社"模式，整合农民合作组织，扩大联盟覆盖面。发展"联盟+互联网"模式，应用信息技术，提高运营效率。建立"联盟+科技"模式，推进技术创新，提升发展水平。

构建利益协调的农业绿色发展主体联盟是一项系统工程。要坚持市场导向、政府引导的原则，建立长效工作机制。要加强统筹协调，完善工作机制，形成工作合力。要创新工作方式，整合各类资源，提高工作实效。同时，要建立评价机制，强化监督管理，推动各项工作落实到位。要始终坚持以促进农业绿色发展为目标，不断提升联盟发展质量和效益。要注重维护各方利益，通过利益协调机制的创新，实现联盟成员的共同发展，推动农业绿色发展迈上新台阶。

11.1.6 持续完善农业绿色发展政策体系

11.1.6.1 建立健全农村生态环境管理监管体系

建立健全农村生态环境管理监管体系是完善农业绿色发展政策体系的重要内容。农村生态环境管理监管是实现农业绿色发展的基础性工作，是保障农业可持续发展的重要手段。要通过建立完善的监管制度体系，创新监管方式方法，构建全方位的监管网络，实现农村生态环境治理的规范化、制度化、科学化。

一是完善生态环境管理体系。建立农村环境管理制度，明确管理职责，规范管理行为。制定环境保护标准，设立环境质量指标，实施分类管理。健全网格化管理机制，落实管理责任,强化基层管理。建立部门协同机制,整合监管力量,形成管理合力。二是构建环境监测监控体系。建设环境监测网络,布设监测点位,开展常态化监测。完善在线监控系统,实施实时监控,及时掌握环境状况。建立环境信息平台,整合监测数据,实现信息共享。开展环境质量评估,发布监测信息,接受社会监督。推行"互联网+监管"模式,运用信息技术,提高监管效率。建立风险预警机制,开展风险评估,防范环境风险。三是健全执法监督机制。完善执法程序,规范执法行为,提高执法效能。建立联合执法机制,开展专项整治,严厉打击违法行为。健全举报处理机制,畅通举报渠道,及时查处问题。完善执法信息公开制度,强化社会监督。实施分类分级监管,根据风险程度,确定监管频次。推行智慧监管,运用大数据技术,实现精准监管。四是建立评价考核机制。制定评价指标体系,科学设置考核标准,开展绩效评价。建立责任追究制度,落实环境保护责任,严肃追责问责。完善激励约束机制,对工作成效显著的予以表彰奖励,对履职不力的严肃处理。建立监管效能评估机制,定期开展评估,不断改进工作。五是强化能力建设保障。加强监管队伍建设,配备专业人员,提升监管能力。完善监测设施设备,提升监测水平,保障监测质量。加强技术支撑,建设专业实验室,提供技术保障。开展培训交流,提高监管人员素质,增强监管效能。加强信息化建设,提升信息化应用水平,提高监管效率。

建立健全农村生态环境管理监管体系是一项系统工程。要坚持问题导向、目标导向,建立长效工作机制。要加强统筹协调,完善工作机制,形成工作合力。要创新工作方式,整合各类资源,提高工作实效。同时,要建立评价机制,强化监督管理,推动各项工作落实到位。要始终坚持以改善农村生态环境为目标,通过监管体系建设,促进农村环境质量持续改善。

11.1.6.2 建立健全以绿色生态为导向的农业补贴制度

建立健全以绿色生态为导向的农业补贴制度是完善农业绿色发展政策体系的关键举措。要创新补贴方式,优化补贴结构,建立完善的绿色生态补贴政策体系,引导农业生产经营模式向绿色化、生态化转变。

一是建立绿色生态成效导向的补贴机制。创新"环境效益+经济效益"双向考核模式,将环境改善程度与补贴标准挂钩。建立碳汇补贴机制,对实现碳减排的农业经营主体给予专项补贴。设立生态产品价值补偿基金,对提供生态产品和服务的主体实行市场化补偿。建立绿色认证补贴协同机制,推动有机认证、绿色认证、地理标志产品认证等多级认证补贴的统筹实施。二是创新补贴发放方式。实施差异化补贴政策,根据绿色发展水平,确定补贴标准。建立补贴动态调整机制,根据绿色发展成效,调整补贴力度。

推行"以奖代补"方式,对绿色发展成效显著的主体给予奖励。建立补贴信息公开制度,接受社会监督,提高补贴透明度。三是健全补贴监管机制。建立补贴申报审核制度,规范申报程序,严格审核把关。完善补贴资金监管机制,加强资金使用监督,确保专款专用。建立绩效评价体系,开展补贴效果评估,提高资金使用效益。健全信用管理制度,对骗取补贴行为实施惩戒。四是构建多元化补贴渠道。统筹各类涉农资金,整合补贴资源,提高补贴效率。引导金融机构参与,创新金融产品,扩大补贴来源。发挥财政资金引导作用,撬动社会资本投入,形成多元投入格局。建立生态补偿基金,拓宽补贴资金来源。五是完善配套支持措施。建立技术服务体系,为补贴对象提供技术指导。完善市场服务机制,帮助补贴对象开拓市场。健全风险防控机制,降低补贴对象经营风险。建立示范引领机制,培育补贴典型,发挥带动作用。

建立健全以绿色生态为导向的农业补贴制度是一项长期任务。要坚持市场导向、政府引导的原则,建立长效工作机制。要加强统筹协调,完善工作机制,形成工作合力。要创新工作方式,整合各类资源,提高工作实效。同时,要建立评价机制,强化监督管理,推动各项工作落实到位。要始终坚持以促进农业绿色发展为目标,通过补贴政策引导,推动农业生产方式转变。要注重政策的精准性和有效性,确保补贴政策发挥实效。要加强政策宣传,提高政策知晓度,调动农民参与积极性。要强化政策执行,确保各项补贴措施落实到位,真正发挥补贴政策的引导和激励作用。同时,要加强政策评估,及时总结经验,不断完善补贴政策,推动农业绿色发展迈上新台阶。

11.1.6.3 完善金融支持绿色农业的政策体系

完善金融支持绿色农业的政策体系是促进农业绿色发展的重要保障。要创新金融服务机制,拓展融资渠道,完善风险防控体系,构建多元化的绿色农业金融支持政策体系,为农业绿色发展提供有力的资金保障。

一是创新绿色金融产品和服务。开发绿色信贷产品,针对农业绿色生产、生态治理等领域设计专项贷款。推广订单融资、仓单质押等新型融资方式,拓宽融资渠道。发展农业保险产品,完善保险体系,提高风险保障能力。创新金融服务方式,运用互联网技术,提高服务效率。建立绿色信贷统计制度,实施差异化信贷政策。二是创新绿色金融支持工具。开发"碳信用贷""环境权益质押贷"等新型信贷产品,将环境效益与信贷支持挂钩。建立农业碳资产交易机制,支持经营主体通过碳交易获得融资。推行"绿色保险+信贷"联动机制,将保险保障与信贷支持相结合。设立绿色农业发展基金,采用投贷联动方式支持农业绿色转型。三是完善绿色金融服务机制。建立金融服务网点,下沉服务重心,提高服务可得性。组建专业服务团队,提供专业化服务,满足融资需求。建立信息共享平台,整合涉农信息,提高服务精准度。完善配套服务体系,提供政策咨询、融资对接等服务。四是构建风险防控体系。建立风险评估机制,加强项目审核,防范信贷风险。完善抵押担保机制,创新抵押方式,拓展抵押物范围。建立信用评价体系,开展信用评级,加强信用管理。健全风险预警机制,及时识别和防范风险。发展农业保险,提高风险保障能力。五是强化政策支持保障。完善财政支持政策,加大贴息力度,降低融资成本。建立考核激励机制,引导金融机构加大支持力度。完善信用信息体系,建立守信激励机制,优化信用环境。健全监管体系,规范金融行为,维护市场秩序。

完善金融支持绿色农业的政策体系是一项系统工程。要坚持市场导向、政策引导的原则,建立长效工作机制。要加强统筹协调,整合金融资源,形成工作合力。要创新工作方式,提高服务效能,确保政策实效。同时,要建立评价机制,强化监督管理,推动各项工作落实到位。

11.2 农业绿色发展未来展望

11.2.1 农业生产方式转型:技术革命与系统重构

农业绿色发展的核心在于推动生产方式从资源依赖型向技术创新型转变。

11.2.1.1 绿色生产技术的全域渗透

推广绿色生产技术是实现农业生产方式绿色转型的关键。节水灌溉、精准施肥、生物防治等农业绿色发展技术能够显著减少化肥、农药、农膜等农业投入品的使用,提高资源利用效率。北方粮食主产区聚焦黑土地保护与产能提升,通过北斗导航自动驾驶系统与变量施肥技术的大规模应用,实现玉米、大豆主产县化肥利用率显著提升,农机作业综合能耗大幅降低。黄淮海平原将构建小麦智慧管理系统,集成卫星遥感与地面传感器网络,动态优化灌溉与植保方案,实现节水减药的协同目标。南方丘陵山区着力破解地块破碎化制约,研发山地微型智能农机装备,推广"无人机+传感器"水稻精准管理系统,可提高施肥有效利用率。华北平原构建"天空地"一体化监测网络,通过多源数据融合实现小麦全生育期精准管理,有效推动单产水平。西北旱作区开发智能墒情预报系统,结合降水预测与品种选择模型,优化种植决策,有望实现旱作区单产的突破性提升。

11.2.1.2 循环农业模式的代谢优化

发展循环农业是农业生产方式绿色转型的另一重要方向。通过构建种养结合、农牧循环等循环模式，实现农业废弃物的资源化利用，减少环境污染。例如，种养结合模式将种植业和养殖业有机结合，利用养殖废弃物作为有机肥料，提高土壤肥力；农牧循环模式通过农作物秸秆和畜禽粪便的资源化利用，形成农业生态循环体系。东北农牧交错带重点发展"青贮玉米—肉牛养殖—粪肥还田"闭环系统，并通过厌氧发酵技术将畜禽粪污转化为生物天然气与有机肥，将推动资源化率接近全面覆盖。南方水网密集区升级"稻渔共生"系统，把光伏鱼塘发电、智能增氧与水质监测技术集成建设，可实现单位面积产值倍数级增长。西北干旱区创新"草畜—光伏—生态"立体模式，并利用光伏板间作优质牧草，能显著提升光能利用效率与土地综合产出效益。

11.2.2 农业资源环境保护：系统治理与韧性提升

破解资源环境约束需构建分区治理框架，通过技术创新与制度设计提升生态系统服务功能。

11.2.2.1 耕地质量的分级修复

加强耕地质量保护是农业生产方式绿色转型的基础。实施耕地轮作休耕制度，推广保护性耕作技术，防治耕地退化，提升耕地质量，是未来农业绿色发展的首要任务。东北黑土区实施保护性耕作立法，推广"深松—覆盖—轮作"技术包，推动土壤有机质含量稳步回升，同步探索黑土碳汇交易机制，将生态价值转化为经济收益。南方红黄壤区建立酸化耕地修复基金，对重度酸化区域强制实施土壤调理剂精准施用，配套绿肥轮作补贴政策，推动退化耕地系统性恢复。青藏高原实施"高寒土壤保育工程"，通过生物炭改良与耐寒绿肥种植，增强土壤碳库稳定性。

11.2.2.2 水资源的智慧管控

推进农业节水灌溉是农业资源环境保护的另一重要方向。中国水资源短缺问题日益严峻，农业用水占总用水量的比重较大，提高农业用水效率是缓解水资源短缺压力的关键。华北地下水超采区推行"水—粮—生态"协同调控，通过种植结构调整与抗旱节水技术推广，显著提升灌溉水利用效率。长江中下游丰水区建设智能排灌系统，应用水位传感与自动闸门技术，减少水资源浪费并开发洪水资源化利用设施。西北内陆河流域试点农业水权交易机制，推动节水技术升级与水资源高效配置。

11.2.2.3 面源污染的靶向治理

加强农业面源污染防治是农业资源环境保护的艰巨任务。农业面源污染主要来源于化肥、农药的过量使用以及畜禽养殖废弃物的不当处理，这些污染物通过地表径流和地下水渗透，对水体、土壤和生态系统造成严重危害。为应对这一问题，我国已采取一系列措施，包括推广有机肥替代化肥、实施农药减量控害、加强畜禽养殖废弃物资源化利用等，未来将进一步建立全要素全链条的分区防控机制。太湖流域实施氮磷排放总量控制，对规模养殖场安装在线监测设备，超标排放征收梯度式环境税，税收专项用于生态拦截工程建设。黄土高原区推广"梯田—植被缓冲带—淤地坝"三位一体治理模式，配套生态补偿激励机制，显著降低水土流失量。东部沿海设施农业区强制推行全生物降解地膜替代，通过财政支持覆盖关键技术推广成本。

11.2.2.4 农业生物多样性的保护

保护农业生物多样性是农业资源环境保护的重要内容。农业生物多样性是维持农业生态系统平衡和稳定的基础。未来五到十年，我国将进一步加强农业野生植物资源保护，建立和完善农业野生植物资源保护区，保护濒危和珍稀农业野生植物资源。同时，将推广间作、套种、混养等友好型农业模式，促进增加农田生物多样性的同时，提高农业生态系统的稳定性和抗逆性。此外，还将加强农业微生物资源的保护和利用，开发和应用微生物肥料、微生物农药等，促进农业生产的绿色化和可持续化。

11.2.3 绿色优质产品供给：标准升级与价值链重塑

构建市场导向的绿色供给体系，需实现标准引领、追溯升级与消费驱动的三重突破。

11.2.3.1 认证体系的国际接轨

发展绿色有机农业是绿色农产品供给的核心内容。绿色有机农业通过减少化学投入品的使用，采用生态友好的生产方式，生产出安全、优质、营养的农产品。其中尤为重要的环节是要加强绿色有机农产品的认证和监管，确保绿色有机农产品的真实性和可信度。通过这些措施，绿色有机农产品将逐渐成为市场主流，满足消费者对健康、安全食品的需求。推动东北粳稻带建立寒地稻米碳标签制度，实现认证产品溢价率与国际市场接轨。加快西北戈壁农业区制定日光温室光热利用技术规范，培育具有区域特色的"绿洲认证"品牌。推动热带作物区地理标志产品纳入国际保护体系，建立全链条标准控制机制。

11.2.3.2 质量追溯的技术跃迁

完善农产品质量安全追溯体系是保障绿色农产品供给的重要手段。农产品质量安全追溯体系通过记录农产品生产、加工、流通等环节的信息，实现农产品质量安全的全程可追溯。通过完善农产品质量安全追溯体系，消费者可以方便地查询农产品的生产、加工、流通等信息，增强对农产品质量安全的信心，促进绿色农产品的消费。建议粤港澳大湾区试点区块链追溯平台，实现供港农产品全链条数据的高效追溯。推动长三角建立跨省追溯编码标准，推动绿色食品流通损耗率显著下降。加快成渝城市群开发轻量化追溯设备，降低中小农户技术应用门槛。

11.2.3.3 消费市场的结构升级

加强品牌建设是提升绿色农产品市场竞争力的关键。通过加强品牌建设，可以提高绿色农产品的知名度和美誉度，增强消费者对绿色农产品的信任和认可。同时，将加强绿色农产品的市场营销和推广，利用电子商务、社交媒体等现代营销手段，扩大绿色农产品的市场覆盖面，提高市场占有率。建议京津冀都市圈实施机关食堂绿色采购强制标准，配套碳积分奖励制度引导消费转型。社区直供网络覆盖主要城市群，通过智能化配送体系缩短优质农产品流通时效。此外，建议加强绿色农产品的国际交流与合作，搭建跨境电商平台设立绿色专区，对国际认证产品实施服务费减免政策，提升中国农业的国际影响力。

11.2.4 体制机制创新调适：政策协同与全球治理

构建农业绿色发展长效机制，需突破制度瓶颈，完善激励约束体系。

11.2.4.1 生态补偿机制的重构

健全农业生态补偿机制是体制机制创新的重要内容。农业生态补偿机制通过经济手段激励农民和农业企业参与农业绿色发展，保护农业生态环境。中国应持续建立和完善农业生态补偿机制，明确补偿标准、补偿对象和补偿方式，确保补偿机制的公平性和有效性。例如，对采用绿色生产技术的农民和农业企业给予经济补偿，对保护农业生态环境的行为给予奖励，对破坏农业生态环境的行为进行惩罚。建议粮食主产区实施"粮食调出—生态补偿"联动政策，建立生态保护基金定向支持耕地修复；推动长江经济带建立跨省横向补偿机制，按水质改善幅度动态调整支付标准；加快生态脆弱区创新草畜平衡奖励机制，推动载畜量控制与生态保护协同发展。通过这些措施，可以调动农民和农业企业参与农业绿色发展的积极性，促进农业生态环境的保护和恢复。

11.2.4.2 绿色金融工具的创新

农业绿色金融工具的创新通过多层次资源配置机制推动农业生态化转型，其核心机理在于将环境外部性内部化为经济激励，引导资本向低碳循环农业领域集聚。新型金融工具构建了"生态效益—融资成本"的挂钩机制，通过差异化定价策略降低绿色项目的资金成本，同时运用智能合约技术实现环境绩效的动态监测与风险管控。具体而言，以下五类创新工具展现出显著的应用潜力。①气候适应性债券，针对区域性气候风险设计分层偿付结构，为耐旱作物推广和节水设施建设提供项目融资；②碳汇收益权质押贷款，通过区块链确权将农田碳汇量转化为可抵押资产；③绿色供应链票据贴现，依托农产品全生命周期碳足迹核算，对符合标准的有机生产商提供贴现率优惠；④生物多样性保险证券化产品，将生态保护区周边农业项目的生物多样性保护成效转化为可交易证券；⑤数字农业绿色信托，运用物联网传感器实时监测土壤改良进展，当达到预设生态指标时自动释放分期投资。这些工具通过金融工程技术将环境正外部性转化为可量化的经济价值，配合财政贴息、风险补偿等政策工具，构建起激励相容的绿色农业投融资体系。

11.2.4.3 农业科技创新的强化

加强农业科技创新是体制机制创新的重要支撑。农业科技创新是推动农业绿色发展的根本动力。具体措施包括：加大农业科技研发投入，支持农业科研机构和企业开展农业绿色技术研发；加强农业科技人才培养，培养一批高素质的农业科技人才；推广农业绿色技术，建立农业绿色技术示范园区，推广先进的农业绿色技术和模式。通过这些措施，可以提高农业绿色技术的研发和应用水平，推动农业绿色发展的技术进步和创新。

11.2.4.4 国际规则参与计划

推动农业科技创新国际市场的应用，主导建立区域性技术合作网络，输出成套技术方案并推动中国标准国际化。联合巴西、印度等新兴农业国，推动 FAO 制定《发展中国家农业减排核算方法指南》，建立符合实际的技术参数体系。推动在"一带一路"沿线布局农业绿色发展示范园，输出节水灌溉、生态养殖等成套技术方案，培育技术标准海外应用场景。

参考文献

白子明，张筱晨，李翠霞，2024. 农机跨区作业发展对农业绿色全要素生产率的影响：基于空间溢出效应视角. 农业现代化研究（3）：443-454.

包亚明，2003. 现代性与空间的生产. 上海：上海教育出版社.

陈长，顾红，刘颜，2023. 国家生态文明试验区经济高质量发展政策效应研究. 生态经济（1）：215-222.

陈桂生，吴合庆，2023. 数字赋能乡村空间治理：基于空间生产理论的解释. 云南民族大学学报（哲学社会科学版）(5)：140-149.

陈洪飞，黄顺春，2022. 有绿水青山就有金山银山：基于闽赣黔国家生态文明试验区的证据. 生态经济（8）：204-212.

陈嘉，韦素琼，李锋，2021. "共位集群"视角下的农业产业集群演化路径与网络：以福建省漳平市茶产业为例. 热带地理（2）：364-373.

陈健，2009. 我国绿色产业发展研究. 武汉：华中农业大学.

陈坤秋，龙花楼，2020. 土地整治与乡村发展转型：互馈机理与区域调控. 中国土地科学（6）：1-9.

陈卫平，王笑丛，2018. 制度环境对农户生产绿色转型意愿的影响：新制度理论的视角. 东岳论丛（6）：114-123.

陈文胜，邝奕轩，2016. "两型社会"农业发展方式转变研究：基于长株潭的实证分析. 江西社会科学（3）：86-91.

陈宇峰，缪嘉峰，屈放，2021. 中国农业绿色全要素生产率研究：2000—2017. 浙江树人大学学报（人文社会科学）（1）：76-86.

陈正，刘瀛弢，贺德俊，等，2023. 中国高标准农田建设现状与发展趋势. 农业工程学报（18）：234-241.

程琳琳，张俊飚，何可，2018. 农业产业集聚对碳效率的影响研究：机理、空间效应与分群差异. 中国农业大学学报（9）：218-230.

程琳琳，张俊飚，何可，2019. 网络嵌入与风险感知对农户绿色耕作技术采纳行为的影响分析：基于湖北省615个农户的调查数据．长江流域资源与环境（7）：1736-1746．

崔涵，王丙参，周明生，2024．中国农业碳排放时空演进及驱动因素．中国生态农业学报（中英文）（7）：1097-1108．

崔宁波，生世玉，2022．粮食主产区农业绿色发展的影响因素、质量测度与动力分析：基于绿色全要素生产率视角．农业资源与环境学报（3）：621-630．

崔晓，张屹山，2014．中国农业环境效率与环境全要素生产率分析．中国农村经济（8）：4-16．

邓晴晴，李二玲，任世鑫，2020．农业集聚对农业面源污染的影响：基于中国地级市面板数据门槛效应分析．地理研究（4）：970-989．

丁洋，刘慧，李晨晨，2022．区域公用品牌的标准化实现路径．宏观质量研究（5）：103-116．

丁一兵，刘紫薇，2018．制造业企业国际化是否提高了企业生产率：基于上市公司的面板分位数研究．国际商务（对外经济贸易大学学报）（5）：143-154．

董红敏，李玉娥，陶秀萍，等，2008．中国农业源温室气体排放与减排技术对策．农业工程学报（10）：269-273．

董子铭，刘天军，2014．休闲农业产业集群动力机制分析．中国农学通报（2）：314-320．

杜建国，李波，杨慧，2023．人口老龄化下农业人力资本对农业绿色全要素生产率的影响．中国人口·资源与环境（9）：215-228．

杜江，王锐，王新华，2016．环境全要素生产率与农业增长：基于DEA-GML指数与面板Tobit模型的两阶段分析．中国农村经济（3）：65-81．

杜志雄，金书秦，2021．从国际经验看中国农业绿色发展．世界农业（2）：4-9，18．

范巧，郭爱君，2021．一种新的基于全息映射的面板时空地理加权回归模型方法．数量经济技术经济研究（4）：120-138．

范正根，邓志康，张普伟，等，2022．生态文明试验区绿色发展效率测度及其影响机理．统计与决策（5）：75-79．

冯丹萌，许天成，2021．中国农业绿色发展的历史回溯和逻辑演进．农业经济问题（10）：90-99．

符正平，麦景琦，2021．生态省试点与可持续发展能力：基于生态足迹视角．中山大学学报（社会科学版）（2）：176-186.

傅玮韡，张慧，庄佩芬，2021. 中国种植业生产集聚的影响因素研究. 华中农业大学学报（5）：89-97.

甘天琦，杜建国，李波，2022. 中国县域农业全要素生产率的分异特征与驱动因素. 经济问题（4）：101-107.

高鸣，张哲晰，2022. 碳达峰、碳中和目标下我国农业绿色发展的定位和政策建议. 华中农业大学学报（社会科学版）（1）：24-31.

高强，2022. 农业高质量发展：内涵特征、障碍因素与路径选择. 中州学刊（4）：29-35.

高爽，王少剑，莫惠斌，2024. 全球视角下中国城镇化进程及其碳排放效应的比较研究. 地理科学（2）：204-215.

高雪，尹朝静，2023. 新发展理念下的中国农业高质量发展水平测度与评价研究. 中国农业资源与区划（1）：75-83.

戈大专，2023. 新时代中国乡村空间特征及其多尺度治理. 地理学报（8）：1849-1868.

葛立宇，莫龙炯，黄念兵，2022. 数字经济发展、产业结构升级与城市碳排放. 现代财经（天津财经大学学报）（10）：20-37.

葛鹏飞，王颂吉，黄秀路，2018. 中国农业绿色全要素生产率测算. 中国人口·资源与环境（5）：66-74.

龚新蜀，王曼，张洪振，2018. FDI、市场分割与区域生态效率：直接影响与溢出效应. 中国人口·资源与环境（8）：95-104.

龚迎春，罗静，2013. 主体功能区引领下的农业生态区农业发展模式比较研究. 河南师范大学学报（哲学社会科学版）（6）：40-43.

巩前文，李学敏，2020. 农业绿色发展指数构建与测度：2005—2018年. 改革（1）：133-145.

关琰珠，2003. 区域生态环境建设的理论与实践研究. 福州：福建师范大学.

郭淼，逯超普，蔡祖聪，等，2012. 温室气体排放量空间尺度扩展方法的误差来源分析：以 CH4MOD 模型为例. 土壤学报（5）：916-923.

郭炎，唐鑫磊，陈昆仑，等，2018. 武汉市乡村聚落空间重构的特征与影响因素. 经济地理（10）：180-189.

郭永奇，侯林岐，2020. 中国粮食主产区粮食农业绿色全要素生产率测度及影响因素研究．科技管理研究（19）：223-229．

郭占锋，田晨曦，2023．从"村落终结"到"社区再造"：乡村空间转型的实践表达：对陕西省袁家村的个案分析．中国农村观察（5）：44-65．

韩炜，赵一夫，2023．乡村振兴背景下大城市边缘区乡村空间治理机制与模式研究．地理科学（8）：1340-1349．

韩玉玲，姚瑶，施宇恬，等，2022．我国地理标志农产品研究现状与展望．江苏农业科学（15）：232-239．

何培培，张俊飚，何可，等，2020．农业生产何以存在低碳效率幻觉？来自1997—2016年31个省份面板数据的证据．自然资源学报（9）：2205-2217．

何艳秋，陈柔，朱思宇，等，2021．策略互动和技术溢出视角下的农业碳减排区域关联．中国人口·资源与环境（6）：102-112．

何艳秋，王鸿春，刘云强，2022．产业集聚视角下农业碳排放的空间效应．资源科学（12）：2428-2439．

胡剑波，李潇潇，蔡雯欣，2023．碳达峰目标下国家生态文明试验区碳强度预测及减排潜力研究．技术经济（2）：109-120．

胡剑波，叶树，2022．试点政策对省域碳排放强度的影响及其空间溢出效应：以国家生态文明试验区为例．城市发展研究（9）：33-41．

胡莉莉，孙晓娟，刘凤楠，2024．中国区域农业生产用能、农业经济增长及农业能源碳排放关系研究：基于绿色全要素生产率视角．南京农业大学学报（社会科学版）（3）：174-186．

胡向东，王济民，2010．中国畜禽温室气体排放量估算．农业工程学报（10）：247-252．

胡中应，胡浩，2016．产业集聚对我国农业碳排放的影响．山东社会科学（6）：135-139．

黄炎忠，罗小锋，刘迪，等，2019．农户有机肥替代化肥技术采纳的影响因素：对高意愿低行为的现象解释．长江流域资源与环境（3）：632-641．

季书涵，朱英明，张鑫，2016．产业集聚对资源错配的改善效果研究．中国工业经济（6）：73-90．

贾兴梅，李平，2014．农业集聚度变动特征及其与农业经济增长的关系：我国12类农作物空间布局变化的实证检验．中国农业大学学报（1）：209-217．

蒋琳莉，陈楠，熊娜，等，2021．制度因素、环境素养对农户绿色生产行为的影响：基于入户调查的微观证据. 江苏农业科学（22）：12-20.

焦翔，王思博，乔玉辉，2021. 生态农场绿色发展影响因素研究：基于119个生态农场的调研数据. 经济纵横（10）：104-113.

金刚，沈坤荣，2018. 以邻为壑还是以邻为伴？环境规制执行互动与城市生产率增长. 管理世界（12）：43-55.

金书秦，林煜，牛坤玉，2021. 以低碳带动农业绿色转型：中国农业碳排放特征及其减排路径. 改革（5）：29-37.

金书秦，牛坤玉，韩冬梅，2020. 农业绿色发展路径及其"十四五"取向. 改革（2）：30-39.

冷功业，杨建利，邢娇阳，等，2021. 我国农业高质量发展的机遇、问题及对策研究. 中国农业资源与区划（5）：1-11.

李波，张俊飚，李海鹏，2011. 中国农业碳排放时空特征及影响因素分解. 中国人口·资源与环境（8）：80-86.

李大垒，陆迁，高建中，2023. 区域品牌生态系统对特色农业绿色发展的影响研究. 西北农林科技大学学报（社会科学版）（1）：127-137.

李二玲，2020. 中国农业产业集群演化过程及创新发展机制：以"寿光模式"蔬菜产业集群为例. 地理科学（4）：617-627.

李福夺，杨鹏，尹昌斌，2020. 我国农业绿色发展的基本理论与研究展望. 中国农业资源与区划（10）：1-7.

李国志，李宗植，2010. 中国农业能源消费碳排放因素分解实证分析：基于LMDI模型. 农业技术经济（10）：66-72.

李立朋，丁秀玲，李桦，2022. 农产品区域品牌、相对剥夺感与农户绿色生产：以茶农施药量选择为例. 农林经济管理学报（2）：156-166.

李鹏飞，陆铭，2022. 大国空间治理的经济学分析. 经济科学（6）：5-21.

李善同，何建武，唐泽地，2019. 从价值链分工看中国经济发展南北差距的扩大. 中国经济报告（2）：16-21.

李守伟，李光超，李备友，2019. 农业污染背景下农业补贴政策的作用机理与效应分析. 中国人口·资源与环境（2）：97-105.

李崧，邱微，赵庆良，等，2006. 层次分析法应用于黑龙江省生态环境质量评价研究. 环境科学（5）：1031-1034.

李文华，刘某承，2007. 关于中国生态省建设指标体系的几点意见与建议. 资源科学（5）：2-8.

李小天，周小平，谷晓坤，2024. 资本下乡如何嵌入乡村空间合作治理？以上海市乡悦华亭项目为案例. 中国土地科学（2）：93-101.

李学敏，巩前文，2020. 新中国成立以来农业绿色发展支持政策演变及优化进路. 世界农业（4）：40-50.

李学敏，巩前文，2020. 新中国成立以来农业绿色发展支持政策演变及优化进路. 世界农业（4）：40-50，59.

李岳云，卢中华，凌振春，2007. 中国蔬菜生产区域化的演化与优化：基于31个省区的实证分析. 经济地理（2）：191-195.

李兆亮，罗小锋，薛龙飞，等，2017. 中国农业绿色生产效率的区域差异及其影响因素分析. 中国农业大学学报（10）：203-212.

李周，于法稳，2005. 西部地区农业生产效率的DEA分析. 中国农村观察（6）：2-10，81.

梁晨，曾坚，辛儒鸿，2023. 城市边缘区的生态适应性演进：困境反思与范式转型. 城市问题（7）：13-20.

梁睿，2020. 我国绿色农业补贴政策体系建构研究. 行政论坛（1）：56-62.

梁俊，龙少波，2015. 环境约束下中国地区工业全要素生产率增长：2000—2012年. 财经科学（6）：84-96.

梁龙，吴文良，孟凡乔，2010. 华北集约高产农田温室气体净排放研究初探. 中国人口·资源与环境（S1）：47-50.

梁琦，2010. 关于空间经济研究的若干认识. 广东社会科学（4）：5-11.

林斌，徐孟，汪笑溪，2022. 中国农业碳减排政策、研究现状及展望. 中国生态农业学报（中英文）（4）：500-515.

林莉，孙璇，2023. "生态—人文—政治"互嵌：乡村空间生产非生态化的现代化转型. 中共天津市委党校学报（4）：76-85.

刘传明，孙喆，张瑾，2019. 中国碳排放权交易试点的碳减排政策效应研究. 中国人口·资源与环境（11）：49-58.

刘晗，王钊，姜松，2015. 基于随机前沿生产函数的农业全要素生产率增长研究. 经济问题探索（11）：35-42.

刘明达，蒙吉军，刘碧寒，2014. 国内外碳排放核算方法研究进展. 热带地理（2）：248-258.

刘思峰，2004. 灰色系统理论及其应用. 北京：科学出版社.

刘学侠，徐文哲，2023. "双碳"背景下我国农业绿色发展路径创新. 理论视野（11）：65-70.

刘亦晴，张建玲，2018. 比较视角下江西生态文明试验区建设研究：基于福建、江西、贵州三个首批生态文明试验区的比较. 生态经济（10）：214-220.

刘媛媛，2020. 开放经济、产业集聚与区域碳减排效应. 国际经济合作（4）：72-80.

刘战伟，2015. 资源环境约束下的中国农业全要素生产率增长与分解. 科技管理研究（1）：83-87.

刘震，杨勇，眭霞芸，2022. 互联网发展、市场活力激发与旅游经济增长：基于空间溢出视角的分析. 旅游科学（2）：17-43.

刘祖云，刘传俊，2018. 后生产主义乡村：乡村振兴的一个理论视角. 中国农村观察（5）：2-13.

龙花楼，屠爽爽，2017. 论乡村重构. 地理学报（4）：563-576.

龙花楼，屠爽爽，2018. 乡村重构的理论认知. 地理科学进展（5）：581-590.

卢泓钢，丁永鹏，吴伟光，2024. 农业绿色发展先行区政策的效果评估：基于浙江省县域样本的实证研究. 研究与发展管理（4）：24-34.

卢华，胡浩，傅顺，2016. 农地产权、非农就业风险与农业技术效率. 财贸研究（5）：75-82.

卢俊，陶伟，赵兵，2022. 中国乡村空间治理的价值逻辑与实践路径：基于乡村主体性的视角. 华南师范大学学报（自然科学版）（5）：38-47.

卢晓梅，2008. 浙江生态省建设的环境绩效评估研究. 杭州：浙江大学.

陆远权，张德钢，2016. 环境分权、市场分割与碳排放. 中国人口·资源与环境（6）：107-115.

鹿光耀，廖镇宇，翁贞林，2024. 我国高标准农田建设的政策演进及其启示. 农业经济（1）：107-109.

逯百慧，王红扬，冯建喜，2015. 哈维"资本三级循环"理论视角下的大都市近郊区乡村转型：以南京市江宁区为例. 城市发展研究（12）：43-50.

吕超，周应恒，2011. 我国农业产业集聚与农业经济增长的实证研究：基于蔬菜产业的检验和分析. 南京农业大学学报（社会科学版）（2）：72-78.

罗浩轩，2023. 中国农业农村碳排放趋势测算及实现碳中和政策路线图研究. 广西社会科学（2）：121-131.

罗康隆，2010. 地方性生态知识对区域生态资源维护与利用的价值. 中南民族大学学报（人文社会科学版）（3）：43-48.

罗岚，刘杨诚，李桦，等，2021. 第三域：非正式制度与正式制度如何促进绿色生产. 干旱区资源与环境（6）：8-14.

罗伊·莫里森，2016. 生态民主. 刘仁胜，等，译. 北京：中国环境出版社.

马翠萍，刘小和，2011. 低碳背景下中国农业温室气体排放研究. 现代经济探讨（12）：67-71.

马海超，雷明，殷子涵，2017. 我国经济发展与碳排放增长的空间特征：基于GDP重心、第二产业重心和碳排放重心的动态轨迹分析. 技术经济与管理研究（9）：112-118.

马红坤，曹原，2023. 小农格局下的中国农业高质量发展：理论阐述与国际镜鉴. 华中农业大学学报（社会科学版）（1）：12-22.

马丽亚，戴宏伟，2023. 国家高新区、科技创新与产业集聚：基于空间双重差分模型的实证分析. 山西财经大学学报（8）：70-85.

毛国华，马文林，康静文，2018. 北京市农用地 N_2O 排放估算：基于区域氮循环 IAP-N 模型. 江苏农业科学（5）：280-284.

宓泽锋，曾刚，2018. 生态省建设对生态创新和经济发展的影响：基于波特假说的拓展. 经济问题探索（2）：163-168.

宓泽锋，曾刚，尚勇敏，等，2016. 中国省域生态文明建设评价方法及空间格局演变. 经济地理（4）：15-21.

闵继胜，胡浩，2012. 中国农业生产温室气体排放量的测算. 中国人口·资源与环境（7）：21-27.

缪细英，2012. 福建生态省建设绩效评估研究. 福州：福建师范大学.

年猛，2018. 农业产业集聚：文献综述及其引申. 生态经济（5）：93-98.

潘丹，2014. 考虑资源环境因素的中国农业绿色生产率评价及其影响因素分析. 中国科技论坛（11）：149-154.

彭宸，贾俊松，余清项，等，2024. 中国农业碳排放的时空演化及影响因素分析. 环境科学研究（6）：1181-1192.

齐顾波，2022. "社会—经济—生态"系统视角下的农业绿色发展转型. 人民论坛·学术前沿（14）：47-60.

乔玉辉，甄华杨，徐志宇，等，2019. 我国生态农场建设的思考. 中国生态农业学报（中英文）（2）：206-211.

任阳军，田泽，梁栋，等，2021. 产业协同集聚对绿色全要素生产率的空间效应. 技术经济与管理研究（9）：124-128.

尚嫣然，温锋华，2020. 新时代产业生态化和生态产业化融合发展框架研究. 城市发展研究（7）：83-89.

沈昊婧，荆椿贺，2021. 功能转型背景下城市存量空间更新中的空间治理：基于空间生产理论的分析框架. 公共管理与政策评论（5）：128-138.

沈鹏熠，2011. 农产品区域品牌的形成过程及其运行机制. 农业现代化研究（5）：588-591.

沈艳，李星宇，周前坤，2022. 大数据背景下面板数据政策评估的估计和推断. 数量经济技术经济研究（6）：120-139.

沈昱雯，罗小锋，余威震，2020. 激励与约束如何影响农户生物农药施用行为：兼论约束措施的调节作用. 长江流域资源与环境（4）：1040-1050.

师博，沈坤荣，2013. 政府干预、经济集聚与能源效率. 管理世界（10）：6-18.

施生旭，2015. 生态文明先行示范区建设的水平评价与改进对策：福建省的案例研究. 东南学术（5）：67-73.

史常亮，2024. 土地流转对农业高质量发展的影响：基于绿色全要素生产率视角. 自然资源学报（6）：1418-1433.

史焱文，李二玲，李小建，等，2019. 农业产业集群创新通道及溢出效应：以山东寿光蔬菜产业集群为例. 地理科学进展（6）：861-871.

宋燕平，范祥祺，耿鹏鹏，2024. 规模经营与农业绿色发展：基于农业绿色全要素生产率的观察. 华中农业大学学报（社会科学版）（4）：57-70.

孙江超，2019. 我国农业高质量发展导向及政策建议. 管理学刊（6）：28-35.

孙全胜，2016. 列斐伏尔"空间生产"的生态观论析. 江汉学术（3）：122-128.

孙全胜，2023. 马克思"空间生产"理论研究回顾与展望. 社会科学动态（3）：11-18.

孙小逸，2015. 空间的生产与城市的权利：理论、应用及其中国意义. 公共行政评论（3）：176-192.

谭林，陈岚，2022. 乡村空间重构与土地利用转型耦合机制及路径分析. 自然资源学报（7）：1829-1847.

谭淑豪，2021. 以绿色发展理念促中国农业绿色发展. 人民论坛·学术前沿（13）：68-76.

唐菁，曾庆均，刘浩，2024. 中国农业碳补偿率的动态演进、区域差异及空间收敛性研究. 农业技术经济（1）：54-74.

唐荣，黄抒田，林小玲，2023. 制度分割视域下粤港澳大湾区金融集聚对制造业升级的影响. 经济体制改革（2）：69-76.

田成诗，陈雨，2021. 中国省际农业碳排放测算及低碳化水平评价：基于衍生指标与TOPSIS法的运用. 自然资源学报（2）：395-410.

田丹梅，刘起林，高康，等，2024. 中国省际食用菌产业集聚及空间差异化研究. 北方园艺（7）：139-146.

田云，蔡艳蓉，2024. "双碳"目标下的农业碳问题研究进展及未来展望. 华中农业大学学报（3）：75-88.

田云，尹忞昊，2021. 产业集聚对中国农业净碳效应的影响研究. 华中农业大学学报（社会科学版）（3）：107-117，188.

田云，尹忞昊，2022. 中国农业碳排放再测算：基本现状、动态演进及空间溢出效应. 中国农村经济（3）：104-127.

田云，张俊飚，李波，2012. 中国农业碳排放研究：测算、时空比较及脱钩效应. 资源科学（11）：2097-2105.

宛群超，袁凌，谭志红，2021. 科技人才集聚、市场竞争及其交互作用对高技术产业创新绩效的影响. 软科学（11）：7-12.

汪克亮，许如玉，张福琴，等，2022. 生态文明先行示范区建设对碳排放强度的影响. 中国人口·资源与环境（7）：57-70.

王保利，谢晓军，2020. 农产品区域品牌对农业经济发展质量影响研究：基于陕西省的实证研究. 未来与发展（11）：108-116.

王丹，刘祖云，2019. 国外乡村空间研究的进展与启示. 地理科学进展（12）：1991-2002.

王桂新，李刚，2020. 生态省建设的碳减排效应研究. 地理学报（11）：2431-2442.

王国刚，王明利，杨春，2014. 中国畜牧业地理集聚特征及其演化机制. 自然资源学报（12）：2137-2146.

王俊芹，苑甜甜，2023. 中国农业绿色发展政策演进及政策工具分析. 河北学刊

（2）：130-139．

王明星，李晶，郑循华，1998．稻田甲烷排放及产生、转化、输送机理．大气科学（4）：218-230．

王硕，殷凤，2021．集聚效应对服务业 FDI 区位选择的影响：基于产业维度的再分解与测度．世界经济研究（12）：103-115．

王巍，2022．习近平生态文明思想的空间哲学意蕴．理论导刊（9）：4-9．

王卫卫，张应良，2021．区域品牌赋能：小农户衔接现代农业的有效路径：基于四川省眉山市广济乡的案例调查．中州学刊（5）：36-43．

王伟，武占云，李广宇，等，2023．气候变化与国土空间治理的变革性适应研究．规划师（2）：11-20．

王学婷，张俊飚，2022．双碳战略目标下农业绿色低碳发展的基本路径与制度构建．中国生态农业学报（中英文）（4）：516-526．

王学婷，张俊飚，童庆蒙，2021．参与农业技术培训能否促进农户实施绿色生产行为？基于家庭禀赋视角的 ESR 模型分析．长江流域资源与环境（1）：202-211．

王艳荣，2012．农业产业集聚视角下技术创新效应的影响因素研究．经济经纬（5）：38-42．

王翌秋，徐丽，曹蕾，2023．"双碳"目标下农业机械化与农业绿色发展：基于绿色全要素生产率的视角．华中农业大学学报（社会科学版）（6）：56-69．

魏琦，张斌，金书秦，2018．中国农业绿色发展指数构建及区域比较研究．农业经济问题（11）：11-20．

温素悦，陈哲，夏显力，等，2024．数字农技推广服务对农户绿色生产技术采纳的影响研究．干旱区资源与环境（10）：43-52．

吴朝霞，许越，孙坤，2022．城市集聚效应对绿色技术创新的影响研究：基于中国 232 个地级及以上城市的空间计量分析．经济地理（10）：25-34，71．

吴传清，宋子逸，2018．长江经济带农业绿色全要素生产率测度及影响因素研究．科技进步与对策（17）：35-41．

吴合显，李玮，2020．传统生态知识与生态文明建设研究．贵州民族研究（3）：45-51．

吴贤荣，张俊飚，2017．中国省域农业碳排放：增长主导效应与减排退耦效应．农业技术经济（5）：27-36．

伍山林，2000．中国粮食生产区域特征与成因研究：市场化改革以来的实证分析．

经济研究（10）：38-45，79.

习近平，2006. 干在实处走在前列：推进浙江新发展的思考与实践. 北京：中共中央党校出版社.

夏龙，姜德娟，隋文香，2015. 中国地理标志农产品的空间分布与增收效应. 产经评论（1）：78-91.

夏四友，赵媛，许昕，等，2020. 近20年来中国农业碳排放强度区域差异、时空格局及动态演化. 长江流域资源与环境（3）：596-608.

肖卫东，2012. 中国种植业地理集聚：时空特征、变化趋势及影响因素. 中国农村经济（5）：19-31.

辛宝贵，高菲菲，2021. 生态文明试点有助于生态全要素生产率提升吗. 中国人口·资源与环境（5）：152-162.

邢春冰，2006. 中国不同所有制部门的工资决定与教育回报：分位回归的证据. 世界经济文汇（4）：1-26.

熊素，罗蓉，2023. "双碳"目标下中国农业绿色发展：理论框架、困境审视及破局之道. 农村经济（2）：106-115.

徐静，吴依含，张星民，2023. 生态文明法制建设对农业面源污染的影响：基于省级生态文明立法的准自然试验. 江苏农业科学（20）：248-258.

徐嫚谦，黄森慰，邓珍香，等，2024. 国家生态文明试验区建设对农业碳排放强度的影响：基于30个省份面板数据的准自然实验. 生态经济（8）：208-216.

徐萍，徐静冉，2024. 空间治理的现代化：空间生产与社会治理的嵌合与统一. 济南大学学报（社会科学版）（3）：115-124.

许秀川，吴朋雁，2022. 绿色农业发展机制的演进：基于政府、农户和消费者三方博弈的视角. 中国农业大学学报（1）：259-273.

玄海燕，张安琪，蔺全录，等，2016. 中国省域经济发展影响因素及其时空规律研究：基于GTWR模型. 工业技术经济（2）：154-160.

薛蕾，申云，徐承红，2020. 农业产业集聚与农业绿色发展：效率测度及影响效应. 经济经纬（3）：45-53.

颜廷武，田云，张俊飚，等，2014. 中国农业碳排放拐点变动及时空分异研究. 中国人口·资源与环境（11）：1-8.

杨芳勇，张晓霞，2024. 空间生产：茶文化旅游品牌生成研究：以云南省澜沧县景迈山茶区为例. 农业考古（5）：177-184.

杨洁莹,张京祥,张逸群,2020.市场资本驱动下的乡村空间生产与治理重构:对婺源县Y村的实证观察.人文地理(3):86-92.

杨忍,2019.广州市城郊典型乡村空间分化过程及机制.地理学报(8):1622-1636.

杨忍,刘彦随,龙花楼,等,2015.中国乡村转型重构研究进展与展望:逻辑主线与内容框架.地理科学进展(8):1019-1030.

杨秀玉,乔翠霞,2023.农业产业集聚对农业碳生产率的空间溢出效应:基于财政分权的调节作用.中国人口·资源与环境(2):92-101.

杨阳,李二玲,2021.绿色农业产业集群形成机理的理论框架及实证分析:以山东寿光蔬菜产业集群为例.资源科学(1):69-81.

杨芷晴,2019.教育如何影响农业绿色生产率:基于我国农村不同教育形式的实证分析.中国软科学(8):52-65.

杨志海,王洁,2020.劳动力老龄化对农户粮食绿色生产行为的影响研究:基于长江流域六省农户的调查.长江流域资源与环境(3):725-737.

杨志青,薛领,雪燕,等,2019.农业种植多样化研究进展.农业展望(11):51-56.

叶初升,惠利,2016.农业生产污染对经济增长绩效的影响程度研究:基于环境全要素生产率的分析.中国人口·资源与环境(4):116-125.

银西阳,贾小娟,李冬梅,2022.农业产业集聚对农业绿色全要素生产率的影响:基于空间溢出效应视角.中国农业资源与区划(10):110-119.

尹昌斌,程磊磊,杨晓梅,等,2015.生态文明型的农业可持续发展路径选择.中国农业资源与区划,36(1):15-21.

尹昌斌,李福夺,王术,等,2021.中国农业绿色发展的概念、内涵与原则.中国农业资源与区划(1):1-6.

尹朝静,杨坤,田云,2024.中国农业生态全要素生产率增长:经验事实、区域差异与动态演进.中国农村经济(2):20-43.

尹忞昊,田云,卢奕亨,2023.中国农业碳排放区域差异及其空间分异机理.改革(10):130-145.

尹子擘,孙习卿,邢茂源,2021.绿色金融发展对绿色全要素生产率的影响研究.统计与决策(3):139-144.

于法稳,林珊,2022.碳达峰、碳中和目标下农业绿色发展的理论阐释及实现路径．广东社会科学（2）：24-32．

于丽艳，穆月英，侯玲玲，等，2022．县域农业生产集聚形成的影响因素：以环渤海区域蔬菜生产为例．中国农业大学学报（8）：303-312．

余贵忠，潘忠玲，尹宇杰，2023．《永定风规》意蕴的生态法治价值．贵州民族研究（1）：162-168．

原毅军，谢荣辉，2015．产业集聚、技术创新与环境污染的内在联系．科学学研究（9）：1340-1347．

苑甜甜，宗义湘，王俊芹，2021．农户有机质改土技术采纳行为：外部激励与内生驱动．农业技术经济（8）：92-104．

曾伟平，李琳，殷梓惠，2023．经济集聚对中国城市公共健康的影响．中国人口·资源与环境（9）：204-214．

展进涛，徐钰娇，2019．环境规制、农业绿色生产率与粮食安全．中国人口·资源与环境（3）：167-176．

张馥林，陈美球，李兴懿，等，2024．农户测土配方施肥技术采纳行为的社会乘数效应：对农村社会网络中集体行动的分析．中国农业资源与区划：1-13．

张广胜，王珊珊，2014．中国农业碳排放的结构、效率及其决定机制．农业经济问题（7）：18-26．

张恒，郭翔宇，2021．农业生产性服务业发展与农业全要素生产率提升：地区差异性与空间效应．农业技术经济（5）：93-107．

张红凤，丁相江，于法稳，等，2024．农业产业集聚对农业碳排放的影响：基于环境规制的调节效应研究．生态经济（3）：112-120．

张虎，韩爱华，杨青龙，2017．中国制造业与生产性服务业协同集聚的空间效应分析．数量经济技术经济研究（2）：3-20．

张俊飚，何可，2022．"双碳"目标下的农业低碳发展研究：现状、误区与前瞻．农业经济问题（9）：35-46．

张康洁，于法稳，2023．"双碳"目标下农业绿色发展研究：进展与展望．中国生态农业学报（中英文）（2）：214-225．

张明斗，代洋洋，2023．国家生态文明试验区建设有助于提升碳排放效率吗？基于合成控制法的实证分析．南京审计大学学报（6）：101-110．

张童朝，颜廷武，何可，等，2017．资本禀赋对农户绿色生产投资意愿的影响：以秸秆还田为例．中国人口·资源与环境（8）：78-89．

张笑寒，汤晓倩，2021. 农业产业化联合体参与主体的绿色生产行为研究：基于政府激励视角. 农林经济管理学报（2）：187-198.

张艳，黄炎忠，2022. 地理标志品牌参与对农产品质量安全的影响研究. 华中农业大学学报（社会科学版）（5）：123-135.

张云，赵一强，2012. 环首都经济圈生态产业化的路径选择. 生态经济（4）：118-121.

张哲晰，穆月英，2018. 农业产业集聚的生产效应及提升路径研究. 经济经纬（5）：80-86.

张哲晰，穆月英，2019. 产业集聚能提高农业碳生产率吗？中国人口·资源与环境（7）：57-65.

赵昶，孔祥智，仇焕广，2021. 农业经营规模扩大有助于化肥减量吗：基于全国1274个家庭农场的计量分析. 农业技术经济（4）：110-121.

赵苗苗，邵蕊，杨吉林，等，2019. 基于DNDC模型的稻田温室气体排放通量模拟. 生态学杂志（4）：1057-1066.

赵敏娟，石锐，2024. "双碳"目标下农业绿色发展的内涵、挑战及路径选择. 社会科学辑刊（2）：162-171.

赵敏娟，石锐，姚柳杨，2022. 中国农业碳中和目标分析与实现路径. 农业经济问题（9）：24-34.

赵晓峰，符郁松，2024. "制造景观"还是"创造生活"：一个乡村空间生产的案例分析. 陕西师范大学学报（哲学社会科学版）（2）：123-134.

赵雅雯，王金洲，王士超，等，2016. 潮土区小麦、玉米残体对土壤有机碳的贡献：基于改进的 Roth C 模型. 中国农业科学（21）：4160-4168.

郑沃林，邹宝玲，2022. 产权制度与农户绿色生产行为. 哈尔滨商业大学学报（社会科学版）（1）：119-128.

郑旭媛，张晓燕，林庆林，等，2023. 施肥外包服务对兼业农户化肥投入减量化的影响. 农业技术经济（4）：35-51.

郑玉雨，葛察忠，于法稳，2022. 低碳视角下农业集约化、绿色化与资源再生化的实现机制研究. 华中农业大学学报（社会科学版）（1）：32-44.

中共中央党史和文献研究院，2019. 习近平关于"三农"工作论述摘编. 北京：中央文献出版社.

钟真宜，2024. 深学·思考·笃行坚持人与自然和谐共生. 环境（5）：76-77.

周端明, 2009. 技术进步、技术效率与中国农业生产率增长: 基于 DEA 的实证分析. 数量经济技术经济研究 (12): 70-82.

周贵鹏, 龙花楼, 2023. 土地利用转型机理与国土空间格局优化: 基于土地利用效益空间函数视角的分析. 自然资源学报 (10): 2447-2463.

周昕彦, 郑华宝, 2024. "双碳" 背景下我国农业碳减排潜力研究进展. 生物学杂志 (2): 1-7.

周新德, 2009. 基于生命周期阶段的农业产业集群形成和演化机理分析. 经济地理 (7): 1134-1138.

朱孔来, 孙志伟, 张首芳, 等, 2007. 生态省建设进程指标体系及其监测评价. 管理世界 (2): 166-167.

朱孔来, 张首芳, 何琳, 2006. 对生态省建设有关问题的思考. 世界标准化与质量管理 (9): 52-55.

朱启荣, 2009. 中国棉花主产区生产布局分析. 中国农村经济 (4): 31-38.

朱文玉, 2008. 我国生态农业政策和法律的缺陷及其完善. 学术交流 (12): 96-98.

AMIN A, 2004. Regions unbound: Towards a new politics of place. Geografiska Annaler: Series B, Human Geography, 86 (1): 33-44.

BALSALOBRE-LORENTE D, DRIHA O M, BEKUN F V, et al., 2019. Do agricultural activities induce carbon emissions? The BRICS experience. Environmental Science and Pollution Research, 26: 25218-25234.

BARRO R J, SALA-I-MARTIN X, 1992. Convergence. Journal of Political Economy, 100 (2): 223-251.

BARRO R J, SALA-I-MARTIN X, BLANCHARD O J, et al., 1991. Convergence across states and regions. Brookings Papers on Economic Activity, 1: 107-182.

BENNETZEN E H, SMITH P, PORTER J R, 2016. Agricultural production and greenhouse gas emissions from world regions—The major trends over 40 years. Global Environmental Change, 37: 43-55.

BENNETZEN E H, SMITH P, PORTER J R, 2016. Decoupling of greenhouse gas emissions from global agricultural production: 1970-2050. Global Change Biology, 22 (2): 763-781.

BRASIER K J, GOETZ S, SMITH L A, et al., 2007. Small farm clusters and pathways to rural community sustainability. Community Development, 38 (3): 8-22.

BURNIAUX J M, MARTIN J P, NICOLETTI G, et al., 1992. GREEN a multi-sector, multi-region general equilibrium model for quantifying the costs of curbing CO_2 emissions: a technical manual.

CAO S, XIE G, ZHEN L, 2010. Total embodied energy requirements and its decomposition in China's agricultural sector. Ecological Economics, 69 (7): 1396-1404.

CARD D, KRUEGER A B, 2000. Minimum wages and employment: A case study of the fast-food industry in New Jersey and Pennsylvania: Reply. American Economic Review, 90 (5): 1397-1420.

CARLSON K M, GERBER J S, MUELLER N D, et al., 2017. Greenhouse gas emissions intensity of global croplands. Nature Climate Change, 7 (1): 63-68.

CASTALDI C, FRENKEN K, LOS B, 2017. Related variety, unrelated variety and technological breakthroughs: An analysis of US state-level patenting. In Evolutionary economic geography. Routledge, 63-77.

CHAGAS A L, AZZONI C R, ALMEIDA A N, 2016. A spatial difference-in-differences analysis of the impact of sugarcane production on respiratory diseases. Regional Science and Urban Economics, 59: 24-36.

CHUNG Y H, FÄRE R, GROSSKOPF S, 1997. Productivity and undesirable outputs: A directional distance function approach. Journal of Environmental Management, 51 (3): 229-240.

CUCCO P, MASELLI G, NESTICÒ A, et al., 2023. An evaluation model for adaptive reuse of cultural heritage in accordance with 2030 SDGs and European Quality Principles. Journal of Cultural Heritage, 59: 202-216.

DAGUM C, 1998. A new approach to the decomposition of the Gini income inequality ratio. Physica-Verlag HD, 47-63.

DA SILVA G S, AMARANTE P A, AMARANTE J C A, 2022. Agricultural clusters and poverty in municipalities in the Northeast Region of Brazil: A spatial perspective. Journal of Rural Studies, 92: 189-205.

DICKENS A, LAGERLÖF N P, 2023. The long-run agglomeration effects of early agriculture in Europe. Economic Inquiry, 61 (3): 629-651.

DUBEY A, LAL R, 2009. Carbon footprint and sustainability of agricultural production systems in Punjab, India, and Ohio, USA. Journal of Crop Improvement, 23 (4): 332-350.

ELLISON G, GLAESER E L, 1999. The geographic concentration of industry: Does natural advantage explain agglomeration? American Economic Review, 89 (2): 311-316.

FAO, 2023. Agrifood systems and land-related emissions. Global, regional and country trends, 2001-2021. FAOSTAT Analytical Briefs Series No. 73. Rome. https://doi.org/10.4060/cc8543en.

FRENKEN K, VAN OORT F, VERBURG T, 2007. Related variety, unrelated variety and regional economic growth. Regional Studies, 41 (5): 685-697.

GABE T M, 2005. Industry agglomeration and investment in rural businesses. Applied Economic Perspectives and Policy, 27 (1): 89-103.

GALVEZ-NOGALES E, 2010. Agro-based clusters in developing countries: Staying competitive in a globalized economy.

GONG B, 2020. Agricultural productivity convergence in China. China Economic Review, 60: 101423.

HE C, HUANG Z, YE X, 2014. Spatial heterogeneity of economic development and industrial pollution in urban China. Stochastic Environmental Research and Risk Assessment, 28: 767-781.

HUANG B, WU B, BARRY M, 2010. Geographically and temporally weighted regression for modeling spatio-temporal variation in house prices. International Journal of Geographical Information Science, 24 (3): 383-401.

HUANG C, WANG J W, WANG C M, et al., 2021. Does tourism industry agglomeration reduce carbon emissions? Environmental Science and Pollution Research, 28: 30278-30293.

IVANOVA E V, NIKITIN A V, 2018. Cluster-cooperative project of innovative development of agriculture. Quality-Access to Success, 19: 1-8.

JACOBS W, KOSTER H R, VAN OORT F, 2014. Co-agglomeration of knowledge-intensive business services and multinational enterprises. Journal of Economic Geography, 14 (2): 443-475.

JIAO J, JIANG G, YANG R, 2018. Impact of R, D technology spillovers on carbon emissions between China's regions. Structural Change and Economic Dynamics, 47: 35-45.

JOHNSON J M F, FRANZLUEBBERS A J, WEYERS S L, et al., 2007. Agricultural opportunities to mitigate greenhouse gas emissions. Environmental Pollution, 150 (1): 107-124.

KANG Z Y, LI K, QU J, 2018. The path of technological progress for China's low-carbon development: Evidence from three urban agglomerations. Journal of Cleaner Production, 178: 644-654.

KNEIP A, SIMAR L, WILSON P W, 2003. Asymptotics for DEA estimators in nonparametric frontier models, 317, Discussion paper.

KOENIG P, MAYNERIS F, PONCET S, 2010. Local export spillovers in France. European Economic Review, 54 (4): 622-641.

KOENKER R, BASSETT JR G, 1978. Regression quantiles. Econometrica: Journal of the Econometric Society, 1: 33-50.

LEE L F, YU J, 2010. Estimation of spatial autoregressive panel data models with fixed effects. Journal of Econometrics, 154 (2): 165-185.

LIANG S, ZHAO J, HE S, et al., 2019. Spatial econometric analysis of carbon emission intensity in Chinese provinces from the perspective of innovation-driven. Environmental Science and Pollution Research, 26: 13878-13895.

LI F, LI G, 2018. Agglomeration and spatial spillover effects of regional economic growth in China. Sustainability, 10 (12): 4695.

LI P, LU Y, WANG J, 2016. Does flattening government improve economic performance? Evidence from China. Journal of Development Economics, 123: 18-37.

LIU H, WEN S, WANG Z, 2022. Agricultural production agglomeration and total factor carbon productivity: Based on NDDF-MML index analysis. China Agricultural Economic Review, 14 (4): 709-740.

MEI G, GAN J, ZHANG N, 2015. Metafrontier environmental efficiency for China's regions: A slack-based efficiency measure. Sustainability, 7 (4): 4004-4021.

MILLER S M, UPADHYAY M P, 2002. Total factor productivity and the convergence hypothesis. Journal of Macroeconomics, 24 (2): 267-286.

MILLER S M, UPADHYAY M P, 2002. Total factor productivity and the convergence hypothesis. Journal of Macroeconomics, 24 (2): 267-286.

OH D H, 2010. A global Malmquist - Luenberger productivity index. Journal of Productivity Analysis, 34: 183-197.

OTSUKA K, ALI M, 2020. Strategy for the development of agro-based clusters. World Development Perspectives, 20: 100257.

SCOTCHMER S, 2002. Local public goods and clubs. Handbook of Public Economics, 4: 1997-2042.

SÆTHER B, 2014. Socio-economic unity in the evolution of an agricultural cluster. European Planning Studies, 22 (12): 2605-2619.

SUN P, ZHOU L, GE D, et al., 2021. How does spatial governance drive rural development in China's farming areas? Habitat International, 109: 102320.

TONE K, 2002. A slacks-based measure of super-efficiency in data envelopment analysis. European Journal of Operational Research, 143 (1): 32-41.

TONE K, TSUTSUI M, 2010. An epsilon-based measure of efficiency in DEA-a third pole of technical efficiency. European Journal of Operational Research, 207 (3): 1554-1563.

WINSBERG M D, 1980. Concentration and specialization in United States agriculture, 1939-1978. Economic Geography, 56 (3): 183-189.

ZAVYALOV D V, SAGINOVA O V, ZAVYALOVA N B, 2017. The concept of managing the agro - industrial cluster development. Journal of Environmental Management and Tourism, 8 (7): 1427-1441.

ZHANG Y, FU B, 2023. Impact of China's establishment of ecological civilization pilot zones on carbon dioxide emissions. Journal of Environmental Management, 325: 116652.

ZHAO X, MA X, CHEN B, et al., 2022. Challenges toward carbon neutrality in China: Strategies and countermeasures. Resources, Conservation and Recycling, 176: 105959.